四库存目

青囊匯刊 ⑮

地理雪心賦集解

[唐] 卜应天 ◎ 著
[明] 徐试可
[清] 孟浩 ◎ 注　宋政隆 ◎ 点校

华龄出版社
HUALING PRESS

图书在版编目(CIP)数据

四库存目青囊汇刊.15／(唐)卜则巍,(明)徐试可著;(清)孟浩注;宋政隆点校.—北京:华龄出版社,2021.12
 ISBN 978-7-5169-2161-6

Ⅰ.①四… Ⅱ.①卜… ②徐… ③孟… ④宋… Ⅲ.①《四库全书》-图书目录 Ⅳ.①Z833

中国版本图书馆 CIP 数据核字(2021)第 278921 号

责任编辑	薛 治		责任印制	李未圻
书 名	四库存目青囊汇刊.15	作 者	(唐)卜则巍 (明)徐试可 著 (清)孟浩 注 宋政隆 点校
出 版发 行	华龄出版社 HUALING PRESS		
社 址	北京市东城区安定门外大街甲57号	邮 编	100011
发 行	(010)58122255	传 真	(010)84049572
承 印	三河市九洲财鑫印刷有限公司		
版 次	2022年1月第1版	印 次	2022年1月第1次印刷
规 格	710mm×1000mm	开 本	1/16
印 张	15.75	字 数	220千字
书 号	ISBN 978-7-5169-2161-6		
定 价	58.00元		

版权所有　侵权必究
本书如有破损、缺页、装订错误,请与本社联系调换

自 序

予族居宛陵之东四十里，曰孟郫。先宗公一经，世传书史，外无他好也。年十三，攻举子业。阅十载，而先严见背，家业渐凋。每仰先世，辄自顾而疑。一日，从识者向先垄卜之，云不吉。予心深痛，而知风水之所关滋大，又伤先严无窀穸处，乃日延相山者觅吉场，以安先灵。访之遍，率皆模糊，毫无确据。幸婺邑有余心得师，善斯道，因敬质之。见予情切，曰："子有志于此乎？吾与子登山试之。"指点数月，谓予可教。

又数月，跃然喜曰："如子可望斯道之传矣。山川情形，千变万化，正正奇奇，巧有独诣。其间师不尽言，言不尽意者，以悟入也。吾愿罄所受以授子。第诀传于口，理究于书；所恨卦例滋惑，时师竞趋，崇饰方位，炫耀天星，非分推求，妄加禁忌，以致地理失真。是济世安人之道，而害于惑世诬人之书也。尝集诸书明辨之，如秦之《青乌》，郭之《葬书》，丘之《干枝》，杨之《倒杖》，与夫《疑龙》《撼龙》，蔡之《发微》，廖之《九星》，余之《入式》，刘之《宝镜》，张之《趋庭》，谢之《管见》，皆地理正宗，不可不读；而要其文简，其义赅，集诸书之大成，尽俯察之极则者，唯《雪心赋》为最。惜从来注释妄分章句，谬为支解，详略失宜，引证弗切，以其质于本文，则赋自赋，而注自注也。吾久欲改正精竭，恐不能及，将属望于子。子果发明厥旨，不独卜公雪心人，子亦一雪心人矣。"

予敬领师授，深感师言，虽谢不敏，敢不拜命！由是潜心于此，垂三十余季，历信师授有征，而于卜《赋》殚精探索，极意引伸，凡七易春秋，始能因注见赋，因赋见意，汇成四卷，而未敢轻易问世。予久徙居和含，和含诸君子，知予深，验予素，欣然捐资，付之剞劂。予既念师训莫置，又感诸君子婆心，即欲自讳固陋，不可得已！天下后世，庶亦谅予之心云。

时康熙庚申菊月之望宛陵孟浩书于酣山堂

小引

予非好辩也，予生斯世，习斯道，不忍造葬之家，往往受术者之误也。故将切要三十条，反复明辨之。一俾天下君子，得辩术家之真伪，而不为术士所欺；一俾后来学者，得知地理之真诀，而不为邪说所惑，则予幸甚！斯世幸甚！至知我罪我，俱弗敢问。

宛陵孟浩书于酣山堂

凡 例

一、赋体原无分章，谢注分为右几章固谬，且又牵前扯后，混折乱分，以致头绪不清，文义不贯，尤谬。田注以段字易章字，甚确；但分段错处，与与谢注相去不远，故逐段改正，以传阅者知赋中原有一定段落，而不可乱也。

一、谢注详略失宜，后虽有改之者略加增删，然赋旨俱未发明，其失一也。今于精微处则详之，浅显处则略之，务使赋旨明白而后已。

一、谢注既分章而又逐句分注，上下文义，漫无照应，又只提句中一二实字注之，而虚神全不理会，以致赋旨反蔽。今悉联属解明，庶乎学者见有脉络清楚，文理贯通，可寻绎而知也。

一、田注虽不分章，然分某段、论某事，多有未确者，则以一段本旨字义易之，庶今读者知有门类可寻，而无歧路之感也。

一、诸注多浮泛，即所引经书，不但不切，而且真伪莫辨，不可为后学程序，今悉删之，凡注中引证诸书，《青乌经》《葬书》《疑龙经》《撼龙经》《发微论》《入式歌》《怪穴篇》居多，此外间有一二句切肯者，则亦断章引入，至于伪书邪说，断断不敢取也。

一、此注主于正解，以明赋旨，多发赋之所未发，辨赋之所当辨，旁引曲证，似于地理正说，亦皆括矣。

一、此注一解字义，一释文理，一辨谬注，一多引证，一具图说，庶令读者开卷了然，打破沙锅，尽释泥团矣。

一、此注名"正解"者，缘术家苦于真传，又无卓见，故伪书得以惑之。今阐赋之正理，以阚彼之邪说，庶令术者知予非杜撰，得以取信而反正也。

一、注中词句，主于浅显明白，使人易晓；否则词深而理晦，何有益于读者？故不得以粗浅为嫌也。

一、此注于诸注谬解者，惟紧要处则详辩其非，余惟以确词易之，不暇紧辩也。但谢注与诸注相传已久，莫觉其非，惟读者置二注而并观之，则是非得失自见矣。

辩论目录

地理辩第一　　　　　　形势辩第二
落脉辩第三　　　　　　龙身孤单辩第四
龙脉方位辩第五　　　　穴情方位辩第六
砂形方位辩第七　　　　水法方位辩第八
生气辩第九　　　　　　浅深辩第十
水不上堂休点穴辩第十一　穴形正变巧拙辩第十二
龙虎辩第十三　　　　　朝案辩第十四
迎水立向辩十五　　　　束气辩十六
裁剪辩第十七　　　　　大小地辩第十八
作用辩第十九　　　　　攒基辩第二十
改葬辩第二十一　　　　宫位辩第二十二
求地辩第二十三　　　　峦头天星理气辩第二十四
净阴净阳辩第二十五　　真行伪落伪行真落辩第二十六
催官辩第二十七　　　　地书正邪辩第二十八
阳宅门向辩第二十九　　选择辩第三十

目 录

辩论三十篇 ································ 1

地理辩第一 ································ 1

形势辩第二 ································ 2

落脉辩第三 ································ 4

龙身孤单辩第四 ···························· 5

龙脉方位辩第五 ···························· 6

穴情方位辩第六 ···························· 7

砂形方位辩第七 ···························· 9

水法方位辩第八 ···························· 10

生气辩第九 ································ 13

浅深辩第十 ································ 15

水不上堂休点穴辩第十一 ···················· 17

穴形正变巧拙辩第十二 ······················ 18

龙虎辩第十三 ······························ 19

朝案辩第十四 ······························ 20

迎水立向辩第十五 ·························· 21

束气辩第十六 ······························ 22

裁剪辩第十七 ······························ 23

大小地辩第十八 ···························· 24

作用辩第十九 ………………………………………… 25
攒基辩第二十 ………………………………………… 26
改葬辩第二十一 ……………………………………… 27
宫位辩第二十二 ……………………………………… 28
求地辩第二十三 ……………………………………… 29
峦头天星理气辩第二十四 …………………………… 30
净阴净阳辩第二十五 ………………………………… 31
真行伪落伪行真落辩第二十六 ……………………… 32
催官辩第二十七 ……………………………………… 33
地书正邪辩第二十八 ………………………………… 34
阳宅门向辩第二十九 ………………………………… 35
选择辩第三十 ………………………………………… 36

地理雪心赋集解卷一 ………………………………… 1
论山川理气篇第一 …………………………………… 1
论地理要略篇第二 …………………………………… 8
论分合向背倒杖卦例篇第三 ………………………… 24
论五星篇第四 ………………………………………… 39
论水法篇第五 ………………………………………… 51

地理雪心赋集解卷二 ………………………………… 61
论龙脉篇第六 ………………………………………… 61
论龙虎篇第七 ………………………………………… 85
论穴法篇第八 ………………………………………… 92
论克择篇第九 ………………………………………… 118

地理雪心赋集解卷三 ………………………………… 125
论古格篇第十 ………………………………………… 125
论罗城水口篇第十一 ………………………………… 136

论砂水吉凶篇第十二 …………………………………… 143
　　真龙贵气应验篇第十三 ………………………………… 147
地理雪心赋集解卷四 ………………………………………… 161
　　统论山水吉凶篇第十四 ………………………………… 161
　　论阳宅篇第十五 ………………………………………… 192
　　勉学劝善篇第十六 ……………………………………… 198

辩论三十篇

地理辩第一

《易》曰："俯以察于地理。"察则详于观视，谓非目力乎？彼道眼法眼之称，皆从察中生出耳！地理者，条理也，即文理脉络之理也。山脉细分缕析，莫不各有条理之可察。自罗盘之制成，方位之说立，始以地理之理，便为方位阴阳之理，故有"格龙""格穴"之语。使龙穴果用格而不用察，则真龙正穴，人皆易得而知之，又何古云"三年寻龙，十年定穴"哉！倘格龙须三季，格穴须十年，则是罗盘必一怪物，而用罗盘者必一憨人矣。山灵有知，自当为之耻笑。

愚故谓方位阴阳之理，则用格而不用察；非格则方位之分辨，选择之趋避，莫由知矣。观卜氏云："立向辨方，的以子午针为正"，其用格而不用察也可知。地理之理，则用察而不用格；非察则脉络之贯串，龙穴之真情，无由见矣。观卜氏云："留心四顾，相山亦似相人"，其用察而不用格也可知。噫！倘览此辩者，犹昧而弗觉，乌得谓之高明也哉！

形势辩第二

观龙以势，察穴以情。势者神之显也，形者情之著也。非势无以见龙之神，非形无以察穴之情。故祖宗要有耸拔之势，落脉要有降下之势，出身要有屏障之势，过峡要有顿跌之势，行度要有起伏曲折之势，转身要有后撑前趋之势。或踊跃奔腾，若马之驰；或层级平铺，若水之波。有此势则为真龙，无此势则为假龙。虽有山脉行来，不过死硬荒冈；纵有穴形，必是花假，此一定之理也。

审穴之法，先要登高望之，次从龙身步之，再从左右观之，对面相之，则其真神显露之处，与其奔来止聚之所，自可得而知矣。

至于察形之法，当辨其圆、扁、曲、直、方、凹之六体，究其窝、钳、乳、突之四格，再以乘金相水、穴土印木之法证之，则穴情自难逃矣。

何谓乘金？盖五行中以圆为金，以曲为水，以直为木。凡有真穴，必有圆动处，窝钳之圆在顶，乳之圆在下，突之圆在中。若窝钳之中，更有乳突，乳突之上，复有窝厣，名曰"罗纹土宿"，即少阴少阳之穴也。乘若坐，乘于圆晕动气之中也。

何谓相水？盖有圆动可乘，左右必有微茫曲抱之水，交揖于穴前小明堂内，即虾须蟹眼是也。相者，相定二水交合处而向之也。

何谓印木？盖微茫水外，必有微微两般真砂，直夹过穴前方，逼得微茫水合于小明堂内，即蝉翼牛角是也。印者，有此水，必印证于此砂，方为气止水交。若无此砂，则水泄气散，非真穴也。

何谓穴土？盖有此三者，又须有五土四备、裁肪切玉之土，方有生气；否则外形与内气不相符合，亦非真穴也。穴者，如人身针灸之穴，一定于此而不可易也。若四征既具，中间必有暖气，即火也。此察穴之要法也。

故地理之要，不外乎形势而已矣。今业此术者，多以方位星卦之虚谈，视为精义；而于形势之实理，反目为浅说，以致地理混淆，真伪莫辨，欲不误人而不可得。故辨明时势之理，以俾后学者，得以趋向于正，而无邪路之惑也。

落脉辩第三

　　真龙落脉，必顿成星体，开面展肩，挺胸突背，有大势降下，如妇人生产，努力向前推送，但对面正看，不见其形；左右睨视，方见其势，此阴体阳落之地也。

　　至于行龙身上落脉，或起顶分落，或肩旁落，或硬腰落，或尾后落，或侧面落，或挂角落，或纽丝落，或偏闪落，虽无大势降下，亦要龙身磨转成其背，而稍有停留落下之势，其脉方真。否则，恐为枝脚砂体，非真落也。

　　故术家审龙，先要看其落脉，辨其真伪，不可只看到头一节，便误为真也。所谓"山之结地不结地，只看落脉便知"。故落脉一节，为龙穴之根本，不可不留心细察也。

龙身孤单辩第四

龙身行度，两旁无外山护送，则谓之孤单。然起顶有枝脚护从，转身有尾撑托送，则本身自卫有力，到头须有结作，但力量稍轻耳。若龙身行度，两旁有外山护送，而本身反无枝节尾撑，则谓之真孤单，到头定无结作。

故术家审龙，先要看其本身孤与不孤，不可因其有外护，而遂认以为真；无外护，遂认以为假也。至于芦鞭、串珠贵格，又不可以此概论。大要龙身真假之辨，先在落脉处讨其消息，此又不可不知也。

龙脉方位辩第五

《海角经》以艮巽兑为三吉，乾坤坎离震为五凶。《催官篇》以亥为天皇第一，艮丙巽、辛兑丁为六秀。《玉尺经》以乾坤为二老，辰戌丑未为四库，贵人不临之乡，且为四暗金煞，来龙不可犯。然则三吉六秀，至贵龙也。二老四库五凶，至贱龙也。诚以阴龙为贵而阳龙为贱也，又何以丑未震属阴而亦见弃？互相矛盾耶！

今贵龙无论已，姑以贱龙言之，如广西吕氏茅潭山祖地，乾龙辰向，后出宰相，二子登甲；钱塘茅氏三台山祖地，坤龙癸向，后出状元；福建林氏狮锁山祖地，辰龙戌向，后出五尚书，科第连绵；铅山费氏祖地，辰龙戌向，后出状元；余姚谢氏祖地，戌龙辰向，后出宰相；歙县黄氏祖地，戌龙辰向，后出副宪世科；会稽陶氏嵩尖祖地，丑龙丁向，后出会元；余姚谢氏祖地，未龙巽向，后出宰相、探花、会元。他如壬龙、子癸龙、乙龙、寅甲龙、午龙、申龙，俱有名地可考，难以尽述。只如乾坤为二老，辰戌丑未为四库，而何以反出大贵耶？

又查青田元勋刘氏祖地，庚酉龙入首，作辛山乙向；丰城世科李氏祖地，艮龙入首，戌山辰向；兰溪世宦章氏祖地，坤申龙入首，作坤山艮向；吾乡廉宪徐氏祖地，戌乾龙入首，作乾山巽向，此乃阴龙阳向，阳龙阴向，是谓阴阳驳杂，又何以反出大贵耶？

由此观之，可见二十四龙皆可葬，二十四向皆可向，不可以二十四方阴阳分为龙脉之贵贱也。盖贵贱出于祖宗来龙，非出于方位阴阳也。且龙脉不过从亥方入首，即以亥名之；从乾方入首，即以乾名之，非因有二十四方位之名，分定有二十四样龙脉也。故只可以二十四方位分辨龙脉之阴阳五行，以便于选择趋避，断不可以二十四方位分为龙脉之贵贱也。司马头陀云："以方向别外气之符应则可，以方向定龙穴之真的则不可。盖龙穴既定，方向随之，非由方向以定龙穴也。"斯言诚足征已。

穴情方位辩第六

《催官篇》《玉尺经》皆言阴龙为真气，阳龙为伪气；后人遵用二说，点穴只以罗经格之。是亥是艮，便谓气真为贵；是乾是寅，便谓气伪为贱。

如来脉是亥艮临结穴，亥兼乾三分，艮兼寅三分，则扶起亥艮之阴，而放倒乾寅之阳，挨左挨右，以乘其气。或亥变为乾壬，艮变为丑寅，即乘亥艮之真气扦之。截去乾壬丑寅之伪气，或亥脉到头铺阔，杂以乾壬；艮脉到头铺阔，杂以丑寅，即提高就亥艮扦之，而弃其杂气。

又有变通其说者，如亥艮之真气多，而乾壬丑寅之伪气少，则宜留真去伪，依亥艮扦之。若乾壬丑寅之伪气多，而亥艮之真气少，又宜从阳舍阴就乾壬丑寅扦之，不可贪亥艮之真，反致取祸也。

又有不遵其说者，谓来脉阴多为真，入首阳少为伪；来脉阳多为真，入首阴少为伪，此真来伪落，穴其真者，初退久吉；穴其伪者，初发久凶。又谓来脉阴少为伪，入首阳多为真；来脉阳少为伪，入首阴多为真，此伪来真落，立穴惟乘入首之真甚吉。是皆以多少分真伪，不以阴阳分真伪，总之，皆谬说也。

盖天地间"一阴一阳之谓道"，故孤阳不生，独阴不成；生物必两，要合阴阳。果如前说，以阴为真，以阳为伪，只用真弃伪，则是阴可有而阳可无，纵天地合而复辟，断断无是理矣。

即以其说推之，如冈龙来脉，尚有形迹之可格，分其阴阳多寡；若茫茫旷野，一片铺毡展席；森森平湖，一望无形无影，将何处格起，而分其阴阳多寡，以辨其穴之真伪贵贱耶！毋乃执而不通，是术之穷乎！且脉气止聚之处，自有一定穴情而不可易，岂可依方位阴阳多寡，而挪移变迁者乎！

愚故谓穴之真伪贵贱，在于来龙；龙之真伪贵贱，由于祖山。以祖宗证龙，以龙证穴，万无一失，断不可以方位阴阳多寡，辨其穴之真伪贵贱也。郭景纯云："葬者，乘生气也"，其生气者何在？正朱子所谓"阴阳五行之气"，化生万物者是也。由此观之，则阴真阳伪之谬，昭然可见矣。

砂形方位辩第七

《催官篇》《玉尺经》及砂法诸书，谓文笔宜居巽辛，为天乙太乙，当出大魁。若在坤申则为讼笔，主出讼师。天马宜居乾离，为不易之正马，定皆公侯；若在东方，则为水马，主出木匠。印星不宜居坎离，非瞽目则堕胎；游鱼不宜居丑艮，非打网则僧道。

今查南城张状元祖地，文笔在坤；苏州申状元祖地，文笔在申，则文笔在坤申而反出大魁者多矣，何必拘于巽辛也？又查福建马尚书祖地，天马在申；福建王总都祖地，天马在乙，则天马在东方而反出八座者矣，何必拘于乾离也？

又查德兴张氏张水南祖地，穴前石印正当午丁方，出四神童翰林。吾乡高吏部祖地，卯亦在午丁方，并无瞽目之辈，则石印之方圆端正，生在堂内，谓之"印浮水面"，世出魁元，即坎离又何嫌也。

又查玉融商氏阳基阴地水口，游鱼都在丑艮方，出兄弟三进士；吾乡蔡布政祖地，鱼亦在艮方，并无僧道之流，则游鱼逆流向上，填塞水口，名曰"禽星守土，代产英豪"，即丑艮又何妨也。

大要砂形以尖圆方正、相向有情为吉，以欹斜破碎、反背无情为凶，而方位不必拘也。杨公云："山水不问吉凶方，吉在凶方亦富强。急流斜侧山尖射，虽居吉位也衰亡"，此以砂水而合言之也；又云："砂如美妇女，贵贱从夫"。故术家论砂，先当以龙法推求，次宜察其形状之美恶，性情之向背，不可泥于方位，而断为吉凶之应也。

水法方位辩第八

诸书论水法者，有谓来水宜生旺方，去水宜死绝方。其生旺死绝之说，或从来龙起，或从坐山起，或从向上起。

为三合水者，有谓寅午戌申子辰六向，武曲星管局；癸艮甲辛四向，廉贞星管局；巽丁坤艮壬五向，破军星管局，俱宜右水倒左，吉；巳酉丑亥卯未六向，巨门星管局；乾丙二向，贪狼星管局；乙向，禄存星管局，俱宜左水倒右，吉；反此为凶者。

有谓贪武水宜来不宜去，文廉水宜去不宜来，巨辅弼水来去皆可，破军水来去皆不可者。

有谓乾坤水可去不可来，巽水可去可来，寅申巳亥四生水宜来不宜去，辰戌丑未四库水宜蓄不宜流者。

有谓乙丙交而趋戌，辛壬会而聚辰，斗牛纳庚丁之气，金羊收癸甲之灵。

为辰戌丑未四墓水者，有谓子寅辰乾丙乙属金为阳为公，午申戌坤壬辛属木为阴为母，卯巳丑艮庚丁属水为阳为子，酉亥未巽甲癸属火为阴为孙。

为四经水者，有谓来水去水，生入克入向吉，向生出来水，去水克出来水去水为凶，玄空水者。

有谓生入克出为进神水，生出克入为退神水者。

有谓艮震巽兑为阴催官水者，丙丁庚辛为阳催官水者。

有谓亥天建，艮地建，丁人建，卯财建，巽禄建，丙马建，为六建水者。

有谓艮贪狼水主官禄，巽巨门水主财帛，兑武曲水主人丁，为三吉水者。

有谓巽丙丁为三阳水者，有谓艮丙丁兑为长寿水者，有谓丙丁为赦文水者，有谓卯宝仓水，巽文笔水，丙金堂水，丁玉门水，辛学堂水，为五吉水者。

有谓艮丙巽辛兑丁为六秀水者，有谓庚酉辛为金阶水者，有谓乾坤艮巽流去为御街水者，有谓卯龙见庚水之类为纳甲归元水者。

有谓乾坤艮巽为大神水，申庚丙壬为中神水，乙辛丁癸为小神水，小神宜流入中神，中神宜流入大神，而大神不可流入中神小神者。

有谓大神小神俱要合禄马贵人，而先用支神，次用干维，或三折内不可用支神而三折外弗拘，或专用干维而全不用支神者。

有谓子午卯酉为桃花水者，有谓寅申巳亥为劫煞水者，有谓辰戌丑未为黄泉水者。

有谓庚丁向见坤水，乙丙向见巽水，甲癸向见艮水，辛壬向见乾水，为黄泉水者。

有谓乾忌见午水，坎龙忌见辰水，艮龙忌见寅水，震龙忌见申水，巽龙忌见酉水，离龙忌见亥水，坤龙忌见卯水，兑龙忌见巳水，为八曜水者。其法多端，难以尽述。

然究其诸说之谬，一始于卦例之徒，再杂于星学之辈，如长生桃花之说是也。故谈论纷纷，互相矛盾，虽欲用之，将何为确据而适从之？无怪乎刘公云："一切置之弗论可也。"

盖地理四用，龙穴为主，砂水为辅，龙真穴正，砂水自然合法；设或有小节之疵，则有裁剪之法在，岂可就星卦、依方位而论其吉凶耶？杨公"水似精兵，进退由将"，诚哉是言也！

至于水法之妙，惟郭景纯《葬书》言之详矣。《书》云："朱雀源于生气"者，谓水居穴前，故名朱雀。气者水之母，水者气之子，溯其水流之源，实生气之所溢也，故曰"源于生气"。"派于未盛"者，谓水源初分，流既未长，势犹未盛也。"朝于太旺"者，谓众水同朝于明堂，其气太旺也。"泽于将衰"者，谓水将流出，必先汇为泽，其势藏蓄而将衰也。"流于囚谢"者，谓水流出处，两边砂头，交插关锁，犹如囚物，而不令去也。"以返不绝"者，谓气溢而为水，水又囚而不去，反渍以养气，气水循生，无有断绝也。至"法每一折，潴而后泄"者，谓欲其曲折停蓄，不欲其直流速去也。"洋洋悠悠，顾我欲留"者，谓水于穴留恋有情也。"其来无源，其去无流"者，谓来远莫知其源，去曲不见其流也。此书通篇只论水之形势性情，何尝有方位之说也！

再观卜氏《赋》中论水，亦只论其形势性情，并无一字言及方位也。今术家就星卦方位而论水者，则比比矣。舍星卦方位而以情势论水者，则百无一二焉。究其弊端，大约有二：一为父师相传已久，非有上智，焉能破俗？失在不明；一为以情势论水，吉凶易辨，莫可饰伪，利葬家不利术者，故执其说而不变，弊在挟诈。以故，往往为人寻地，遂使吉者不葬，葬者不吉，惑世诬民，莫此为甚，诚可慨也！

尝覆旧坟水法，情势合而不合方位，发者甚多；方位合而不合情势，发者绝少。以故，愈信水法之妙，不外于形势性情而已矣。今以水之情势宜忌，具详于左。凡水来要之玄，去要屈曲；横要湾抱，逆要遮拦；流要平缓，潴要澄清；抱不欲裹，朝不欲冲；远不欲小，近不欲割；大不欲荡，对不欲斜；高不欲扑，低不欲领；静不欲动，众不欲分；有味可尝，有声可听。合此者吉，反此者凶。明乎此，则水之利害昭昭矣，奚必拘于方位哉？

生气辩第九

生气之说，《赋》中"葬乘生气"，本注虽已详载，而尚有未及言者。盖生气固当以认脉为先，其次又当辨穴星。如金之生气聚于窝泡，木之生气聚于芽节，水之生气聚于涌苗，土之生气气聚于口角，火之生气聚于水窟，谓之"水火既济"也。其次又当相穴形，如孩儿动在囟门，侧掌动在合骨，仰掌动在转皮，腕蓝动在鼠肉之类。动乃生气之机也，故当以动为生。

其次又当察穴晕，如晕上尖下圆，则气在下；上圆下尖，则气在上。圆乃生气之表也，故当以圆为生。

其次又当分阴阳造化，一不能生，生则必两。如龙之雄者结穴，必略生窝口；龙之雌者结穴，必略生堆突，是龙穴相交有阴阳也。穴之中心有上阴下阳、上阳下阴，有边阴边阳，有阴多阳少、阳多阴少，有阴交阳半、阳交阴半，是穴中相交有阴阳也。交乃生气之情也，故当以交为生。

其次又当看四应。内四应者，生气之证也。上面微起圆球为后应，下面合水尖檐为前应，两边虾须蟹眼水、蝉翼牛角砂为左右应也。外四应者，生气之辅也。后头盖乐山为后应，前面朝案山为前应，两边夹耳山为左右应。若前应有情则气在前，后应有情则气在后；左应有情则气在左，右应有情则气在右；四应俱有情，则气在中，此以四应验生气之法也。

其次又当详龙虎，龙虎者，生气之用也。左右砂高则气在高处，左右砂低则气在低处；左直右抱则气偏在右，右直左弯则气偏在左，此以龙虎验生气之法也。

其次又当观朝山，朝山者，生气之配也。朝山若高则气在高处，朝山若低则在低处，此以朝山验生气之法也。

其次又当审明堂，堂水者，生气之食也。堂水聚中则气在中，堂水聚左则气在左，堂水聚右则气在右，此以明堂验生气之法也。

今术家不知验生气之法，只凭罗经格之，是亥是艮，便谓阴气为真；是乾是寅，便谓阳气为伪；若亥兼乾气三分、艮兼寅三分，便谓放倒乾寅之伪气，扶起亥艮之真气，偏左偏右以乘之。以故，往往为人扦葬，反失生气，而受死气，贻祸于人，莫可救也。故乘气之法，先当随龙认脉，因脉察气；次当以上诸法详之，庶不失生气之所在，得以乘之而无差也。

浅深辩第十

浅深之说多端，有以来脉定浅深者，如来脉入首强，作穴凹，出口尖，此乃脉浮而属阳，法当浅葬；来脉入首弱，作穴凸，出口圆，此乃脉沉而属阴，法当深葬。然概而言之，阳脉当浅，阴脉当深；若详而言之，阴脉中有浅深，阳脉中亦有浅深，又当变而通之也。

有以到头峡脉定浅深者，如峡脉高则宜浅，峡脉低则宜深。然此法或可施之于平冈平支。至于高垄之穴，则又非此论也。

有以从佐定浅深者，如四山高则气浮而宜浅，四山低则气沉而宜深。然亦当看其宽紧何如，如四山高而宽缓，则气或有浮而反沉；四山低而紧夹，则气或有沉而反浮，不可以此为拘也。

有以明堂定浅深者，如明堂水低则宜深葬，明堂水平则宜浅葬。然此法只可用之于平支，至于冈垅之穴，又岂可以此为法哉！

有以荫腮二合水定浅深者，然高山与平地不同，亦不可以此概论也。

有谓藏于涸燥者宜浅，藏于坦夷者宜深。然坦夷指窝言，涸燥指突言。如突在平地则宜浅，若在高山又宜深也。窝在高山则宜深，若在平地又宜浅也，亦不宜执一而不通也。

至以地母卦尺数与紫白寸数定穴之浅深者，皆为谬说，断断不可用也。

大约浅深之法，在冈垅则察其来脉之浮沉，以四山从佐证之；在平支则相其界水之浅深，以水土厚薄度之；再辨其窝钳乳突之四穴，以支垅地势较之。

总而言之，莫妙于临时斟酌，辨其土色以准之。盖坚细而不松，油润而不燥，鲜明而不暗，此生气之上也。验其质，观其色，察其气，以求其中，则浅深之法不外是矣。

若详而推之，开井除浮土外，遇此生气之土，土薄则开下一尺三四寸，土厚则开下一尺七八寸，只要包过棺内骸骨，不必论其棺之高低也。大要多留气土，以垫棺底，使其运蒸悠久，断断不可掘深发尽气土，更不可掘过金银底土，打破穴底，以致受冷犯湿，不可复救也。

杨公云："浅深之法，亦难定矣。然失之于深，勿失之于浅。浅如架甑，气犹可运蒸而上；深如泼尽锅水，焉有气蒸。"盖脉从后来，气从下升，土为气体，土尽则气尽，故不能上蒸也。至于平洋之穴，惟堆土成坟，不必验其土色，只看水局之大小，以堆冢高低配之，而浅深非所论也。

水不上堂休点穴辩第十一

　　此言水不上堂，谓"真水不上小明堂"也。盖结穴之处，必有两路隐隐真水，交聚于小明堂内；而外有两股微微真砂，交收小明堂真水，方是气止水交，而为真穴也。否则，水泄气散，焉有结作？故云"休点"，非谓外来界水，必欲上堂，方可点穴也。

　　且外水不但不能入小明堂，并不可径入内堂。凡水将到内堂之处，须要一股上砂遮阑，使其屈曲环绕而来，不见有穿割冲激之势，斯内堂气聚，元辰水静，而为真明堂也。卜氏云："逆水来朝，不许内堂之泄气"，正此谓也。若错认外水不上堂，便休点穴，不惟有失点穴之旨，并昧堂局之势。

　　曷以言之？盖穴前小明堂外水固不能入，即以内堂言之，平地之内堂，堂与外水相平，犹可使之上堂。至高山之内堂，堂与外水悬绝，必不能使之上堂。此一定之势也。若执定外水不上堂方可点穴，则只有平地之穴可点，而高山无穴可点矣。若不必外水上堂，亦可点穴，则先贤又何为立此一言以教后人者耶！

　　由此详之，则堂指小堂，水指真水也明矣。盖穴前小明堂合襟水，无论高山平地皆有之，故卜氏云："登穴看明堂"，正谓此也。然此理亦微矣。杨公云："有人识得明堂法，五百季中一间生"，诚叹其难也。

穴形正变巧拙辩第十二

上起顶，下垂乳，龙虎均停者，悬乳穴也。重龙重虎者，双劈穴也。龙虎一长一短者，弓脚穴也。或有龙无虎，有虎无龙者，单股穴也。坦夷仰卧者，平面穴也。此五者，穴之正体也。

开口穴者，下无乳也。本体穴者，无龙虎也。侧脑穴者，顶不正也。没骨穴者，无顶也。此四者，穴之变体也。

何谓巧？以其穴形完美，地势异常，使人惊也。何谓拙？以其穴形丑陋，出于非常，使人疑也。此巧拙之穴，谓之怪穴也。

《怪穴篇》云："或然高在万山巅，天巧穴堪扦；或然低在深田里，没泥穴可取；或然结在水中央，四畔水汪洋；或然结在顽石里，葬逢土脉取"，此皆穴之巧者也。"也有穴前生尖嘴，枫叶三叉体；也有穴后是空槽，玉筯夹馒头；也有丑穴如鹤爪，突露无人晓；也有丑穴似牛皮，懒坦使人疑"，此皆穴之拙者也。

又有骑龙之穴，如顺骑、倒骑、横骑、正骑，左顺侧骑、右顺侧骑，左倒侧骑、右倒侧骑，此数穴亦皆在怪穴之中也。

然穴虽有正变巧拙之异，大要不外于认龙，认得龙真，自知穴的，又何忌于怪哉？故先贤穴多怪异，非好怪也，良由认得龙真穴的，常亦扦，怪亦扦，初不知常之为常，怪之为怪也。自后人罕见之，以为怪耳。吕东莱云："怪生于罕而止于习。"先贤不以怪穴为怪者，亦习之而已。

今术家不但不知怪并不知常，总由误于《催官篇》《玉尺经》及诸般怪例之说，审龙审穴，只以罗经格之，而不知用目力之巧，以察其真伪之情也。真伪尚且不能辨，又何泥于怪哉？噫！亦难言矣。真正吉穴，反多隐藏，不起人眼；虚花假穴，反多显露，易于动人。非传授真、识见广者，鲜不为其所惑也。

龙虎辩第十三

青龙、白虎、朱雀、玄武,乃古人借四兽以别四方者也。盖青龙属木,故列于东方;白虎属金,故列于西方;朱雀属火,故列于南方;玄武属水,故列于北方。术家以前为朱雀,后为玄武,左为青龙,右为白虎者,因建都皆坐北朝南,左东右西,故借四兽以称之也。

后人错认龙虎为真,不论水之来去,凡是青龙边,便谓宜高;凡是白虎边,便谓宜低,殊不知东西南北之方位,一定而不可易;非若前后左右之宫位,可随身而转之者也。若向北之地,则四兽皆易位,前玄武、后朱雀、左白虎、右青龙矣。

故论墓宅左右之砂,只宜究其上下之义,不必泥于龙虎之名。如水从左来,则左为上砂,右为下砂;水从右来,则右为上砂,左为下砂。上砂宜低弱,低弱则天门开,得见水来;下砂宜高强,高强则地户闭,不见水去,此正理也。

卜氏云:"坛庙必居水口",正为下砂开水而言,而龙虎无论矣。今之庸术,专以白虎骇人,何也?管公明辩之颇详,惟高明者自究之可耳。

朝案辩第十四

龙来结穴，贵有朝案，此常论也。然亦有有朝无案者，有有案无朝者，又有朝案俱无者，将何所取用哉？惟欲诸水聚于明堂之中耳。杨公云："也有真形无朝山，只要诸水聚其间"是也。然亦总论无朝案耳，未曾有向东向西向南向北之辨。盖南与东西无朝案犹可，向北之地，无朝案则不可，乃朝风最严。使无朝案遮阑，未免飘散生气，焉有融结？杨公云："也有大地去朝北，惟要面山高过额"，正谓此也。殊不知有不尽然者。

余覆验乡东冲胡氏祖地，御屏土星挂角，入首微起金星，开窝丁山癸向，正朝北方，堂局宽阔，无近案遮阑，左右无龙穴护卫，只有大罗城水口而已。以俗眼观之，宜乎风寒气弱，不甚发福，而何以反出巨富，人丁数千，发福攸久，而成大地也哉？盖有砂理存焉。

一。来龙系大干尽结，气旺不畏风寒；一，石山土穴体刚，不畏风削；一，高山跌落平地，开窝作穴，隈聚不畏风吹，故发福大而且久。此亦穴之最怪者，非目睹不能知之。卜氏云："看格尤胜看书。"斯言诚是也。

故术家寻地，全要认龙，龙真穴正，而砂水不足，不过小节之疵，焉能灭其厚福？所以有朝案固妙，如无朝案亦可，不可拘拘于此，而反弃龙穴之真也。卜氏云："外貌不足，内相有余；大象可观，小言可略"，斯言足味。

迎水立向辩第十五

水本动，妙在静。静者何？潴则静，平则静，湾则静。立向之法，贵迎平湾聚潴，及堂局正中，相对有情之处，方能承受外气而获福也。

今术家不知迎水之诀，只看水从某边来，便立向抢之，以致上砂逼来水短，下砂宽去水长，外失堂气，内失坐下，反福为祸，可胜叹哉！

今以立向趋避之法，真详于左：一避砂之顺而趋逆，一避水之动而趋静，一避砂水之散而趋聚。盖上砂为顺，下砂为逆；来水为动，到堂为静；砂抱水湾为聚，砂反水走为散。学者明此，思过半矣。

束气辩第十六

　　龙将到头，跌断束气；再起星体，落脉结穴，此正理也。然有一等疑龙，竟不过峡束气，而反结大地者，如含出太湖吴进士祖地是也。

　　观其龙之形势，自离祖出身以来，不跌断过峡，不起伏转折，只一片蛮铺，径直奔来，至将入首处，闪归一边，横开钳口，抽出一线微脉结穴，甚是隐藏，难以察矣。人因其无束气，多有疑之者。

　　殊不知龙到头抽细过峡，起项结穴，则谓之"来龙束气"；临穴化开钳口，抽脉结穴，则谓之"穴上束气"。然穴上束气之理，先贤俱未发明，故特表之，以广学者之见耳。

裁剪辩第十七

裁剪者，作用之法也。龙真穴的，而砂水有余不足，则用裁剪之法。今术家不论龙穴之有无，动言裁剪取用，殊不知有龙穴而后可用裁剪，未有无龙穴而裁剪成地者也。或有来龙的真，而穴形变异，则用法葬者有之，如开金取水、堆土成坟之类是也。

又谓小地裁剪，大地生成，岂知裁剪之说，无论地之大小，凡有砂水不足，皆用此法。观《葬书》云"目力之巧，功力之具，趋全避缺，增高益下"，是概论作用之法，而未尝有大小之分也。或以节作穴，如斩关截气之类，谓之"小地"则可，不可谓"小地全是裁剪取用"也。学者思之，可以自悟矣。

大小地辩第十八

　　大地有势而无形，其病在穴也，言其穴之丑也。小地有形而无势，其病在龙也，言其龙之弱也。

　　如出局观之，祖山尊贵，龙身特达，远山无不照应，罗城水口无不重关，及至内则堂局宽阔，本身不生龙虎，穴情隐拙，最难察识，此势有余而形不足也。

　　若出局观之，祖山不贵，龙身不显，四顾少情，门户少闭，及至内则堂局紧密，龙虎齐抱，穴情明白，一目了然，此形有余而势不足者也。

　　倘形势两美，此又地之更大者。

　　今术家只知穴形之美，而不识龙势之妙，未免以小为大，以大为小。甚至以大为假，而弃之者有之，岂不深可惜哉！

作用辩第十九

蔡牧堂云："山川之融结在天，而山川之裁剪在人。"故截长补短，损高益下，莫不各有当然之理。其始也，不惟目力之巧，工力之具；其终也，夺神功，改天命，而人与天无间矣。由此观之，则作用之法，不可不知也。

窃怪夫今之术家，各逞臆见，妄肆培补，或筑罗围，以填没界水；或作兜金，阻塞小堂；或培金墩，以壅盖倒影；或凿月池，以伤残唇气；或专用规车，大开圆堂，损其缺晕；或先开金井，砌成空圹，泄其生气。更有欲饰观瞻，多加石器，镇压于前，成为煞气，此又人事之不善，而天损于人者也。

故作用之法，必要认定龙穴，相其形势，当培则培，当开则开，再三斟酌，始无差也，岂可漫为哉！

攒基辩第二十

葬墓诸书，言之详矣，未有言及攒基者，以其暂攒故也。殊不知攒非其地，则坏棺朽骨，难以移葬，而人子之心，何以克安，可不慎乎！

今以安攒之法言之：一要藏风，藏风则气暖。一要得水，得水则气聚。然得水在于审局，注水为上，逆水次之，横水又次之，总要下砂逆关为妙。若顺水局，要有近案兜收，不见水去方可，否则未可以言得矣。一要坐下尊严，虽无真龙结作，亦要顶气靠托，朝对有情，堂局圆净，砂水环抱，方有风象可观。一要地上干燥，虽无真气燻蒸，亦要土质坚实，方无湿气之患。一要高筑罗围，使棺隈藏，如人居之有围墙，可避风雨。一要背北向南，或向东向西亦可，切不可向北。盖朔风最严，最易坏棺，不可误向，受其损伤。一要面前洁净，不可有旧冢别物，阻塞胸前，关截堂气。

如此斟酌，庶几先灵暂安，而仁人孝子之心亦稍慰矣。切勿听术者之言妄谈，或夺龙气，置高冈而受风寒；或就水局，置低洼而沾湿气，或单就向利而失堂气，或半藏地下而被水浸。凡此者不可不慎也。

改葬辩第二十一

先葬固当慎重，改葬更不可轻易。苟葬非其地，有风、水、蚁三害相侵，不得已而迁起，须要速求吉地葬之，否则骸骨易朽，棺木易烂，暴露无归，罪莫大焉。若葬得其地，荫出富贵之人，切勿听射利之徒，妄言此地只出小富小贵，若葬某地当出大富贵，轻易改迁，反招大祸。

盖其人既受此地之气而生，今忍改迁彼处，则气不相续，焉能变福？即彼地胜于此地，迁而葬之，然未受彼地之气，先泄此地之气，亦必先致其祸，改葬者可不慎欤！

故人丁蕃衍者不可迁，家道平康者不可迁，无五不祥者不可迁。

五不祥者，一冢无故自陷，二冢上草木枯死，三家有少亡孤寡，四男女忤逆，颠狂劫害，刑伤瘟火；五人丁将绝，家业耗尽，官讼不息也。

有三祥瑞者不可迁。

三祥瑞者，一见龟蛇生气之物，二见紫藤交绕棺木，三有水珠泡；如乳温煖，或有气如雾，穴中干燥也。

年代深远者不可迁。

当速访明师，别求吉地，接福于后，此为正理矣，奚必轻易改葬为哉！

宫位辩第二十二

宫位之分，谓"青龙管一四七，明堂管二五八，白虎管三六九"，是以断验祸福，此常论也。然亦不可泥于此也。

余每见有无龙而发长，少虎而发幼，明堂不正而偏发中房；更有此盛而彼衰，彼盛而此衰，祸福无凭，吉凶难定者，其故何也？

盖心者气之主，气者德之符，人心积德，天必降之以福，而地亦以吉气应之；人心丧德，天必降之以祸，而地亦以凶气应之。是祸福之来，吉凶之应，惟人自召，岂尽关龙穴之偏枯，砂水之不齐哉？

故人子求吉地，只宜择吉穴，以藏先人之遗骸，弗使风、水、蚁三害侵之，其义备矣。至房分之不均，惟尽人事听之而已。若欲其全美，或培补此地以助之，或别求吉地以视之，亦可免其不均之患也。杨公云："岂可一坟分公位，必取众坟参互识"，此说可推也。

大抵宫位之说，只可置之勿论，切勿听术者之妄断，狃于发福之偏枯，停止不葬，暴露无休，而自陷于不孝也。河南程氏曰："不以奉亲为计，而专以利后为谋，非孝之安厝之用心"，诚为至论。

求地辩第二十三

仁人孝子，苟竭诚求地以安亲，天岂肯阻人行孝，而不假以吉者哉！切勿执"可遇而不可求"之一言，遂置亲骸于度外也。但求地只在一真，不在图大。图大恐犯造物所忌，故地之大小，则听其所遇耳。

至求地之要，有二：一在积德，盖积德为求地之本。卜氏云："吉地为神之所司，善人必天之克相。"由此观之，则知积德善人，未有不得吉地者也。一在择师，得师则得地矣。盖山川不言，其情自见，苟遇明师，安能遁其情哉？

第择师之法，当审其宗主，则知其传授；验其往作，则知其目力；访其素行，则知其心术；察其议论，则知其学问。苟得授真，目力巧，心术正，学问通，洞识山川之情，弗循时俗之论，超乎常格，认人之所不能认者，始可以言师矣。断不可听八门断、八坟断、鬼灵经、江湖串课断克应、八法神针之类，遽以安厝大事托之，致陷亲骸于水蚁之中，而受莫大之罪也。吾愿天下之求地者，当以积德为本，择师为要，则庶乎安亲可望矣。

峦头天星理气辩第二十四

峦头者，山形也。形者气之著，气者形之微。气隐而难知，形显而易见。《葬书》云："地有吉气，土随而起"，此形之著于外者也。盖气吉则形必秀丽，端庄圆净；气凶则形必粗顽，欹斜破碎。以此验气，气何能逃？以此推理，理自可测。奚必泥方位之理气以为吉凶也？

今术家咸谓峦头为体，天星理气为用，总由惑于方位之天星，与方位阴阳五行之理气，故以体用分之耳。殊不知阴阳五行之理气，即寓于峦头之中，非峦头之外，又有理气之说也。谢双湖云："阴阳五行之理气，不可见而见于峦头之形，形即理气之著也。"故观峦头而理气可知。

至于天星者，盖谓阴阳五行之气，在天成象，在地成形，星之所临，地之所钟，上下相感而应。如下有将相之地，则上必有将相之星应之，非若方位家以亥为天皇，艮为天市之类也。

使天星地理果如方位之说，则天文可以不仰观而知，地理可以不俯察而晓。虽令三尺之童，记纸上之陈言，据盘中之遗迹，亦可按图而索骥。呜呼！天文地理岂若是其易哉？后之君子，当惕然猛省，专心致志，熟审峦头，毋惑乎方位之天星理气；执定罗经，非分推求，反失真地之吉，而受假地之凶也。

王鹤泉云："尝覆人家旧坟，见有亥龙入首，扦丙向；艮龙入首，扦丁向，天星理气却合，而子孙大败者，只因峦头不好也。"朱文公云："第一要紧看峦头，有了峦头穴可求；若是峦头不齐整，纵合天星也是空"，诚有见于斯也。

净阴净阳辩第二十五

《易》曰："一阴一阳之谓道。"盖孤阳不生，独阴不成，阴阳相配，乃成造化。故以形势论之，山属阴，水属阳，是山水相配有阴阳。山静阴而动阳，水动阳而静阴，是山水各有阴阳。阴来阳受，阳来阴受，是龙穴相配有阴阳。阴山取阳为对，阳山取阴为对，是主客相配有阴阳。至于砂之边强边弱，水之股明股暗，莫非阴阳相配也。卜氏云："一不能生，生物必两，要合阴阳"，正谓此也。

今术家不察此理，误信净阴净阳之说，登山步龙，不辨龙之真假，只以罗经格之，节节属阴，便谓纯阴为贵；节节属阳，便谓纯阳为贱。若阴中间一阳，阳中间一阴，便谓阴阳驳杂为凶。殊不知真龙行度，变幻莫测，逶迤东西，或为南北，二十四方，无位不到，岂可以方位阴阳定其贵贱吉凶耶？若使可以定之，又岂得谓之龙耶？果使贵龙系净阴，贱龙系净阳，是为单阴单阳，又岂是造化之理耶？

即以方位阴阳论之，针盘之制，始于黄帝周公，至汉张子房，只用十二支；至唐一行禅师，因十二年神方位，不甚空利，难以择日，故除戊己二干居中，只用八干，添乾坤艮巽四卦，列于十二支，隔界之间，以为太岁所不建之方，便于择日也。至于阴阳之分，不过按先天纳甲之说，分为十二阴、十二阳之理如此。术家用此，为其利于辨方识向，选择趋避而已，而龙穴砂水贵贱吉凶，原不在此中论。

且二十四位始于唐时，若使执此可以寻地，则唐以前如周秦，如汉晋，如六朝，许多富贵大地，将何所凭据而寻之乎？如龙只要净阴净阳，不宜驳杂，则方位配对，亦只宜以阴对阴，阳对阳，又何以阳对阴，如壬向丙之类；阴对阳，如艮向坤之类耶！由此观之，则净阴净阳之谬，亦了然可见矣。

真行伪落伪行真落辩第二十六

真行伪落，是谓真龙行来，顿起星辰，转射开面。落脉或当胸正落，隐隐微微，不见其迹；或纽落偏斜，躲闪隐藏，莫辨其踪，犹如无脉落下一般，故曰"伪落"。伪行真落，是谓伪龙落脉，或贯顶抽下，或硬肩挂下，形迹显然，令人易见，反有似脉落下一般，故曰"真落"。此二句，乃辨落脉真伪之要诀也。

窃怪夫术家好逞臆见，托名先贤，改换其说，以来龙节节属阴为真，入首一节属阳为伪，谓之"真行伪落"；以来节节属阳为伪，入首一节属阴为真，谓之"伪行真落"。后人罔察，以讹传讹，故落脉弗晓，真伪莫辨，误人不浅。余受师口诀，不忍自私，故发明之，以传今之学者，得知落脉之真诀，而不为邪所误也。

催官辩第二十七

《经》云："气感而应，鬼福及人。"《诗》云："惟岳降神，生甫及申。"盖谓先体得气，所生受荫，川岳降神，故产英杰。若其人已生，则所禀非此山川之灵气，安能变愚为智，化贱为贵耶？或原有好祖坟荫出贵人，后葬吉地，即登科第者，此乃人事偶合，术家因神其说，谓之曰"催官地"，其实发福非由此也。

又有贫寒之士，原无好祖坟，或禀阳宅之气而生，或感造化之气而生，生而后葬吉地，即登科第者，此乃祖宗积德已厚，而为天之所笃生，千万中一遇耳。

今术家为人寻地，动言"催官歆人"，至究其催官之说，便藉口于赖公《催官篇》。殊不知赖公既著有《披肝露胆篇》，内云："切不可听信诈伪之徒，妄言星卦，自取其祸"，何又有天星之说耶？既有天星之说，则《披肝露胆》之内，又何以斥诈伪之徒，而自相矛盾耶？昔称杨、曾、廖、赖为四明师，杨、曾、廖三公并无星卦之说，岂赖公骨著此《催官篇》，而与三公相反耶？

深阅《催官篇》辨龙、评穴、评砂、评水，不过以方位二十四字反复言之，究竟于理，一无可取，且内多文理舛错，不可以为训。即以"天皇气从右耳接，右耳乘气无冲脑"二句推之，其谬可知。何也？盖脉如树之枝梗，聚成一线，故云"接脉"。气如之果实，结成一块，故云"乘气"。虽气由脉来，然脉止而气结，则脉自脉而气自气，非谓脉即气也。

卜氏云："葬乘生气，脉认来龙"，古人所以葬气而不葬脉也。如云气从右耳接，则以来脉为气，一不通也。右耳乘气，则以坐乘为承，二不通也。接脉乘气，乃点穴紧要之义，如此显然无别，岂不大有所误哉！予想赖公既为明师，断断无此不通之说，但不知此篇出于何人所作，冒名赖公，欺世诬民，为害不浅。惟高明之士，留心详之；再以先哲之言，莫不了然，明白而知，其必为大谬也。

地书正邪辩第二十八

地理经书，有可读者，有不可读者。

可读者，惟《青乌经》《葬书》《雪心赋》《倒杖篇》《疑龙经》《撼龙经》《发微论》《穴情赋》《九星篇》《入式歌》《堪舆宝镜》《趋庭经》《堪舆管见》，此皆地理之正宗，不可不读也。

不可读者，如《天机金篆》《催官篇》。夫《海角》《青囊》《天玉》《玄珠》等书，一系假名伪造，一系以伪传伪，此皆地理之邪说，断断不可读也。

推而论之，凡言形势性情者可读，凡言天星卦例者皆不可读也。此读书又其次者也。

欲习斯道者，先要明师登山，指点龙穴砂水，口传脉理真诀；次要熟识峦头，多看仙迹，稍有确见，然后读书，方为有益。否则，是亦屋里先生，开卷了了，登山茫然，乌能识山川之妙哉？

所以徒读地书，自作聪明，而反受假地之害者，举世皆然，曷可胜叹！昔人谓读书不如按图，按图不如登山，洵确论也。

阳宅门向辩第二十九

阳宅首重大门者，以大门为气口也。张宗道云："大门者，气口也。"气口如人之口，人口之正，便于呼吸饮食；宅之门正，便于顺纳堂气，人物出入。《博山篇》云："门中正，家道成。"此正论也。

今术家不知气口之义，误以游年星轮数八宅方向，如遇贪狼、巨门、武曲，便谓三吉方，宜开大门。如乾宅坤门、坤宅乾门、艮宅兑门、兑宅艮门、坎宅巽门、巽宅坎门、震宅离门、主宅震门，俱在中腰及左右两角，并无正门，以致气口不顺，反福为祸，诚可慨也！

尤可笑者，议论不一，互相舛谬。如所谓市居则论宅法，乡居则论堂局。既乡居论堂局，则宜正中开门，向对堂局，于理为是，如何又用八宅游星数定门向，或左或右，而又失堂局耶？既市居论宅法，则大门宜在中腰及左右两角，如何又因邻屋阻碍，势不可必，而反开正门，不以宅法论耶？

再以东西二宅辨之，兑宅开艮门，在宅左角，犹可必也。如震宅开离门，在宅中腰，定有邻宅相阻，不可得也。势必正中开门，然以游星数之，正中为绝命方，左角为祸害方，右角为五鬼方，三方俱不宜开门，又何为而开正门耶？震宅可以开正门，则兑宅亦可以开正门。若云兑宅是为绝命方，则震宅正门亦为绝命方，又何为此可开而彼不可开耶？今见市中兑宅则多开艮门，震宅则多开正门。一用宅法，一背宅法，岂不大相舛谬哉？所以不论市居乡居，俱宜正中开门，以顺通气口；至于便门者，随宅主之便；而八宅游星，系伪造邪说，断断不可用也。

廖公云："市居必要傍冲衢，向首理难拘。村居必要龙神落，向首随龙作"，此正理也。设或有恶煞当前，如巷冲路射，井阑坊压等类，则又宜达权通变，趋吉避凶，或左或右开门可也。切不可抢水作向，歪斜开门。如人口斜，不成相貌，为可嫌也。此特举一端，尚有竹节贯井，抽爻挨象，谬论纷纷，难以尽阅，惟智者详之，毋滋惑可耳！

选择辩第三十

杨救贫云："年月要妙少人知，年月无如造命法。"吴景鸾云："选择之法，莫如造命；体用之法，可夺神功。"

盖造命者，选成四柱八字，干支纯粹，成格成局，内藏补龙扶山相主之义，此造命之体也。再取日月金水，三奇尊帝，紫白三德，及禄马贵人，此数者乃真正吉星，得二三个到山到向到宫，自然吉利。又查岁破戊己三煞，阴符、箭刃、月建等煞，尽行退避，不相干犯，乃为全吉。此造命之用也。

至于年方空利，诸事吉日，俱要与钦天监年方历日相合为妙。万一不能相合，再依《造命通书》，选成吉日用之可也。

今选家不知造命之法，多宗斗首奇门之说。殊不知斗首之说，一背正五行与纳音五行，二不能补龙扶山相主，三则生克舛错，吉凶无凭，大不利于葬造之家，深可恨也。究其弊端，

始于唐时一行《铜函经》。夫是经之作，一行不过因有指示，故意谬撰，以愚海外者耳。其间倒装生旺，反用休囚，原不可用。嗣后好奇者，窃取其义，改头换尾，记名杨公斗首，以神其说，遂致真伪难分，庸愚易惑，反以斗首为精妙，咸相遵从，误人不浅。此非一行之咎，乃误传一行者之咎也。至于奇门之说，原为出兵择吉之用，非为造葬而设也。今一概混用，殊为可笑。

此略举其二说以明之，尚有谬论甚多，难以尽述，惟在高明者。细阅杨公《造命千金歌》《造命宗旨全书》与《阴阳宝鉴通书》及耶律楚材、刘伯温《监历》，则邪正之说，不待辩而自明矣。

地理雪心赋集解卷一

论山川理气篇第一

[徐注]徐氏曰：地理诸书，世传充栋，求其术臻神妙者，而《葬书》为最；理极深悉者，而《发微》为优。欲知作法之详括，无如杨公之《倒杖》；欲识星形之异态，无如廖氏之《九变》。至若星垣贵贱，妙在《催官》；理气生克，妙在《玉尺》。数者备而峦头天星尽是矣。乃顾陵冈始集《天机》，不先录此数者，而反以《雪心赋》编于首，无非取其词理明快，便后学之观览，盖引人渐入佳境之法也，故予重编而姑仍其旧。

天开地辟，山峙川流。

二气妙运于其间，一理并行而不悖。

气当观其融结，理必达于精微。

[徐注]太极未分，天地山川止一气耳。及太极动而生阳，静而生阴，于是二气始分。轻清者为天，重浊者为地；静峙者为山，流动者为水，遍宇宙间，皆阴阳二气之运行也。然阴阳虽分二气，其实本于一理。阴中有阳，阳中有阴，所谓"一理并行而不相拂戾焉"。故地理家谓"山虽静，妙在动里；水虽动，妙在静中"，此正得二气一理、妙运并行之义也。

○山水既禀于一气，则凡结穴之处，必须真气融结，方可立穴。蔡氏谓"山之所交水之所，会风气之隈藏"，此即融结之说也。然此理最是玄微，非深识者未易造此也。

[孟注]盖闻者，卜氏自述所闻以起语也。辟与开同。峙，耸立也。流，行也。二气，阴阳也。一理，一元之理，即太极也。悖，相反也。融，会合也。结，凝聚也。精微，理之极致也。

○此卜氏欲叙地理之所由起，故溯天地之开辟，与山川之峙流，推其理气而言之。盖天地之初，混沌未判，无有山川之可言也。既而开辟，风气相摩，水土相荡，则刚者峙而独存，柔者流而渐去，于是乎山川形焉。形者气之著也。夫山川一刚一柔，一动一静，莫非二气妙于其间矣。气者理之用也。《易》曰："一阴一阳谓之道。"盖孤阳不生，独阴不成，阴阳相配，方成造化。故山合阴阳而为山，水合阴阳而为水。至山夹水行，水随山转，此又阴不离阳，阳不离阴，莫非一理，并行而不悖矣。然气当观其山水止聚而融会凝结，斯为灵气之攸钟；理必竭其目力心思而通达精微，斯为明理之高士。有志于斯道者，岂可漫言容易哉！此赋为地理而作，只宜就地理上发明，不宜泛论，以晦其旨。谢氏求其说而不能得，故浮泛释之；后又为之增改者，亦俱未明确也。以后凡如此类者甚多，不能枚举，唯读者详之。

由智士之讲求，岂愚夫之臆①度。②

[徐注]此承上言。观气察理，必智者方能讲明，非愚昧无知者所能察识也。

[孟注]臆，胸臆也。○承上言山川之理气，精微奥妙，未易知也，必由高明之士讲论而推求之，非愚昧之夫可以臆见而测度之也。此卜氏甚言地理要得明师真传，不可自作聪明而有误也。

---

① 音意。
② 音托。

太极开辟图

无极

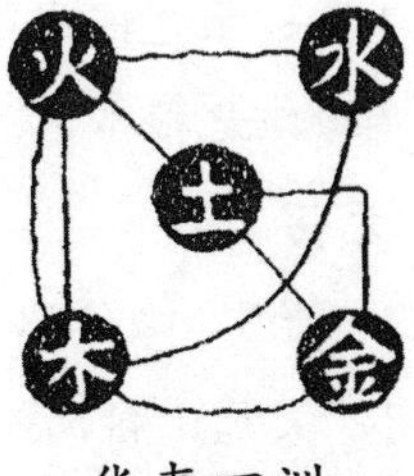

太极
阳　阴
动　静

五行
火　水
　土　
木　金

华夷四洲

北距卢洲
西牛贺洲　昆仑弥须　东胜神洲
　　　西域　南赡部洲　中华

体赋于人者，有百骸九窍。

形著于地者，有万水千山。

自本自根，或隐或显。

[徐注]熊氏曰：人禀天地之气以为性，受父母遗体以为形。虽百骸九窍之同，而贤愚妍媸之品则异。譬之山川行度，支垅虽同，而形状巧拙，千百变化，各自分宗分祖，干同枝异，或显露而易见，或隐微而难见，但于后龙穷其起止出没之因，则虽根本异同，隐显明晦，总不能逃人目中矣。

[孟注]赋，与也。百骸，身之骨节也。九窍，耳目口舌鼻大小便也。此借人以喻地之形也。形，山水形也。著，表立于外也。本根，山水之本根也。隐显，山之起伏、水之出没也。

○承上文二气而言，山川与人物莫非一气之所运，即人亦可明之。盖体赋于人以禀气者，有百骸九窍之分；而形著于地以钟气者，有万水千山之别。然山水之所来，必有自出之本根，分而为枝为派。至山之或起或伏而为显，或伏或断而为隐；水之或出或会而为显，或没或去而为隐，此皆气之收敛发舒，而为融结之根本也。

胎息孕育，神变化以无穷。

[徐注]凡山自始分脉曰"胎"，降伏曰"息"，入首成形曰"孕"，入穴融结曰"育"。徐试可曰：大凡山自离祖出脉之际，便如人受胎之初一般；及其顿伏而行，结咽过峡，便是曰"息"。盖龙脉至此而滋息，养成气局，前去结穴，方有力量。譬如人十月怀胎，滋息一也。至于入首，结成星峰，真气于斯收敛，譬如人将临盆之月，正当产孕之期也。一到入穴，或结窝钳，或结乳突。"乳突"者，即犹人生育男子；"窝钳"者，即犹人生育女子是也。

[孟注]胎，指穴言，如妇人之怀胎。下文云"龙虎护胎不过穴"，则为漏胎，即此是也。息，气也。子在胎中，呼吸之气，从脐上通于母之鼻息，母呼亦呼，母吸亦吸，故曰"胎息"。此以"胎"喻穴，以"息"喻气。胎无脉气则为死胎，穴无脉气则为死穴，"胎息"二字，不

可分言。"孕"者，气之藏聚融结土肉之内，如妇人之怀妊也。"育"者，气之生动分阴分阳，开口吐唇，如妇人之生产也。此皆借喻穴之生气也。神者，生气莫测之谓也。○承上言。山水既自本根而隐显，则由是气之融结可观矣。夫山之结穴为胎，有脉气为息；气之藏聚为孕，气之生动为育，犹如妇人有胎有息，能孕能育，而生气之变化无有穷尽，若神之所为，莫测其端也。郭氏云："万里之山，各起祖宗，而见父母，胎息孕育，然后成形。"由此观之，则穴山为父母，而胎息孕育之言穴无疑矣。故自祖宗言之，则穴山为子孙；自胎息孕育言之，则穴山为父母，此又不可不知也。○谢氏、董氏谓山之分受再起为胎，胎之前去过峡为息，息前再起穴山为孕，形止为育，诚为大谬。假如分一节龙脉结穴，将何处为胎？何处为息？由此推之，其谬可知。田氏改注亦谬，今正之。

山脉双化

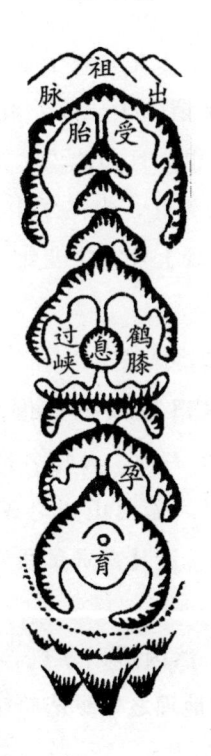

生旺休囚，机运行而不息。

[徐注]此承上言。胎息孕育，然后成形，其形变化，则为五星。木星生于北，旺于东，休于西，囚于南。火星生于东，旺于南，休于西，囚于北。水星生于西，旺于北，休于东，囚于南。金星生于南，旺于西，休于北，囚于东。其形气运行不已，庸有止息耶！

[孟注]生旺休囚指水言。生者，水生于气，即《葬书》云"源于生气"也；旺者，水来聚堂，即《葬书》云"潮于大旺"也；休者，水藏蓄而去，即《葬书》云"泽于将衰"也；囚者，水出口之处，两山交牙关锁，犹如囚物而不令去，即《葬书》云"流于囚谢"也，此卜氏本《葬书》之论水而摘字成句也。机者，水之运动之机也。

〇上言穴，内气也；此言水，外气也。外气所以聚内气，故穴以得水为先。水源于生气，潮于大旺，泽于将衰，流于囚谢，盖气溢而为水，水又去而不去，反溃以养气；气水循其生机运行，而无有止息之时，即《葬书》云"以返不绝"也。

〇诸注生旺休囚，谓木生于北、旺于东、休于南、囚于西之类，殊不知此论五星之生克也。又谓木生于亥、旺于卯、死于午、绝于申之类，殊不知此论五行之生死也。且如此说，则生旺运行，休囚息矣，文义不贯。又谓"山聚水会为生旺，山飞水走为休囚"，如此则机有时而运，有时而息，亦非正解。观上言穴之变化，此言水之运行，正含下文"地灵"之意，读者详之。

地灵人杰，气化形生。

孰云微妙而难明，谁谓茫昧而不信。

[徐注]山川灵秀而挺生人物，人物名世而光照简编，非地灵无以钟人杰，非人杰无以显地灵。盖由山川之理，有气斯有形，有化斯有生，由是随其气化而生人物。诸凡富贵贫贱寿夭贤愚善恶之类，是皆随其其气而形生也。

阴阳之理，虽云微妙，然因形以察气，因气以观理，亦可推测而知，勿谓难明也。茫昧，谓地理之事渺茫暗昧而不足信也。或谓人死魂升魄降，神气离体，遗骸死灰槁木等尔。葬之黄土一堆，幽明异路，乌能受荫而致祸福于生人乎？于是莫不以为惑世诬民之事。然而古今葬埋，福荫子孙，应验不爽，在在有之。且如婺源朱夫子祖地，土名"干坑岭"，《地仙遗记》云："富不过陶朱，贵不致五府，当出一贤人，聪明如孔子。"后果出朱夫子，为大儒宗，子孙亦且富盛，与《遗记》分毫不爽，谁谓茫昧而不之信乎？[1]

[孟注]此结上文。言山水融结，既得阴阳之正气，与运化之神机，则地灵攸钟，而人杰斯出，由山川之气以化，而应山川之形以生焉。盖有气斯有形，有化斯有生，一定之理也。如嵩岳降神以生甫及申，泰山毓秀多产圣贤，是皆地灵而人杰也。如山水广大，出人度量宽宏；山水逼窄，出人胸襟狭隘；山端正而水清平，出人平易正大；山崚嶒而水冲激，出人凶狠乖戾；山倏看而倏变其形，出人多诡诈；山浑然而丘壑愈深，出人多深藏；山动而势均，水多而流乱，出人多淫；峰尖水秀，则人文胜；山高水长，则福泽大；山水明秀，则人貌美；山水粗浊，则人貌丑。以至富贵贫贱、贤愚寿夭，皆是随其气化而形生焉。即今天下之名地，其出英雄富贵，皆有形迹之可考。故因形以察气，因气以究理，亦可推测而知，孰云地理微妙而难明？福荫之说，渺茫暗昧而不可信哉！《葬书》云："气感而应，鬼福及人。"斯言足征。

右段论山川理气。

[孟注]此段论山川理气，而结之以应验，以明地理之不可不信也。

---

[1] 校注：《地理人子须知》云："地在婺源县二十七都，地名官坑岭，乃朱夫子四世祖妣墓也。予兄弟囊在朱氏观文公家谱云：四世祖名惟甫，配程氏，行恭二，名荳蔻，葬二十七都丹阳乡环石里，地名官坑半岭，金斗形梁上穴。庚申山，正坎作丙向，嘉祐四年（1059）己亥八月吴景鸾下。"课云："金斗穴居梁，朝案信鸦岗。溪山环九曲，道学世流芳。"未下之前有记云："官坑龙势异，穴高众山聚。坎离交媾精，笔峰天外起。富不及陶朱，贵不过五府。当出一贤人，聪明如孔子。"乐平洪士良同师吴景鸾至官坑岭下。士良偶渴，探泉饮之，走谓师曰："此泉甚异，当有至贵之地。"国师亦往，索泉尝之，曰："是泉有翰墨香，岂但贵也，当产大贤！"因至山巅观之，果见此穴。讶曰："秀钟于此，以报朱氏。"然其地自山下至穴所约七里许，而送龙两水，右出石检（土名），前水直流五店（土名），穴高水远，不利初代。窆岁毕，用巨石压而封之。后果不以利，欲迁焉，竟得石压而止。又云：初，献地者谓有天子气象，未决。往邀其师，系一僧来观，曰："当出夫子。"吴景鸾晚年落发学禅，故传为僧耳。

文义起结甚明，而诸注不能分者，由于未曾细玩耳！

论地理要略篇第二

古人卜宅，有其义而无其词。后哲著书，传于家而行于世。

〔徐注〕此言古人因有卜宅之义，故后哲渐著之书，发明地理之蕴，以开来学，使后世遂得其传也。

〔孟注〕卜，占卜，卜宅之吉凶得失也。宅，阴阳二宅也。义，意义也。辞，文辞也。后哲，后世明师也。书，地理书也。

○此卜氏引古人，以叙著书之由，而自寓作赋之意也。总承上文之意而言。地理之说，从来尚矣。古先圣贤亦曾择地而卜，如太王之胥周宇、① 卫文之相楚邱、② 周公之卜瀍涧、③ 孔子之卜宅兆，④ 皆是也。但有卜宅之意义，而未有著立之文辞。至于后世，陶、郭、杨、曾⑤辈出，始演义著书，发明地理，开示来学，其书始得传于家，终行于世。天下信而习之，乃地理之宗，而葬法之所由起也。下文遂承言之。

葬乘生气，脉认来龙，

〔徐注〕朱子曰："葬之为言藏也。生气者，即一元运化之气也，行乎地中，人不可见。盖必原其脉络之所从来，审其形势之所止聚，有水

---

① 校注：公亶父，姬姓，名亶（dǎn），又称周太王。上古周氏族的领袖，西伯君主，周文王祖父，周王朝的奠基人。胥：看，观察。《诗经·閟宫》说："后稷之孙，实维大王。居岐之阳，实始翦商。"迁周于岐山之阳的周原和开始翦商的事业，是公亶父两项最大的功绩。《竹书纪年》："（商王）武乙六年，邠迁岐周。命周公亶父，赐以岐邑。"因地处周原，故姬姓从此称周人，定国号为周，粗具国家雏形。

② 朱熹《诗集传》："卫为狄所灭，文公徙居楚丘，营立宫室，国人悦之而作是诗以美之。苏氏曰："此章本其始之望景观卜而言，以至于终而获其善也。""

③ 《周书·洛诰》：周公拜手稽首曰："朕复子明辟。王如弗敢及天基命定命，予乃胤保大相东土，其基作民明辟。予惟乙卯，朝至于洛师。我卜河朔黎水，我乃卜涧水东，瀍水西，惟洛食；我又卜瀍水东，亦惟洛食。伻来以图及献卜。"

④ 《孝经·丧亲》："卜其宅兆而安厝之。"邢昺疏："宅，墓穴也；兆，茔域也。葬事大，故卜之。"

⑤ 指陶侃、郭璞、杨筠松、曾文遄等四位仙师。

以界之，无风以散之，则生气之聚也。葬者苟能知其聚处，使亲体得以乘之，则地理之能事毕矣。"

大凡看地，以龙为先。龙有变化，脉有隐显；或中出，或从傍，或偏行而归正，千形万状，莫可具陈。但随龙认脉，因脉求气，气之聚处，方可以扞葬也。

[孟注]"葬之为言藏也"，藏先人之遗骸也。乘，如乘车乘马之乘，坐乘正中也。"乘"之一字，尽作用之法矣。"生气"者，一元运化之气，结聚而不散也。"乘生气"者，纳骨于生气之中而坐乘之也。气则言乘，脉则言接，盖脉从后来，故云"顶接"；气从下升，故云"坐乘"。接则有缓急之义，乘则有深浅之理，故接脉乘气，各有精义，非谓乘即接也。《葬书》云："浅深得乘，风水自成"，斯言可证。如"顶受耳受"之说，乃是正接斜接之义也。一说："脉如树之枝梗，聚成一线，故言接脉气；如枝之果实，结成一块，故言乘气"，此说亦妙！脉，山脉。认，认识也，凝神注目，详察来龙形势，想其性情，会之于心，应之于目也。龙者山之行度，起伏转折，变化多端，有似如龙，故以"龙"名之。认来龙者，观其祖宗项目肩背，降势落脉，辨其个字正从，审其行度过峡，看其到头星体，落脉入穴，节节细认是也。若特结，则来龙当从祖山落脉上认起；若分结，则来龙当从分脉上认起；若骑龙贴身结，则来龙当从过峡上认起，方有头绪，此又不可不知也。

○言扞葬之法，要乘生气为主，方能藏遗骸、安神魄，以荫所生也。然生气亦难察矣。大约脉之活动者为生，粗硬者为死。龙势推左，则左为生右死；龙势推右，则右为生左为死。脉来势强，则薄处为生，厚处为死；脉来势弱，则厚处为生，薄处为死。脉来性急，则缓处为生，急处为死；脉来性缓，则急处为生，缓处为死。瘦中取肉，则瘦处死而肉处生；饱中取饥，则饥处生而饱处死。乘之者，乘风则气散，高不可过圆毬；界水则气止，低不可过薄口，即小明堂是也；左右不可过虾须蟹眼，总要在真水一合之中，即太极晕是也。然后斟酌生气之厚薄，而准于浅深之间，所以合高低左右浅深，纳骨骸于其中，而无偏脱漏泄之患，始得乘其气也。然气不自成，必依脉而立；盖脉则有迹，而气本无形。所以乘气之法，又以认脉为先，而脉不可据其到头一节，便认为真。《疑龙经》云："后龙生峰是根荄，前头结穴是花开；根荄若真穴不假，盖从种类生出来。"又《巧拙赋》云："若还只看好头面，假穴常常真乳见。开枝依旧有遮阑，形过只是无针线。"所以必须于来龙之祖出，看其降势落脉，以辨其真假。若在行龙身上分脉，只就其分脉辨其真假。龙脉既真，又看其行度，过节前认之，以至入首结穴，脉贯于中，而不走脱，始为得之。故原其起者，原其脉络之所从来；乘其止者，乘其三气之所止聚也。尝言"千里来龙，只看到头一节"，是谓龙脉来远，不必拘其净阴净阳，只看到头一线之脉，从某方入穴，分辨阴阳五行，以便于选择趋避，非谓只看到头一节，便认为真，而不必认来龙也。读者详之。

穴总三停，山分八卦。

[徐注] 三停者，天地人三才之分也。以人身喻之，天穴在人心，地穴在人阴，人穴在人脐。诀曰："凡山之俯者，必顶高而尖圆，上聚而下散，多在山之巅，所以作天穴。凡山之仰者，顶低而平阔，下聚而上散，多在山之麓，所以作地穴也。山之不俯不仰者，必顶不尖而不平，则中聚而上下俱散，多在山之腰，所以作人穴。随其气脉之聚处而扦之，不可执一而论也。"

三停穴

徐试可曰：三停云者，非谓一山可作三穴。当上则上，其中与下俱非；当中则中，其上与下俱非；当下则下，其上与中俱非，在人裁而取之矣。

八卦者，文王作后天易，以八卦布天之八方，示人知东南西北四正四维之位，如乾坎艮震巽离坤兑是也。分言之，以一卦管三山，如乾管戌乾亥，坎管壬子癸，艮管丑艮寅，震管甲卯乙，巽管辰巽巳，离管丙午丁，坤管未坤申，兑管庚酉辛，合之为二十四山也。

八卦管二十四山图

《易》曰：

帝出乎震正春，震东方也。卦气阳木。

齐乎巽春夏之交，巽东南也。卦气阳木。

相见乎离正夏，正南也。卦气属火。

致役乎坤夏秋，坤西南也。卦气阴土。

说言乎兑正秋，兑正西也。卦气阴金。

战乎乾秋冬之交，乾西北也。卦气阳金。

劳乎坎正冬，坎正北也。卦气属水。

成言乎艮冬春，艮东北也。卦气阳土。

　　[孟注]穴者，生气止聚之处，如人身针灸之穴，脉气所钟也。停者，气之停止也。三停，上停、中停、下停，即天地人三才穴也。八卦，乾坎艮震巽离坤兑，后天八卦也。分八卦者，盖一卦管三山，八卦该二十四山，分辨其卦位，使人知阴阳五行生克之理，以便于选择趋避，非谓用卦例也。

　　〇言生气所止之处，穴法虽多，而总之则有三停焉。又常辨之，庶不失高低之宜也。又入首星体，身耸手直，如人之立，则气浮于上，而为天穴；入首星体，身仰足伸，如人之眠，则气注于下，而为地穴；入首星体，身屈手抱，如人之坐，则气藏于中，而为人穴。或有星体气旺，而上中下俱有穴者，又当随其穴之高低而扦之，斯生气可乘矣。至于八卦，亦龙穴之山所当分也。盖八卦分则方位辨，而阴阳五行生克之理可得而知矣。若不分卦，则山向莫辨，而选择趋避之法无由施矣。下文云"立向辨方，的以子午针为正"，此之谓也。

存乎人者，莫良于眸子。

昧于理者，孰造于玄微。

[徐注]人为万物之灵，而一身之精华在于目，故察地理者莫善于目力。然而风水之理更玄微，苟心不灵而昧于此，则茫无定见，必不知生气之所止，至理之所存。形势尚莫能喻，安能造于玄微也耶？故相地者目力重，心力尤重也。

[孟注]眸子，目中瞳子也，此引孟子之言，亦断章取义也。盖人身之精华，全在于目，故察地理者，莫善于眸子也。

○言龙穴葬法，非有目力之巧者莫能辨之。然目力之巧，又须明理之极者。心不明乎理，又孰能造于玄微也？故心思目力，乃察地之切要也。

惟阴阳顺逆之难明，抑鬼神情状之莫察。

[徐注]徐试可曰："阴阳顺逆"四字，其义多般。自山体言之，廖氏以高垅为阳，平支为阴；结穴乳突为阳，窝钳为阴；高而俯者为阳，低而仰者为阴。以山水配对言之，山静为阴，水动为阳。山随水而下名曰"顺"，山挽水而上名曰"逆"。以葬法言之，阳龙阴穴，阴龙阳穴；顺来逆受，逆来顺受。此皆为峦头中之阴阳顺逆也。至于理气之阴阳，尤多说焉。以净阴阳言，则乾甲坤乙离壬寅戌坎癸申辰为阳，其艮丙巽辛震庚亥未兑丁乙丑为阴，古人所谓"阴阳不驳杂"。以之立向，如"阴龙阴向""阳龙阳向"之说是也。以卦气之阴阳言之，如乾属阴而纳甲阴，坤属阳而纳乙阴，离为阳而纳壬阴，寅为阳而纳戌阴，坎为阳而纳癸阴，申为阳而纳辰阴，艮为阳而纳丙阴，巽为阳而纳辛阴，震为阳而纳庚阴，亥为阳而纳未阴，兑为阳而纳丁阴，巳为阳而纳丑阴。此之一夫一妇，纳气配对，古人所谓"孤阴不生，孤阳不育，一阴一阳，彼此谐和"；以之立向，如阴龙配阳向，阳龙配阴向，此出于吴景鸾之呈表是也。以行龙之势言之，自子而丑，自寅而卯，顺而左旋者为阳；由子转亥，由亥转戌，逆而右通者为阴。以五行生旺之序言之，甲为阳木，生于亥而顺行；乙为阴木，生于午而逆行；丙为阳火，生于寅，戊

土同之；丁为阴火，生于酉，己土同之。庚为阳金生于巳，辛为阴金生于子，壬为阳水生于申，癸为阴水生于卯，顺逆次序，并与木例相同。以正阴阳言之，则乾艮甲丙戊庚壬申子辰寅午戌为阳，其数奇，其序居先故也；坤巽乙丁己辛癸亥卯未巳酉丑为阴，其数偶，其序居后故也。此皆为理气中之阴阳顺逆也，体用各殊，取义多端，故曰"难明"。旧注略而未备，兹补而详之。

山川奇秀、吉气合局者为神，山川丑恶、凶气破局者为鬼。神可迎，鬼可避。《经》曰"迎神避鬼"，此之谓也。详载《玉尺经》。

[孟注] 来而伸者为神，反而屈者为鬼，喻山水曲直反正也。情，性情也。状，形状也。

○承上言，察地之贵于心思目力者，唯是阴阳顺逆之难明，抑以鬼神情状之莫察耳！盖阴阳之气，运行于山水之间，顺逆多端，最为难明，或山顺来水逆转，水顺来山逆转；或大势顺而小势逆、大势逆而小势顺；或龙顺穴逆、龙逆穴顺、砂顺水逆、水顺砂逆；又龙身行度，一顺一逆；又立穴之法，顺中取逆、逆中取顺。顺逆纷纷，难以尽言。目非灼然有见，鲜不以顺为逆，以逆为顺者矣。大要明顺逆者，先要知山水之大定，默定于数里之外，而后能辨顺逆于咫尺微茫之间也。至山水一曲一直、一反一正，内而性情则刚柔有异，外而形状则常变不同，犹乎鬼神之性状，变态多端，令人莫察。

布八方之八卦，审四势之四维。

有去有来，有动有静。

[徐注] 布，分也。伏羲氏作先天易，文王作后天易，以八卦布于八方。相地者欲知阴阳顺逆、鬼神情状，须于八方分布八卦，则休囚生旺、阴阳顺逆之理，鬼杀官贵之别，皆不外八卦二十四山中矣。

八卦何以分布？盖八方中有四含者子午卯酉，即为坎离震兑，谓之"四势"，以其居天地之中，据八方之正势也。有四显者乾坤艮巽，谓之"四维"，以其居四隅之界，经维八方而相联也。知此四势四维，而山之起祖入局，行止多端，总不出八卦之内云。

方有四维四势，则凡行龙起止、去来动静，总不越乎八方之外。故自嵩山发出众支，有回来而作我护从、有分去而另结堂垣者，是谓或去或来，各有结作也。山本静物，其势起伏，踊跃而来，是静中有动也。水本动物，其体渚蓄，渊澄而凝，是动中有静也。

右第一章，地理之宗。

[孟注] 布，列也。八方，东、南、西、北、四隅也。八卦解见前。审，详究也。四势，前后左右之大势，即《葬书》以左为青龙、右为白虎、前为朱雀、后为玄武是也。四维者，言四势各有各义，为之维，即《葬书》云"玄武垂头、朱雀翔舞、青龙蜿蜒驯服"是也，不可作四隅解。去来动静，俱就山水言。

○承上言，欲明顺逆、察情状，则宜先布八方之八卦，以辨其方位；后审四势之四维，以观其局势，则山水必有去处，必有来处，或有来而复去、去而复来，以至来而有动、止而有静、静而复动、动而复静，皆可得而知也。知去来则知顺逆矣，知动静则知情状矣，又何患于难明而莫察也！下四句正承来去动静而言，不可分段。

迢迢山发迹，由祖宗而生子生孙。

汩汩水长流，自本根而分支分派。

[徐注]《撼龙经》云："须弥山是天地骨，中镇天心如巨物。如人背脊如项梁，生出四肢龙突兀。四肢分出四世界，南北东西为四派。西北崆峒数万里，东入三韩隔杳冥。惟有南龙入中国，胎宗孕祖来奇特。黄河九曲为大肠，川江屈曲为膀胱。分枝擘脉纵横去，气血勾连逢水住。大为都邑帝王州，小为郡县居公侯。其次偏方并镇市，亦有富贵居其地。"大凡一穴之地，各有祖宗发出，支派迢迢而来，遇水而止，自然成其形穴。

汩汩，水大貌。自源而流，分支分派。两山之中必有水，两水之中必有山。山本同而末异，则水随之而分；水本异而末同，则山随之而会。故水之根本者，随山而见也。

[孟注] 迢迢，遥远貌。发迹，山之出身处也。祖宗，山之本也。

子孙，山之支也。汩汩，涵流貌。本根，水之源头也。支派，水之分流也。

○承上文来去而言，而动静之意亦在其中矣。盖来者何？山之所起，水之所发是也。其去者何？山之所止，水之所趋是也。故山之迢迢发迹而来，必先起祖宗之山，而后分干分枝，相传而去，亦犹人之有祖宗，而后生子生孙也。水之汩汩长流而来，必先自本根而出，而后分支分派，散流而去，亦犹人之有祖宗，而后流传为支派也。所以山水随其大小长短，莫不各有祖宗子孙之联属，亦莫不各有本根支派之分，则能即此而推之，则来去动静之大概，了然在目中矣。又何有顺逆情状之难辨也！

入山寻水口，登穴看明堂。

[徐注] 凡入山乡，先观水口。若左右有两三重交牙，重重关锁，叠叠峰峦，关内必有大地。罗星镇水口亦然。若一重关者，只小地而已。若无关阑，定不结地。纵有好龙，结地亦不耐久。杨公曰"到处先要看水口，水口关阑气脉全；缠龙缠到龙虎前，三重五重福绵延"是也。

"明堂"云者，象王者之有明堂，所以来天下之朝贡也。最嫌逼狭陡峻，欲其方正宽平，使众水之朝也。刘氏曰："内堂不宜太阔，太阔近乎旷荡，则不藏风；外堂不宜太狭，太狭则气局促，气局促则无厚福。"此登局必先看明堂为急。

[孟注] 水口者，众水从出之处，为龙穴之门户也。此言寻水口者，指小水口而言也。寻小水口，则龙穴易得。昔人谓："大水口之中寻小水"是也。明堂者，穴前注水之处也。王者之明堂，以受朝贡也。此言看明堂者，指小明堂而言也。

○言山水本不相离，而水尤为关锁龙穴之物，故入山寻地，先要寻水口。若水口砂头，交插重重，关锁两边星峰，如禽兽、人物等形，回顾向内，合抱收揖；更有华表捍门，罗星镇塞，不见水出，则局内旺气不泄，龙神不散，必有大结作。若一重关阑，内亦结穴；倘倾流直出，漫无关阑，定不结穴；纵有龙结穴，内气走泄，亦不悠久。故观水口之紧漫，则知内地之有无；察水口之峰峦，则知内地之大小。《疑龙经》云："要寻大地寻关局，关局大小水口山"，又云："到此先看水口山，水口交牙内局宽。便就宽容平处觅，左右周围无空闲。断然有穴在此处，更看朝水与朝山"。故寻水口者，为寻地之要诀也。然水口有大小之分，统辖聚会几里，则水口即在几里之间；统辖数十里、百里，则数十里、百里之水山，皆来照应，而为大水口。内中诸地，则各有近身小水口。夫大水口之间，多有真龙翻身逆转，当众水洋朝，而结大地。若只作门户之山，自是壁立嵯峨，欹斜丑恶，无枝脚遮护，孤露单寒，仅可作坛庙而已，此又不可不知也。

　　○由入山而登穴，则当看小明堂之有无，以辨穴之真假。盖穴犹胎也，穴前微茫界合处，略有坦夷形影，可容一人侧卧，名曰"小明堂"，所注虾须蟹眼之真水，犹如母血藏聚，滋养胎气，故穴得此而成，气得此而聚也。杨公云："结时须有小明堂，气止水交方是穴"，《入式歌》云："小明堂在圆晕下，立穴辨真假"。若登穴不见小明堂，则气无由其聚，非穴也。故看明堂者，为认穴之要诀也。至论小明堂平坦窝聚，如仰掌铺毡为吉，陡泻缺陷为凶，此不过论其吉凶之形，而未发明其吉凶之理。盖穴前真水有出无入，固赖小明堂之聚泮；而小明堂之紧要，尤在两股真砂之交抱，真砂交，则真水聚，而明堂吉；真砂不交，则真水不聚，而明堂凶，此不易之理也。然真砂乃微茫之阴砂，真水乃微低之小水，皆是仿佛高低，依稀绕抱，隐隐然似有似无，非留心细察，未易明也。

　　○此论小明堂固为要紧，而中堂、大堂亦当详之。龙虎内水合处，名曰"中明堂"，亦名"内明堂"，不宜太阔，太阔近乎旷荡，旷荡则不藏风；又不宜太狭，太狭近乎局促，局促则不贵显。必须阔狭适中，窝聚方圆合格，而无倾泻崩陷、欹斜返射为吉。龙虎外水合处，名曰"大明堂"，亦名"外明堂"，要宽展明畅而不逼窄，四山环绕而不空缺，诸水聚会而不散漫为吉。今人泥于"明堂容万马"之说，一概以宽阔为上，多贪大堂立穴作向，殊不知堂局宽阔，则风吹气散，焉有结作？故凡结穴之处，必须内堂窝聚，收住元辰去水，然后外面另有开敞明堂，容受众水，罗列远秀，斯为全美。故内外明堂不可不辨也。

○至于局势大小，又当以龙论之。千里来龙，处有千里气象；百里来龙，自有百里气象；若小龙结作，其局势必小，决不可贪大局势以自误也。故大堂不若中堂之切近，中堂又不若小堂之至要。寻龙认穴，当留意于小明堂也。若高山之穴，又多无明堂，只有穴前小明堂众收真水，古云"从来高山少明堂，唯看兜堂与外洋"者是也。盖高山之穴，多仰承天清之气，以气为水，不必聚水也。

岳渎钟星宿之灵，宾主尽东南之美。

[徐注]岳者山也，渎者水也。阴阳化育，在天成象，在地成形，故岳渎在地而实钟天象之灵秀，所以杨公云："山川在下星在上，同此一气无两体。体魄在地光在天，识得精光真精艺。"宾朝山，主来龙，言宾主贵乎有情。

[孟注]岳，五岳也，即东泰、西华、南衡、北恒、中嵩山也。渎，四渎也，江、淮、河、济是也。此举岳渎，以谈山水耳。宾者，穴之朝山也。主者，穴之主山也。东南者，犹之南北相对之谓也。此引王勃之言，亦断章取义也。

○言既得水口与明堂，又当看其山水朝对何如。夫山水之形，非块然之物也。原钟乎星宿之灵耳。盖阴阳五行，原属一气，在天成象，在地成形，星之所临，地之所钟，上下相感而应，故山清水秀，山环水绕，其气融结，必有钟乎星宿之灵也。所以朝山主山，原彼此无情而相眷顾，犹如宾主相对而尽交好之意，以是结作之真矣。杨公云："大抵山形虽在地，地有精光属星次。体魄在地精在天，识得星光真精艺。"盖谓大地结穴之处，上有星光照临；如有将相之人，必有将相之星临之；识得星光所临，便知结穴之所在也。此必上晓天文，下明地理者，方能知之，非按罗经方位星辰之徒所可晓也。故习此理者，只当察山川之形势，不必信方位星辰之说也。

立向贵迎官而就禄，作穴须趋吉以辟凶。

[徐注]山为官，水为禄，立向者山水两佳，须知迎官就禄。不然山秀则弃水迎山，或水吉则弃山就水，须知临局通变为妙。前面砂水，有美有恶，恶者避之，美者向之。来龙之气，有清有浊，多则宜用，少则宜弃。穴中之气，有生有死，法当避其死气，以俟其生气。穴中土色，以鲜明光润坚实为生，昏暗枯燥松散为死；又以红黄为生，青黑为死。脉来边厚边薄，以薄为生，厚为死。双脉以短者为生，长者为死。大小脉以小者为生，大者为死。皮毛则以秀嫩光净、圆厚涌动为生，枯老臃肿、破碎直硬为死。此皆当知所趋避焉。

[孟注]官禄者，尊贵之名也。官星有二格，一是本主山前更有山，一是案山背后逆拖山。山前者，本主气旺，融结不尽，故余气晓出，间有明堂复突起为官星，此当面见之者为见面官。案外者，龙虎气足，包裹有余，故迸裂发泄，结成应案，上出官星，或外来作案拖出官星者亦是，此在前不见者为现世官。然现世官亦有见之者，谢氏云"案外官星照穴前"是也。凡朝案秀异者，亦谓之官，如无朝案，则以水为官禄，指穴后禄储峰言，或主山，或乐山，皆是也。如在水乡，则以澄凝在前者为官，环绕在后者为禄也。

○承上言，山水既灵，宾主有情，则立向作穴之法，又当究焉。然立向之法，贵取面前之官星有情向我者而揖之，背后之禄储有情托我者而就之。至作穴之法，如后应有情则靠后，前朝有情则向前，左边有情则傍左，右边有情则傍右，须择有情而吉者趋之。如煞，当压则压之，当脱则脱之，当闪则闪之，当剪则剪之，须审无情而凶者避之。至挨生弃死之法，尤作穴之切要者。故立向作穴，各尽其法，庶得山水之灵，与宾主之情矣。今术士不知立向之法，只以罗经格之，阴龙立阴向，阳龙立阳向，竟失其官禄之情，向非正向也。或又迎水立向者，不知迎堂中止静之水与下砂迎收之水，而反迎来边尚动之水与上砂顺开之水，以致上砂逼，来水短；下砂宽，去水长，堂局不正，朝对无情，反福为祸，诚可叹也！

必援古以证今，贵登高而望远。

[徐注] 援，引也。后学者当究前贤作法，是何龙脉，作何取用，亦可触类而推。必须多着脚头，精用眼力，则古人之格式，皆可以引之而证今也。杨公云："但把古人模范式，较量轻重自然精"，是已。

寻龙之法，贵乎登高而望远。看嶂山何处起，分龙何处止，即于此处而寻之。杨公云："大凡捉龙上山顶，四畔峰峦千万顷。奇毛异骨发雌雄，不辨如缚影"，是已。

[孟注] 援，引也。古，谓古格也。今，谓今作也。

○此结上起下之辞，言立向作穴，不可自作聪明，必须多看古格，是何龙穴，如何作法，而引之以证今时之作法，与古人相合与否，再三斟酌，而后可以无差也。至于寻龙之法，又贵升乎高山顶上，望四面之峰峦，观两旁之水势，看祖山何处起，分龙何处止，界水何处会，则局势之大概可得而知矣。

辞楼下殿，不远千里而来。

问祖寻宗，岂可半途而止。

[徐注] 龙有宗祖，顿起大峰。高大曰楼，高平曰殿。及其来也，踊跃起伏，分枝布局，百千万里龙尽气钟，未易得知。相地者须加脚力，或自祖而穷至入穴，或自穴而穷至起祖，详水分合，详山起止。或初落，或腰落，或末落，或分落，莫不各有定局。总之必究来龙起止，而始知结穴之真伪也。若惜脚力而废于半途，则非矣。

[孟注] 楼殿，谓山之起祖处，星峰高大，气象轩昂，犹如楼殿之形，故以此名之。不必分"高尖曰楼"、"高平曰殿"也。耸起高山分龙曰"祖"，又名"太祖山"；龙至中间再起星峰分本支曰"宗"，又名"少祖山"。

○承上言。寻龙之法，贵升高望远者。盖大龙出身，其星峰必高，其行度必远，辞楼下殿而来，或至千里而止。故寻龙者，必问祖山起于何方，又寻宗山起于何节，或由中干出脉，或由旁枝分脉，详察其本末行止，不可惮于远陟，只看到头一二节而不及寻宗，或到宗而不及问祖，至半途而止也，盖龙之真假正从、贵贱美恶，全在祖宗落脉处分辨，此寻龙之大关节也。所谓"寻地须先认祖宗，更于离祖察行踪；辞楼下殿峰峦秀，预识前头异气钟"是也。然祖宗楼殿，龙长固有之，龙短亦有之，随其长短而观之，以定其结作之大小，又不可泥于千里之一言也。

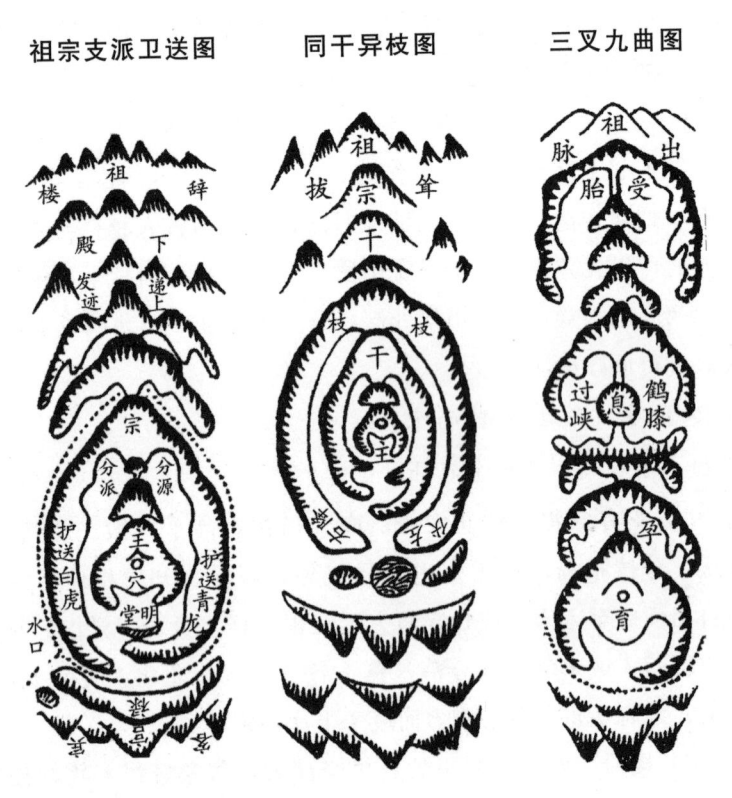

祖宗支派卫送图　　　同干异枝图　　　三叉九曲图

祖宗耸拔者，子孙必贵。

[徐注]祖宗之山耸拔，发出子孙枝派必秀。根培枝茂，理固然矣。

[孟注]祖宗，解见上。耸，高耸也。拔，高拔也。上文子孙，专指分支言，此子孙指结穴也。

○承上言。寻龙须寻祖宗者，盖祖宗为众山之根本，贵乎储蓄丰厚，力量重大。若祖宗之山，高耸尊严，超擎拔众，形如楼台殿阁，星如聚讲归垣，此祖宗之至贵者。若祖山顶上有云蒸气霭，养荫龙池，此又气盛之征也。如此尊贵，则发脉前去结穴，必贵美异众，犹如王侯子孙，自不失安富尊荣。形家谓"起家须用好公婆"者，此之谓也。

宾主趋迎者，情意相孚。

[徐注]主山玄武也，宾对朱雀也。若玄武垂头，朱雀翔舞，则宾主趋迎拱揖，自然情意交孚而成吉地。

[孟注]宾主，解见上文。孚，孚契也。

〇夫祖宗为穴之根本，而宾主又为穴之配对。若穴场既贵，而宾山主山又相对朝揖，如宾主之趋候迎接，则情意自然相孚契也。

右必伏，左必降，精神百倍。

前者呼，后者应，气象万千。

[徐注]左曰青龙，右曰白虎，皆欲恬软柔顺，宽舒俯伏。犹正官之升堂，而百众之拱卫，精神自然百倍。朝案森森，呈秀于前。峦峰层层，侍从于后。犹主帅之登堂，而三军之听命，则气象自然有万千之雄也。

[孟注]右，白虎山也。左，青龙山也。伏，俯伏也。降，降服也。

〇夫左右二山为穴之侍卫，前后诸山为穴之迎送。穴场既贵，则右而白虎必恬软俯伏，左而青龙必巽顺降服。如贵人之坐堂，而左右侍从敛声下气，则尊贵之精神自加百倍。至前后迎送之山，层层拥护，重重排列，如前者有呼而后者即应，若大将军之登室，而前后士卒唯唯听命，则威严之气象自有万千。如此左右前后周全无缺，则为局势之至美者也。

辨山脉者，则有同干异枝。

[徐注]龙脉枝干，如木之生枝，大干大枝，小干小枝。干长力盛，枝短力微。董氏曰：身干虽同，而分枝则异。有结于初龙者，有结于中龙者，有结于尽龙者。有干龙结局而支龙为护送者，有支龙结局而干龙为护关者；或本身发出为龙虎为朝案者，或外枝发出为照应为罗城者。异同百端，观者宜详之。

[孟注]干枝，喻脉之正旁也，正脉犹树之本身也，旁脉犹树之桠

枝也。干龙跌断过峡，顿起祖山，成个星体，开面展肩，列屏列帐，降势落脉正出，谓之干中干。其分去龙身，不可与祖山并立，必退后数丈，从祖山肩背后转去，分枝回来作护，方显祖山之尊贵。若非干龙作祖山，只从干龙起顶处，或硬腰上，分出脉去，再自起祖山，开面落脉正出，谓之枝中干。若从干龙局旁分出脉去，谓之干中枝；从枝龙肩旁分山脉去，谓之枝中枝。

○承上言，山唯有祖孙宾主、左右前后之不同，所以有干枝之分也。故山之发脉由干中出，则为中干而结正穴；从左右山，则为旁枝而结旁穴。祖山及分为左右护卫、朝案关阑，是皆始同于干而中异于枝也。然干枝之行度，尤宜辨之。今人见一高山峻岭，便曰"此是干龙"；见一平坡小岗，便曰"此是枝龙"。岂知《疑龙经》云："正龙身上不生峰，有峰皆是椏枝送"。若是干龙顿起祖山，又贵有高峰，不可以不生峰概论也。更有一等干龙，正脉不在大帐中抽，只要出脉处成星体，开面正出，两边夹辅不孤，有枝脚桡棹，有起伏顿跌，余枝皆为我从，此是干龙变幻、天地秘藏之意，使人难认，谓之"疑龙"，留待后人，不可尽执"中间为干龙，旁边为枝龙"也。吴景鸾云："枝干明而嫡庶分，嫡庶分而力量见"。盖承接祖宗之正脉者为嫡，分受祖宗之旁脉者为庶，俱能结穴，但力量有轻重耳。若左右之护卫，则当以奴仆视之，而不得与庶同论也。又有嫡变为庶、庶变为嫡者。嫡变为庶者，盖嫡脉结穴，其分去龙身，为护作从而变为庶也。庶变为嫡者，盖分来龙脉，转身顿起星体，开面正出而变为嫡也。亦当详之。

论水法者，则有三叉九曲。

[徐注]叉者交叉也，曲者屈曲也。三叉者，言穴前左右有三合水会于明堂也。九曲者，言之玄水流入明堂也。杨公云："三叉九曲来对面，子息朝阶殿。"

右第二章，论山水本源。

[孟注]水法者，谓水之情势合法也。若情势不合法，则用改变趋避之法，非如方位星卦水法之谓也。三叉者，谓穴前左右有三交，又会

水于明堂，即三合水也。九曲者，谓之玄水出入明堂前也，不必泥定九字。

○言山有枝干之分，而水亦有三叉九曲之异。然有三叉会堂，九曲来朝，可以征地之大贵矣。杨公云："三叉九曲来对面，子息朝金殿"是也。

卜云其吉，终焉允臧。

吉地乃神之所司，善人必天之克相。

将相公侯，胥此焉出。荣华富贵，何莫不由。

知之者不如好之者，毋忽斯言。

得于斯必深造于斯，盖有妙理。

[徐注] 此以上，言卜地虽在于人，而得地实鬼神之所主。盖其所关甚大，人当积善为本，而吉地自来凑合。虽公侯将相，荣华富贵，皆从积善得地而来，所以知之者必当深好而造于妙理也。此条于地理显明易知，旧注太烦，故今削之。

[孟注] 此引圣贤之言，以勉后之学者。知之、好之，"之"字与二"斯"字，皆指地理言。

○夫积善固为求地之本，而学问又为择地之要。故知此地理者，不如好之者，而欲求得之于心也。好之而有得于斯，又必深造于斯，而精进不已也。盖地理精微奥妙，非穷思研究，不能造其极也。故学地理者，一要明师传授，二要心灵思巧，三要多看仙迹，四要读书明理，五要专心致志，六要心术端正，方可以言斯道。若无此六者，不可轻视地理，妄言乱行，有误世人，慎之慎之！

右段论地理要略。

[孟注] 此段论来龙生气、顺逆动静、祖宗宾主、左右前后、明堂水口、立向作穴、山脉水法，是皆为地理之要略，而以善劝勉学结之也。文义甚是明白，惜乎诸注错分杂乱，今正之。

论分合向背倒杖卦例篇第三

要明分合之势,须审向背之宜。

[徐注] 龙脉之来,则有分水以导之。龙脉之止,则有合水以界之。故山自巅祖分,一龙来结地,两边必分枝,龙缠送到堂,其分水随龙而来,合会大明堂者,此龙脉之大分合也。次分合者,起顶入首一节分自顶后,合于龙虎外者是也。小分合者,穴中证应之玄微也。

蔡氏曰:山水之向背,犹人之情性。其向我者必有周旋相顾之义,背我者必有厌弃不顾之情。向背之理既明,吉凶之机灼见耳。

分合之图　　　　**大小分合大小八字毬檐之图**

上如毬之圆,下如檐之滴,故曰"毬檐"。后倚龙山上分,名"送龙水",又名"随龙水"。穴前左右合之曰下合,又名"三叉水"。穴前微茫界水合者,名曰"虾须水",又名"蟹眼水",又名"鱼腮水",第一切要也。本身龙虎水合,名曰"小八字水"。又外护水合,名"八字水"是也。

[孟注] 分合,指水言。势,谓众水分合之势也。向,山面相向也。背,山背反背也。面秀背粗,面阔背枯,面薄背厚,面凹背凸,面平缓背陡峻。向背与背面,稍有分别。背面,指龙穴言,龙有祖山也。背面

大帐之背面，一节之背面，穴有星体之背面，但有面而为他处作用也。若正龙中行，则又无分背面矣。向背，指砂水言。然水之向背易见，砂之向背难知。如山来护卫，朝对似向也，若死硬粗蠢，饱突而不开面，则虽有来向之形，而无真向之情也。故审向背，单指砂言。宜，犹义也，谓向背之义也。

○言寻龙察穴，要明水分合之势，又须审砂向背之宜。盖龙脉之来，则有分水以导之；龙脉之正，则有合水以界之。故分于何方，合于何处，或前合后合，左合右合，明其大势，则龙脉之来止可得而知矣。然有三分三合，穴之前后为一分合，起主至龙虎所交为二分合，祖龙至界水大会为三分合，此龙穴之大分合也。水自毬上分来下合为第一合，即小八字水也；大八字水分来下合为第二合，起主水分来下合为第三合，此穴间之小分合也。若有合无分，则其来不真，而内无生气之可乘也。有分无合，则其止不明，而外无堂气之可受也。《神宝经》曰："三合三分，见穴土乘金之义；两片两翼，察相水印木之情"，此穴中之证验也。然第一分合之水，乃绳路之小水，有影无形，必须体认精到，方能明之。然水之分合固钳，龙脉之来止，而砂之向背，尤见脉止之真的。若水来交合，而砂或反背，则虽有合之势，而无相向之情，是合非真合、止非真止也，纵有脉止气结，未必无凶无祸，故向背之宜，不可不审也。《发微论》云："向背者，言乎其情情也。"其向我者必有周旋相与之意，其背我者必有厌弃不顾之情，或暂焉或矫饰，而真态自然，不可掩也。所以观形貌者得其伪，观性情者得其真。向背之理明，而吉凶祸福之机灼然矣。尝谓地理之要，不过山水向背而已矣。

散则乱，合则从。群以分，类以聚。

[徐注]散者，山水之分离也。合者，山水之聚会也。大势若聚，则奇形怪穴而愈真正。大势若散，则巧穴天然而反虚假。大抵取众山聚合而从者真也，众山飞走而散者假也。山水之势，始虽同乎一本，中则分枝别派，或之南，或之北，散乱群分，而不相顾。终则为从送，或为护缠，或作龙虎，或作朝案，而相聚相迎，会于堂局之中。

［孟注］承上分合向背而总言之。夫山水分散，则东西乱行而不相顾；山水会合，则相从环向而不违背。其始也，山以群而分枝，水以群而分派；其终也，所分之枝，或为护托，或为朝案，或会注于前，或交缠于后，山则以山类而聚，水则以水类而聚也。所以分合向背之义，不可不知也。

是以潜藏须细察，来止要详明。

［徐注］大凡真龙行度，多是藏踪闭迹，潜而不露，不论平地与高山皆然，而平地潜藏为尤甚。其体段若盏中之酥，云中之雁，灰中线路，草里蛇踪，气脉行乎其间，微妙隐伏而难见也。若非目力之细察，岂能知之？原其远势之来，察其近形之止。《驻马摇鞭》云："如豺赶鹿，似虎驱羊"，此龙势之来也。《片玉纯髓》云："草上露华偏在尾，花中香味总归心"，此形势之止也。

［孟注］潜藏者，龙脉之细伏也。来者，脉之起也。止者，脉之结也。龙脉有初中，求分四落，且落脉结穴之处，便是止处，不必拘以龙尽为止也。

〇承上言。山水惟其有分散合聚之异，是以龙脉融结，潜藏而不露者，必须细审之，以辨其真假。至龙脉之所由来，及所由止者，必要详明之，以审其真的。不然则来非真来，止非真止，鲜不误认矣。

山聚处水或倾斜，谓之不善。

水曲处山或散乱，谓之无情。

［徐注］山贵乎团聚，水贵乎环绕。或山聚处而水陡泻倾流，亦是不吉之地。水虽湾曲而出，散乱终属无情，故曰"山凶水吉，年年哭泣"。

［孟注］承上言，龙脉贵乎细察而详明者。盖山与水相为体用，必要山聚水曲，方为全美。若龙脉止处，山既团聚于此，而水或倾泻斜流，则谓之不善，非吉地也；水既曲绕于此，而山或散漫乱杂，则谓之无情，非真结也。故脉止处不可忽略也。

取小淳而求大疵，是用管而窥豹。

就众凶而寻一吉，犹缘木以求鱼。

［徐注］此承上文言。众山粗恶而散乱，众水返背以倾流，就其中

欲寻一山一水之吉，犹以管窥豹，止见一斑，缘木求鱼，势不可得矣。

[孟注]醇，美也。遗，失也。疵，病也。管，竹管也。窥，小视也。豹，文兽也。缘，因也。小醇，指山水小节言。大疵，指山水大势言。众凶，指山水言。一吉，指穴言。

○言龙脉之止处，固要出山水曲矣。又要看其山水之大势，与其吉凶如何。大势若聚，则奇形怪穴而愈真正；大势若散，则巧穴天然而反虚假。如只取小节之美，而遗其大势之病，则所见者小，所失者大，是谓管中窥豹，只见一斑，而不能见其全也。若山吉水吉，斯可求穴；如山飞水走，则为众凶。欲就众凶之中，而寻一吉之穴，则所欲虽切，而所得未由，殆犹缘木求鱼，非其地决不可得也。所以山水有分有合，有向无背，方为局势之全美者也。

○一说：大疵谓大山大水不顾而返去，小醇谓小山小水向顾而有情，必无正结；虽有结小地，亦不获福。此说亦是。

诀以言传，妙由心悟。

[徐注]此二句言地理大略，传之在人；其中玄妙，悟之在心。心不灵通，虽明师不能使之悟。孟子所谓"大匠能诲人以规矩，不能使人巧"是也。

[孟注]此承上起下之词。言寻地之法，有真诀存焉，贵得明师以传之；更有妙理寓焉，在由心灵而觉悟之。盖法可言传，巧由心得，固不可自作聪明，亦不可徒执书诀也。

既明倒杖之法，方知卦例之非。

[徐注]倒杖者，地理之正法也。先认落头星辰，俯仰正反，气脉生死缓急，强弱顺逆；次看入手放送，饶减合用，如何迎接；正脉取斜，斜脉取正，粗脉取嫩，散脉取聚，伤脉取饶，缓脉取斗，急脉取缓，双脉取短，单脉取突，直脉取曲，曲脉取直，高不露风，低不失脉，阴来阳受，阳来阴作。或入檐而斗毬，或避毬而凑檐，或弃死而挨生，或弃粗而取嫩，或枕暗而闪明，或枕明而弃暗，内乘生气，外接堂气，内外符合，是为真的；一有不顺，即成花假。此诚生气倒杖之至秘

法也。有顺杖、逆杖、缩杖、缀杖、开杖、穿杖、离杖、没杖、对杖、截杖、顿杖、犯杖，其法至玄，详载《倒杖篇》。

杨公曰："番卦思来是梦中，只观来历有无踪。仍将两字钳龙脉，莫把天星乱指空。"曾公云："时师爱把九星论，尽说贪狼武曲尊。不识土牛真妙诀，十坟不得一坟真。"廖公云："巧目神机参造化，透彻玄微贵无价。古传龙法及砂图，岂见神仙先论卦。假如龙法不真奇，岂得偏将卦例推。但要真龙并正穴，阴阳二路自相宜。"又云："卦为宗者误人多，无龙无穴事如何。任你装成天上卦，自然家计落倾波。"夫卦例之非，前贤言之悉矣，其不足信也明矣。今之庸术，不察龙之生死，穴之有无，砂之向背，水之去留，惟以罗经遍格，曰："某山来龙合得某卦例，水来朝合得某天星"，遂为吉地。其有不合者，则移东就西，挪前就后，务欲牵合，往往福未至而祸先生，误人多矣。

[孟注] 言倒杖者，地理之真诀也；卦例者，地理之谬说也。今人寻地择葬，误用卦例者，以其未明倒杖之法耳。盖倒杖之法，唯因其入首星辰，脉络自然之势，顺适其情，不违其理，俾前后左右，合乎天然，而枕圆就尖，不逾界穴微茫之水，的知生气所钟，而放棺以乘之也。若依卦位定例，以论吉凶，则必变易迁就，以致失脉脱气，反吉为凶。故卦例自与杖法相左，唯明杖法者方能知其非也。杨公云："细认星辰，看其踪迹；切记交襟，明堂取穴；要看微茫，认其来历；入路分明，方可裁截。正脉取斜，斜脉取正；横脉取直，直脉取曲；急脉取缓，缓脉取陡；双脉取短，单脉取突；散脉取聚，伤脉取饶；硬脉取软，软脉取硬；脉正取中，脉斜取侧；脉不离棺，棺不离脉；高不露风，低不脱脉；阴来阳受，阳来阴作；顺中取逆，逆中取顺；饶龙减虎，更有强弱；十二杖法，依法裁截。"此概论杖法也。其用杖之法，持法指定来脉入路，以定其内气；随转身看杖所指，以察其外气，然后将杖后枕圆，前对尖，倒一直杖，再将杖穿对左右微茫护穴之砂，倒一横杖，以为葬口中十字，即天心十道是也。其十字用石灰画定，以为前后左右准则，又将杖竖在十字中，复前看后看，左看右看，察其来脉，想其性情，脉来不急不缓，则定穴于中；急

则从横杖向前一二尺，缓则从横杖退后一二尺；脉斜来推左，从直杖挨左一二尺；脉斜来推右，从直杖挨右一二尺，斟酌以定，倒杖放棺，自无毫厘之差也。至于尺数多寡，在人意会，要不出太极晕二圈之外也。《三宝经》曰："两片三叉穴自然，杖随斜侧枕尖圆；接迎顺逆分强弱，个字之中玄又玄"，此杖法之谓也。

○至卦例之非，杨公云："审卦思来是梦中，只观来历有无踪；但将两字钳龙脉，莫把三星乱指空。"两字，分合两字也。又云："下地不装诸卦例，登山不用使罗经。"又云："不问五音诸卦例，但将好主对贤宾。"曾公云："寻龙远视识真龙，何问方开卦例通。"廖公云："纯阴纯阳真惑世，紫微八卦仿其为；单于梅花非正论，天星宗庙胡可知？"赖公云："内外之水，无不回环；内外之山，无不拱顾，自成富贵大地，不须卦例而亦吉也。"朱文公云："第一要紧看峦头，有了峦头穴可求。若是峦头不齐整，纵合天星也是浮。"许亮公云："何用天星何用卦，水金定穴此言差；禄马贵人催官说，到头终是败人家。"诸葛孔明曰："山川形势，天地之设；天星卦例，人之自为，岂可以星卦旋转山川之形势者乎？"刘伯温云："世传卦例数十家，彼吉此凶用不得。一行禅师术数精，故意伪造卦例经。宗庙五行从此设，颠倒用假来混真。"又云："何用九星并八卦，生旺死绝俱虚话。免惑时师卦例言，福无祸有须当察。"又云："庸流晚辈，识见鄙陋，传授差讹，认不得真龙，点不得真穴，却仍窃取卦例之说，惑世诬民。凡与人择葬，辄曰是某来龙，宜立某向，合得某卦例，消得某砂水，其地当出大富大贵。设有不合者，辄曰其地合不得卦例，消不得砂水，葬之某房必败，某房必绝。虽聪明高识之士，未免听信，被其煽惑，可胜叹哉！由此观之，则卦例之非，先贤避之谆谆。今之术士，当惕然猛省，改邪归正，庶免自误以误人也。"田氏谓："平洋之地，无有形势之可见者，则以天星卦例定之可也。"殊不知杨公云："凡至平洋莫问踪，只观水绕是真龙。"又何必以星卦定之哉！此说不可信也。

順杖　　　　　　　逆杖

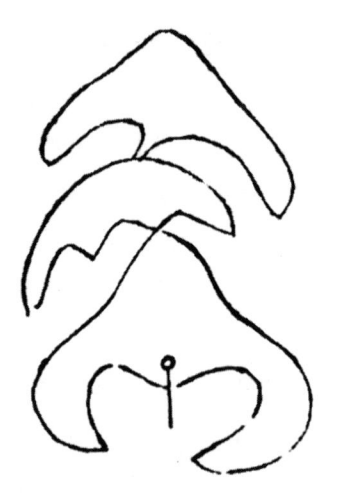

　　顺者，顺接来脉而正受穴也。来龙顿跌剥换脱卸已尽，至将入首处，不强不弱，不必饶减，微微一脉。逶迤入穴，无直冲剑脊之形，朝案端正，龙虎和平，堂水中聚，故用顺杖。

　　逆者，逆接来脉而倒受穴也。祖山耸拔清秀，落脉细嫩无脊，无枝脚冲射，两旁开跨而不逼压，朝山虽系祖山而相对俨若宾主，来脉多阴发阳行，弱来强结，故用逆杖。

缩杖　　　　　缀杖

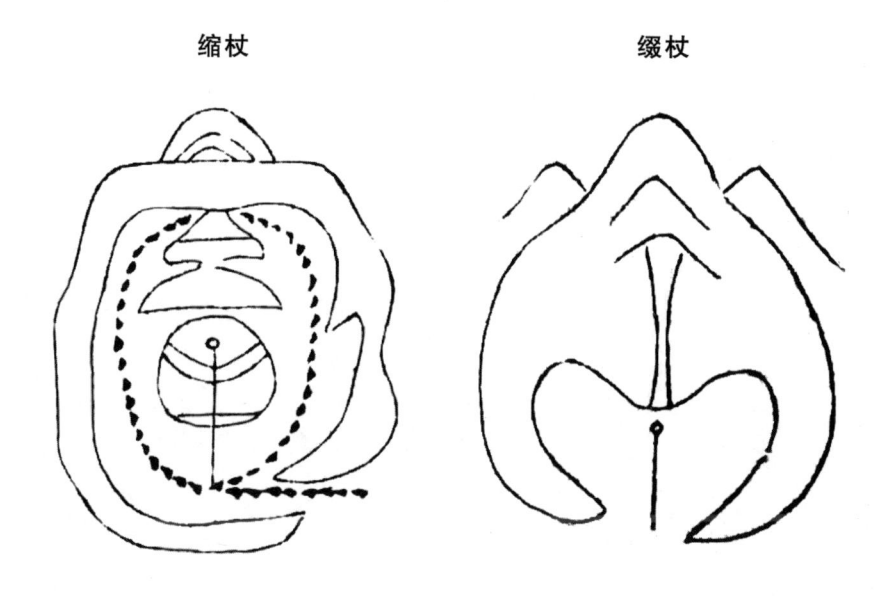

　　缩者，气聚山顶，脉中来而缩受穴也。四山高卫，气必上聚，虽脉来长止短，而穴既在百会囟门之间，则诸杀自然低伏，故用缩杖。

　　缀者，如线缀衣缝，缀连其穴于脉也。龙势雄急，落脉强健，结穴最低，就龙脉将尽未尽之处立穴，故用缀杖。

开杖　　　　　　　　穿杖

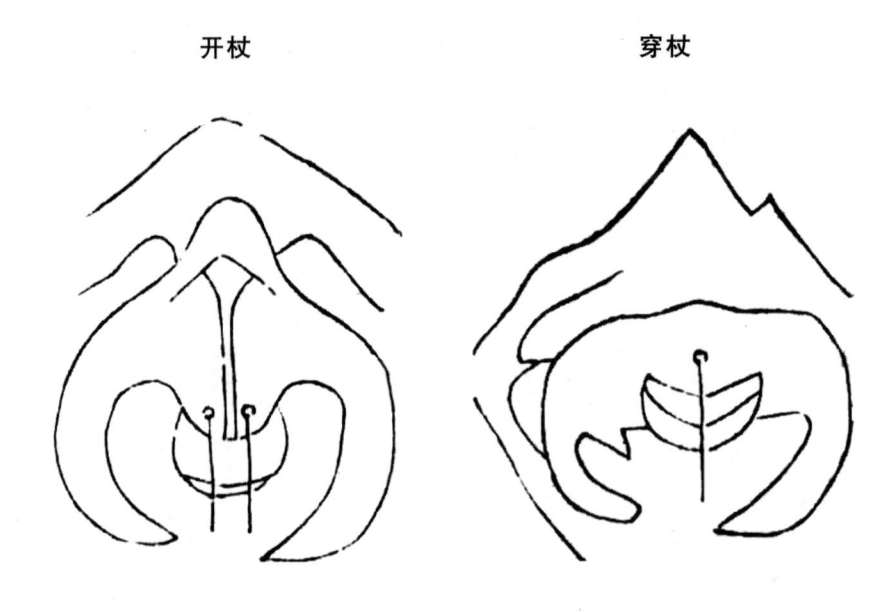

　　开者，龙势直冲，当头有杀，对顶中分其脉，两旁倚脉而受穴也。当脉则有杀，脱脉则无气。倚脉雄强，将弱之处，后靠应乐，前收堂气，两旁裁穴，故用开杖。以开作闭者，非也。

　　穿者，脉自旁来正而结局，如线穿针眼、柯斗斧孔，以腰受穴也。后龙直来横结，或斜来正结，前有朝案，后有乐托，龙虎弯抱，堂水中聚，以腰接脉，而正中立穴，故用穿杖。

离杖　　　　　　　　没杖

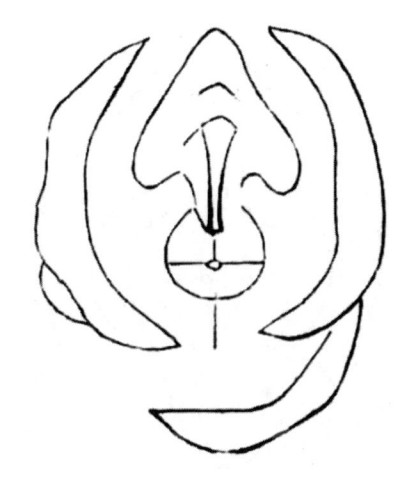

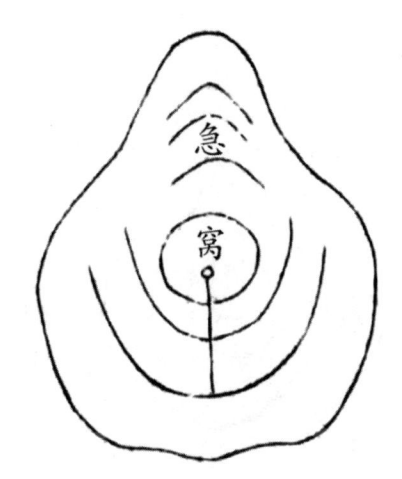

离者，脱离来脉而受穴也。龙顿跌起伏，至将入首处，脉急难停，脱落平坦，如蚕之脱茧、蝉之脱壳，形体虽在此，而生气别脱于外也，故用离杖。

没者，阴来阳受，急落开窝，气沉窝底，杖亦没于窝底，深接来脉而受穴也。龙势雄急，一向阴健直至入首处，方化开阳窝；脉既深沉而来，则穴必深藏而受，故用没杖。若窝太深，又宜用架法。

对杖

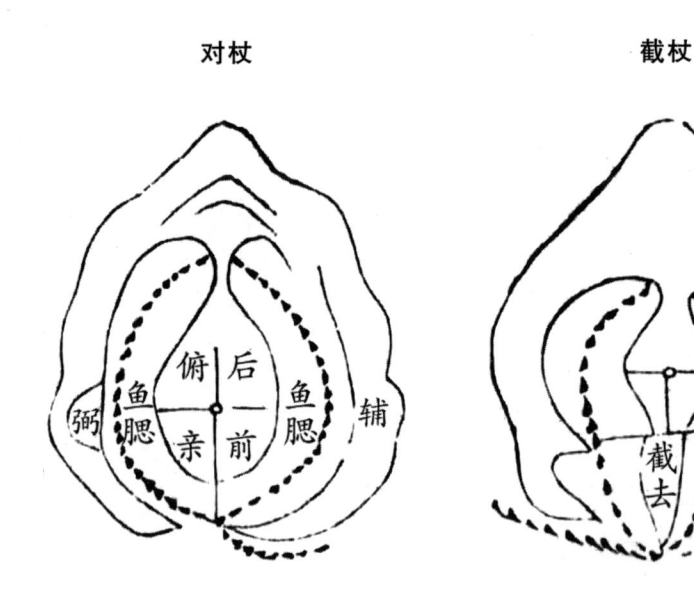

截杖

　　对者，杖头紧指有情处，取其四势登对，而中心受穴也。龙真穴正，四势和平，唯入首处如一片浮牌，无窝钳乳突可取，但准前后辅弼，以天心十道之法裁之，用对杖。

　　截者，截去穴前吐出有余不尽之气，左右不包之唇头也。来脉两水夹出，一水横阑，虽众短此长，但劫地而不劫气，宜取其左右夹拱之山，截去玄武长嘴，以正中骑脊立穴，故用截杖。

顿杖　　　　　　　犯杖

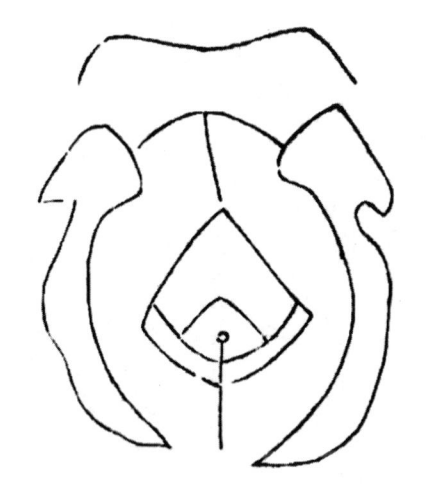

　　顿者，顿起高垒，堆客土以聚生气，培假阜以配真局也。众山俱低小，此龙独高大，将入首处卸落平地，唯于十字杖中顿墩成穴，即堆金葬是也。只要与四山相称，莫疑脉络不清，故用顿杖。

　　犯者，伤犯来脉，而凿开受穴也。众山俱高大，此龙独低小，将入首处不开头面，惟于孩儿头上，看其阳气将化之处，开金取水，高居尊位，以降伏群山，故用犯杖。

顺兼逆　　　　　　　顺兼缩

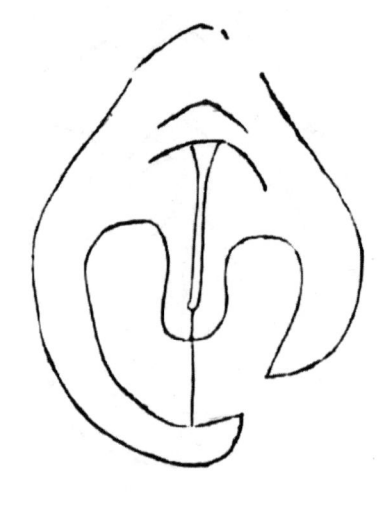

　　顺兼逆者，顺接临头之脉，逆接堂中之气，而受穴也。来脉正落，宜向去水一边立穴，不可趋上边顺砂，只用下逆之砂，以收上来之水，故头顶来脉，脚踏去水，方合局也。

　　顺兼缩者，顺接来脉，而受穴于百会囟门之间也。星辰上聚，收纳远山远水之秀。其穴场虽高，然藏风聚气，犹如平地，故堂局证佐，大约与顺杖相似也。

逆兼顺　　　　　逆兼穿

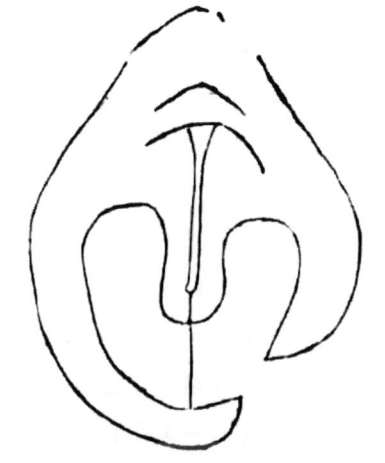

逆兼顺者，逆接来脉，顺接堂气，而受穴也。龙至入首，逆插一脉，坐祖正顶，前对脐心，后对鬼掌，切勿认为回头顾祖，以鬼作穴，而踏裹头水之弊也。

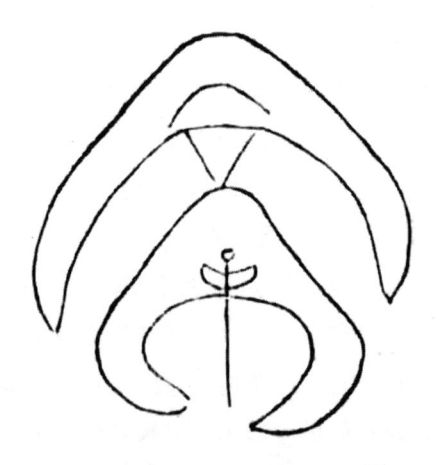

逆兼穿者，逆就堂气，横接来脉，顾祖以受穴也。不拘左转右转，但脉闪归一边，复回顾祖，逆就局而横接脉者，皆逆兼穿也。余杖兼用，难以尽述，唯在人意会以类推之也。

　　以上倒杖图说，乃按脉乘气之要法，而为地理之正宗也。惜乎伪书杂出，卦例灌惑，后学失稽，庸流沿习，反视杖法为闲说。予生斯世道，不得不力辟卦例，阐明杖法，使入邪时术，猛知反正，庶有裨于斯世也。或有识之者，谓予不知卦例妙用，故有是辩。予或不知，而先贤辟卦例者知否？仰观俯察，莫过于孔明、伯温二师，而考其所著《至宝录》与《堪舆宝镜》，俱将卦例辟之殆尽，则此二师可谓知之乎，可谓不知乎？噫！仁人孝子，欲得安亲之地，宜择明师以求之，积德以培之，切勿信卦例之说，而反受其祸也。

辨真伪于造次之间，度顺逆于性情之外。

未知真诀，枉误世人。

［徐注］真伪顺逆解见前。未知真诀真言，不明倒杖乘生气之法，不辨真伪顺逆之情。凡阡穴立向，专以卦例为凭，则当缓而急，当逆而顺，甚至不能避杀挨生，使生气变为杀气。其葬之者，大则灭宗绝嗣，小则荡产倾财，误人甚矣！可不戒哉！

右第三章，论气脉分合。

［孟注］伪，假也。造次，急遽也。

○承上言。寻地扦葬，贵明倒杖之法。若此法不明，反信卦例之说，至辩真伪，只以罗经格之，是亥是艮，便说是真；是乾是寅，便说是伪，是辩之于造次之间也。至度顺逆，亦只以罗经格之，如亥龙从戌乾转，便说左转为阳是顺；如亥龙从子壬转，便说右转为阴是逆，是度之于性情之外也。殊不知寻龙之法，先要看祖山落脉、平冈平支分脉，以辨其龙之真伪。及认龙到头，更要细察脉气证佐，以辨其穴之真伪。如下文云"留心四顾，缓步重登"可也。岂可于造次之间，而辩其真伪耶？若山顺来水必逆转，若水顺来山必逆就；山从左转，水必右转；山从右转，水必左转；顺龙结穴必逆，逆龙结穴必顺，一顺一逆，是山水自然之性情也，岂可于性情之外而托其顺逆耶？然则不知倒杖真诀，而妄信卦例邪说，鲜不以真为伪，以伪为真，以顺为逆，以逆为顺，欲不误人，不可得也。且罗经之用，不过因杖法指定龙穴坐向，再以罗经格之，看脉从某方入首，属何阴阳五行；坐山某方，向指某方，属何阴阳五行，分别明白，以便于选择。观下文云"立向辨方，向以子午针为正；作当依法，须求年月日之良"，即可知也。此时术不知罗经之说，误用寻龙点穴，殊为可笑。且山而谓之曰"龙"者，以其形状多端，变化莫测焉，岂有一定之例可以局之也哉！若使龙穴之真，的可以罗经定之，虽今三尺之童，亦可以按图而知。呜呼！地理之事，岂若是其易哉！有志于斯道者，宜宗倒杖之法而已矣。

右段论分合向背、倒杖卦例。

［孟注］此段文义联属明白，谢氏只摸捉分合一句，而命章曰论气脉分合，执而不通；田氏又名段曰论山川性情，泛而未确，今正之。

论五星篇第四

细看八国之周流，详察五星之变化。

［徐注］八国即八方，五星者金木水火土也。山之圆曰"金"，方曰"土"，曲曰"水"，头圆身耸曰"木"，尖峭曰"火"。行龙五星，千变百化，总之周流运行于八方之内，或得地，或受制，或相生相克，须加细看详察，而取制化为是，否则不知休囚旺相之别也。

［孟注］八国，犹八方也。

〇言寻地者，须细看八方之山水，周围环绕，而无空缺之处，斯为全美之局也。此句乃引起下文五星耳。

〇五星，金木水火土也。山之端圆为金，耸直为木，屈曲为水，尖锐为火，方平为土，此正体也。变体则有龙山九星、穴山九星。《龙山九星歌》曰："贪狼顿笏笋初生，巨门走马屏风列。文曲排牙似柳枝，唯有禄存猪屎节。廉贞梳齿挂破衣，武曲馒头圆更凸。破军破伞拍板同，辅弼雌雄如满月。"又《九变歌》曰："一星又变为九样，其一名本相。连气居二分气三，第四开脚参。五为双爪六独爪，七变翻身巧。八是侧体九倒身，八十一形真"是也。《穴山九星歌》曰："九星圆者号太阳，太阴圆带方。圆而曲者名金水，木星直如矢。方是天财三脑分，凹脑土金身。双脑合形本金水，平脑土星是。此名五吉是为高，辨别在分毫。头圆两脚拖尖尾，便是天罡体。头圆脚直孤曜当，燥火尖似枪。扫荡一星浑身曲，四者为凶局。"又《九变歌》曰："九个星辰各变九，正体皆居首。开口第二悬乳三，太极晕中涵。四是弓脚五双臂，单股居六位。七为侧脑不须疑，没骨八为奇。平面原来居第九，九变不离首"是也。贪狼木星、巨门土星、武曲金星、文曲水星、廉贞火星、禄存土星、破军金星、左辅金星、右弼水星，以左辅为水星者，非也。太阳金星，太阴金星，又名金土星、金水体，金水星、紫气木星，天财、平脑土星，凹脑土金星，双脑金水星，天罡金星，孤曜金星，谓为土星者，非也。扫荡水星，燥火火星，以上虽各有九星九变，其实不离五星之顶，所谓星演九变，头却不变，故曰峦头。

　　○言寻地者，不唯细看八国，尤须熟识山形，详察变化。盖阴阳五行者，气也；五行配五星者，形也。然正体则为五星，若论变体，则有龙山九星九变、穴山九星九变。若论间星，则贪中有廉、文中有弼、武中有破、禄中亦有巨文辅。若论运动，则九星皆夹文曲以行。若论体段，则九星皆夹禄存以出。若论兼带，太阳金星略带木，太阴金星略带土，紫气木星略金，天财土星兼金土、兼金水，金水星金兼水，天罡金星金带火，孤曜金星金带木，扫荡水星略带金，燥火火星略带木，此皆五星之变化也。若纯金则顽，纯木则硬，纯水则荡，纯火则燥，纯土则壅，皆非结穴之星体。若土星连行而不变金，则方而不圆；木星连行而不变水，则直而不曲，亦非结穴之星体。纵使有穴，未必无凶。故五星之变化，为结穴之根本，必须详察而明辨之，方知其生克吉凶，而作用得宜也。《疑龙经》云："观星裁穴始为真，不论星辰是虚诳"是也。至辨星辰之法，必须对面观之，若在旁看不是，以定其体也。《撼龙经》云："凡看星辰须对面"是也。

　　○一说：五星变化，谓穿落传变，兼带衬贴也。穿，言其始出帐；落，言其终入穴；传变，即中间行度之变也。又谓祖山落脉，穿出何星，变作何星，传去到穴是也。兼带，说见上。衬者，如衬衣一样，实是二物，而又相依，言其星之倚靠亲切也。贴与衬不同，衬分二件，贴不分二件，只于穴场处，微贴一些星象，如气块之类，贴体而不分者也。此乃形之微妙处，须细心察之始见。此说俱通，亦宜参究。

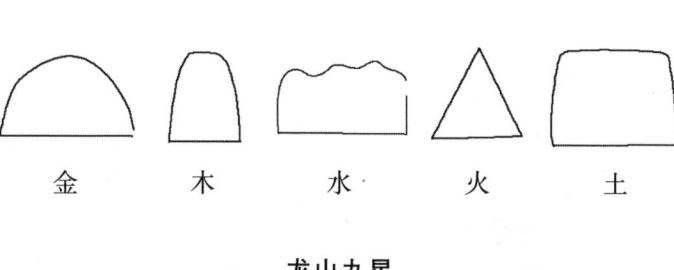

五正星

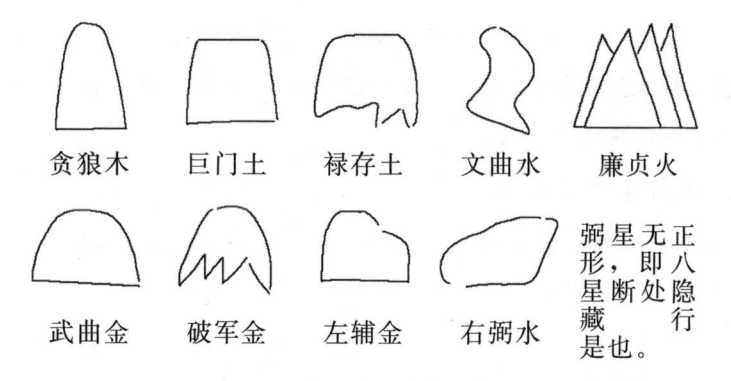

金　木　水　火　土

龙山九星

贪狼木　巨门土　禄存土　文曲水　廉贞火

武曲金　破军金　左辅金　右弼水

正行隐藏八星，即断处无形，弼星是也。

穴山九星

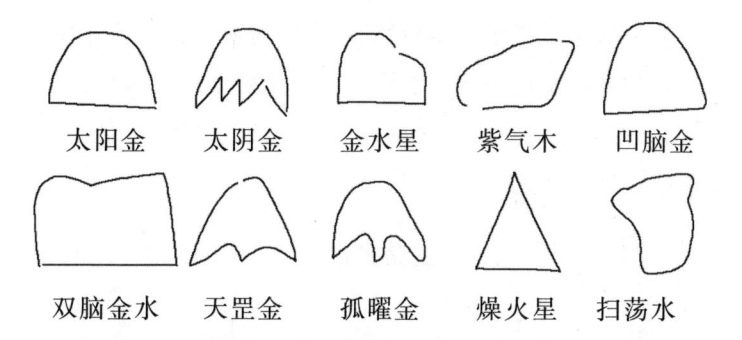

太阳金　太阴金　金水星　紫气木　凹脑金

双脑金水　天罡金　孤曜金　燥火星　扫荡水

以上星体图，只各具一格耳。盖变体多端，不能尽图；且一格有一格转义，亦不能尽述。唯在学者细阅杨公《撼龙经》、廖公《穴星篇》，方能知其正变之全义也。

八国八门

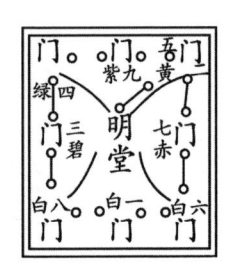

《五星歌》云：木直金弯土宿横，火星尖秀向南生。水星一似生蛇走，说与时师论五行。○八国八门八般说，人人尽向明师诀。三门常开家大富，五户常闭大兴发。

星以剥换为贵，

［徐注］星者，乃龙身之星峰也，博换变化也。刘氏曰："凡欲择地，先辨来龙。"辨龙之法，见一山秀丽，似乎有情，便当以后龙察之。或先起高峰而后结烟墩过脉，或已结烟墩过脉而起高峰，或秀拔插入云霄，或平冈行如波浪，或脱卸如藕断丝连，或平支如铺毡展席，或出峡如鹤膝蜂腰，或起伏如禽飞兽走形，虽万变本不离乎五星。五星一变，即为九星。五星博换，见于《龙髓经》；九星博换，见于《撼龙经》，其变化至多。且如金星发祖，转出水星，水星又转木星，木生火，火星作穴，金克木，木本凶，左右得火星以制之，或得水星以助之，亦为吉地。以类相推，当自得之。

五星正形

［孟注］星，即上文五星也。

○言五星固有变化，而又贵乎剥换。盖高山嵯峨，平冈破碎，俱有粗恶煞气，必要嵯峨剥换秀丽，破碎剥换圆净，或脱粗换细，或从大变小，然后煞气方除，而吉气攸钟，故为贵也。《撼龙经》云："一剥一换粗易细，从大剥小真奇异。剥换如人换好裳，如蝉退壳蚕退筐。或从大山落低小，或从高峰落平洋"是也。今人见石龙嵯峨，则谓有剥换可以取用；土冈破碎，则谓病龙不足取用。殊不知土冈破碎，犹如石龙嵯峨，不可因其破碎而遂弃之，只看其至头剥换何如耳！若指某星剥换某星为相生、某星剥换某星为相克者，非也。盖某星变星，即上文"五星变化"者是也；某星相生、某星相克，即下文"水来生木""火去克金"者是也。不可混入"剥换"句内，读者详之。

形以特达为尊。

[徐注] 上文言龙虽以博换为贵，其形尤要特达为尊。特达者，超群异众，星形端正，气象尊严之谓。若下文不土不金，则便非特达，便不堪取也。

九星正形

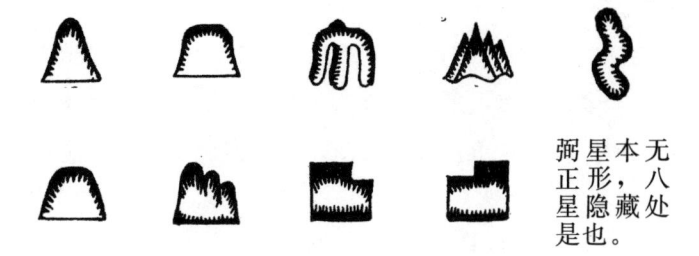

弼星本无正形，八星隐藏处是也。

《堪舆九星歌》云：贪狼吉曜如笋初生，武曲尊星似月方满。欲观左辅，恰似覆钟。要识廉贞，形如破伞。破军恶曜，星如算子。初排禄存凶星，形如破屋之侧。撒网好寻文曲，铺毡宜觅弼星。惟有巨门，真如平几。欲识龙身剥换，先辨九星之形。

[孟注] 形，即五星形也。

○言星固以剥换为贵，而形又以特达为尊。盖特则峦峰秀丽、气象轩昂，有超群拔众之势；达则体态舒畅，展转自由，无逼勒局促之状，其形如此，则精灵始著，而融结必厚，故为尊也。所谓特达然者，不拘形之高低大小，唯取其与众山不同耳。《葬书》云："群垅众支，当择其特；大而特小，小则特大"是也。

土不土而金不金，参形杂势。

火不火而木不木，眩目惑心。

盖土之小巧者类金，木之尖乱者似火。

[徐注] 此段言星不特达，形体杂乱，便非吉龙，所可弃也。

[孟注] 承上言。星体以特达为尊者，取其顶脑端圆、形势分明而无混杂之弊也。虽星辰之身脚各有所兼带，而星辰之顶脑当各成其正形。若是星辰顶脑似土而又似金，则土不成土、金不成金，乃是参形杂势，而无纯正之象也。似木而又似火，则木不成木、火不成火，使其眩人之目，惑人之心，而无所取裁也。盖土星圆方而体厚，若形小巧则有类于金；木星头圆而身直，若形尖乱则有似乎火，故谓"参形杂势""眩目惑心"而非特达之形也。盖形家不曰"山头"而曰"峦头"者，原取其顶脑端正、圆净秀丽，而无欹斜破碎、杂乱丑恶之状也。

金清，土浊，火燥，水柔。

[徐注] 金以明正为清，其性刚明，其形清正，高耸则为太阳，低小则为太阴。金星行龙，多结凤舞鸾飞之类。金星结穴多生窝，宜扦水窝；或似娥眉，则扦金角；或结块凸，或是蛮肥，法当开金取水，以没杖裁之。

土以方平为浊。夫土者万物之根，五星之本，其性纯厚，其形方正。土星行龙，多结冕旒玉屏、金书诰轴之类。土星结穴，若是土腹藏金，取其中正，否则只取角尖。角尖类火，土得火而温燠，生意在其中，故和而养万物者也。

火以尖斜为燥，其性上炎好动，其形尖秀，多作祖宗之山，耸龙楼宝殿之势，谓之"冲天火星"。火星结穴，或尖斜攲摆，如鈚镰之类，却于摆动处开窊剪火求之。《立锥赋》云："燥火鈚镰，就动中而作用。"

水以屈曲为柔，其性多偏少正，其形曲而多动。水星行龙，多结龙蛇之类。水星结穴，多在曲池流珠，但以水倾地观其动，曲池流珠自可见矣。《堪舆》云："水宿无来号曲池，通融作穴有玄微。到头认取灰中线，恰似露珠草尾垂。"

[孟注] 承上言。五星虽有相类者，然其各有一定之本体而不可易也。盖金体本清，终不离乎周正圆净；土体本浊，终不离乎方平厚重；火体本燥，终不离乎尖焰峭锐；水体本柔，终不离乎屈曲流动；本体本直，终不离乎高耸条达。学者能辨此斯，不眩惑于参杂矣。未言木者，盖省文也。

木之妙，无过于东方，北受生而西受克。

[徐注] 东方属木，南方属火，西方属金，北方属水。中央属土，旺于四维，寄于坤，乃厚土之位。西南之界，火胜生土，故土寄于坤宫。五星喜居本垣及受生之地，甚美，故木星宜居东北而怨于西也。如在休囚之地，若两傍有救，则无不吉矣。

火之炎，独尊于南位，北受克而东受生。

[徐注] 南方火星入垣，东方受生之位，北方受制之方。然火乃秀丽之精，龙与砂见之，多主显贵。若带石攲斜，只作神坛寺观；拖脚尖斜，主出军伍。《玉髓经》云："形如卓笔火神行，秀而一举便成名。头斜身侧为军伍，带石攲斜神庙灵。"

[孟注] 上言五星之本体，此言五星之方位生克。夫东方为木旺之乡，木星居于东方，则得本位之旺气，故其妙莫过于东方也。若在北方，则受水生，亦为得气；若在西方，则受金克，而木之气剥矣。南方为火旺之乡，火星居于南方，则得本位之旺气，故其火独尊于南方也。若在北方，则受水克，其气必衰；若在东方，则受木生而火之气盛矣。至金宜西方，水星宜居北方，又当以类而推之也。然星辰得位，亦难拘也。若龙真穴正，而星辰不得位者，则看其前后左右，或有相助之星，或有相制之星，亦可用也。如木居西受克，或得水为之助，或得火为之制，则能化凶为吉。若无相助相制之星，而能施作用之法以助制之，亦可变凶为吉也。余以类推。土星亦有方位生克，宜详之。

先破后成，多是水来生木。

始荣终滞，只因火去克金。

［徐注］木星体势雄强，气脉急硬带杀，宜用逆杖之法，饶归一边，令其杀去而脉注，如此刚柔相济，则乘生气。稍失其法，则为杀气，主初年破败，博到后龙觅水星方吉。金星结穴，初生发福，博到后龙遇火星，金被火克，故生灾滞。若两边有土星从之，卒无滞矣。或是金星带火，法当剪火挨金。

木为祖，火为孙，富而好礼。

金是母，木是子，后必有灾。

［徐注］木火土星，节节相生而来，必结富贵之地，产忠孝礼义之人。《龙髓经》云："木火生土穴，富贵无休歇。"金星行龙，木星到头，木被金克，故凶。且木星急硬有杀，又逢金制，岂得不为凶乎？若其中微茫有摆动处，似乎是水，亦可取之。

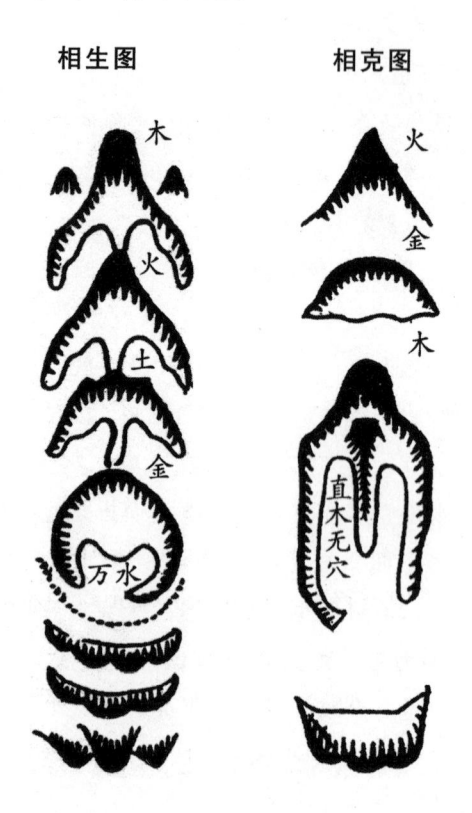

相生图　　　相克图

[孟注]破者，家业败也。成者，家业兴也。荣，茂盛也。滞，淹滞也。○此言五星之行度生克。凡人坟宅，有先破后成者，或木星结穴，先受克制，初下多凶，及行到后龙，得水星以生之，则凶化为吉，故先破而后成也。亦有始荣而终滞者，或金星结穴，局势完美，初下亦吉，及行到后龙，遇火星以克之，则变吉为凶，故始荣而终滞也。若木星作祖龙，火星作穴山，木能生火，其气相成，于理为顺，故主发富而好礼也。若金星作母山，木星作子穴，金能克木，其气相伤，于理为悖，故始虽未见凶，而后必有灾也。然五星生克之理，又当以行度合方位论之。如木星坐南向北结穴，则南金不克木；金星坐北向南而结穴，则北火不克金，盖彼已受其克，而不能克此也。此皆论理之常耳。变而通之，五星固有相生而成地者，亦有相克而成地者。盖金非火煅不成器，木非金削不成材，水非土关则浩荡，火非水制则燎原，土非木疏则壅塞，故金得火而益精，木缘金而成器，水逢土得而不荡，火得水而既清，土赖木而疏通，是皆反得相克以成之也。又当看五星之盛衰何如，盖金盛火熄、木盛金缺、水盛土崩、火盛水涸、土盛木埋、金弱水竭、木弱火灭、水弱木枯、火弱土衰、土弱金败。故金弱爱土，土弱则不能生金矣；火本克金，金盛则不畏火克矣。如本主金星旺盛，则宜见火以危之，见水以泄之；如金星衰弱，则宜见土以生之，见金以扶之。彼金星得乎中和之气，则不宜克泄，亦不必多生扶也。余以类推。以上变通之说，为智者言之；若庸愚之徒，既不知生克之理，又不知作用之妙，唯当循循乎理之常，不可藉口于变通之说，而有误于人也。

水在坎宫，凤池身贵。

金居兑位，乌府名高。

土旺牛田，木生文士。

[徐注]凤池，中书省也。坎为北方之正位，水之本垣也，其名有涨天水、生蛇水。凡水星行龙，从北方而来，受其元气，则主有凤池之贵也。《堪舆·五星篇》云：“五行最妙是水星，西北之方生复生。屈曲如蛇真可喜，凤凰池上有清名。”

乌府，御史台也。金星在于西方，为肃杀之气，有断制之才，则主出风宪纠察之任也。

土星低小，只主牛田，富室而已。土星高耸，亦出清贵。《龙髓经》云："土星三四相连起，家富多田地。横天土星如一字，举子利登第。土星高大出朝贵，低小村民位。有前无后数般看，纳粟土豪官。"

木星清秀而高耸者，名曰"文星"，又谓之"通天木"。龙身有之，必生大贵砂；土见之，亦出文章俊杰之士。《五行篇》云："木星高耸侵云汉，便作文昌看。"

[孟注] 坎，北方子宫也。兑，西方酉位也。凤池，中书省、宰辅之地也。乌府，御史台也。

〇此言五星之应验。夫北方为水旺之乡，水星结穴而在北方坎宫，则得水之正气，必出侍臣之贵，而身列于凤池也。盖水星活动秀嫩，而又得坎离既济之美，而象于君臣之合，宜有此应也。西方为金旺之乡，金星结穴而居于西方兑位，则得金之正气，必出风宪之臣，而名高于乌府也。盖金星端正圆净，而又居肃煞之气位，向威柄之震方，宜有此应也。大约必要龙穴砂水合格，然后其应方准，又不可只以方位拘也。至于土为天财，其形丰厚，其象如柜、如库、如牛，皆如未推之类，必有多旺牛田之应。若星辰高大方正，则又应出极品之贵，而不止于牛田也。《拨砂经》云："土星三四相连起，家富多田地。横天土星如一字，举子利登第。土星高大出朝贵，低小牧民位"是也。木为紫气，其形耸直，其象如笏如节，如贵人文笔之类，如必有多生文士之应。《玉髓经》云："文星专是主文章，主出文人声誉扬。贵为清贵非浊贵，令名霭霭冠明堂"是也。然星辰高耸清秀，固应生文士，若端重丰满而又耸直，则亦主发富，则不止于清也。张子微以木为文星、金为武星、土为财星、火为禄星、水为秀星，似乎太拘。

水星多在平地，妙处难言。

火星多出高山，贵而无敌。

木须有节，金贵连珠。

[徐注]水性曲动,在山为芦花三袅,出平地若水之波,其气隐而不见,其妙处难言。以平洋之地形虽隐,而杀没气全,其吉又无以加焉。

　　火星高秀,多作祖宗。《撼龙经》云:"好地若非廉作祖,为官也不到三公。"廉贞者,火星也。凡火星高山与上文水星平地,皆出极品之贵,故曰"无敌"也。

　　木星有节,则于中有节处取穴为吉,无节则锹皮下倚穴。

　　金星行龙如串珠,如星斗,此秀气所钟,必结大贵之地。

　　[孟注]节,节泡,即水泡也。以节为枝节,如梧桐枝之类亦是也。连珠,谓起数墩泡中,有脉线牵连,即串珠金是也。

　　此言五星之形势。夫水体屈曲,其性柔而趋下,虽高山亦有涨天水星,但在于平地者居多,故形如芦花三袅,势如生蛇走动,而其美妙之处,难以言语形焉。所以水星在平地,方能显其妙也。火体尖耸,其性刚而炎上,虽平地亦有倒地火星,但在于高山者居多,故形如龙楼凤阁,势必插汉凌云,而其尊贵之极,殆无与比故焉。所以火星在高山,方能显其贵也。至于木星,须弯曲带水,中起节泡,如鞭芦贵格,则形势袅动,而无真硬煞气,斯为美也。金星贵有数珠泡,相连摆走,如串珠贵格,则形势秀丽,而无粗蠢恶气,斯为贵也。上文不言火星之应验,此不言土星之形势,盖省文也。此段文义俱论星辰,不可泛引穴法之言以杂之也。

　　所贵者活龙活蛇,所贱者死鳅死鳝。
　　形低小不宜瘦削,势屈曲不要欹斜。

　　[徐注]活者,山之动也。势大有足为龙,形小无足为蛇。山势不拘大小,但要起伏活动而来,是龙之有生气,故曰"活"也。

　　死者,山之静也。山来无势,如死鳅死鳝,盖借以为喻也。又或如竹篙芒槌,急硬僵直,是龙之无势,故曰"死"也。

　　来龙低小,不宜两边剥削。但看圆肥则吉,瘦削则凶。

　　龙虽屈曲,最忌欹斜尖窜,名曰"杀气"。《经》云:"势如惊蛇,屈曲欹斜，灭国亡家。"

[孟注]瘦者，星体不肥满也。削者，星体两边无芭褥也。欹者，四面不均也。斜者，边高边低也。

〇承上言。五星虽各有不同，而其形势之美恶则一也。所贵者逶迤转折，如活龙活蛇之势；所贱者直硬枯槁，如死鳅死鳝之形。乃形以肥满为美，虽低小无所嫌也，但不宜瘦削；若低小而又瘦削，则无生气而不吉矣。势以摆动为妙，虽屈曲无所嫌也，但不要欹斜；若屈曲而又欹斜，则不成体而为凶矣。

德不孤必有邻，看他侍从。

眼不明徒费力，倒底模糊。

[徐注]此引圣言，亦断章取义也。真龙结作，真气凝聚，自然左拱右揖，后从前迎，如大官之出入，侍从不少也。故地理卫从多则成大地，卫从少则成小地，与贵人出入何异。

《龙经》云："读尽龙经无眼力，万卷珍藏也是空。"又云："若还眼力无明识，山水如何决吉凶。"又云："决法在人心眼上，心眼不明是虚讹。"

[孟注]侍从者，侍卫护从之砂也。

〇此言五星之护卫。夫星辰贵者，必有众山护卫，犹人之有德者，必有同类应之，如居之必有邻也。故主星尊贵，又必看他侍从何如。苟有侍从之多，则愈征其贵，而为大地无疑矣。然亦顾其目力之何如，若眼中不明，则徒费观瞻之力，亦不知其孰为主星，孰为侍从；孰是侍从有情，孰是侍从无情，其贵贱美恶，俱到底模糊而莫辨也。故学地理者，唯以目力为先也。

五星依此类推，万变难于枚举。

[徐注]已上论五星博换，穴法非一，但触类而推，则吉凶自有真验。若论千变万化，难以具述，在人心目，斟酌以通变，乌可泥于纸上文言？

右第四章，论五星剥换。

［孟注］此结上文言。此五星之理，当依此类而推之。至其变化之多，有难以枚举示之。唯在心灵口巧者，自辨之而已。

〇此段言变化剥换、特达五体、生克应验、形势侍从，皆所以论五星也。谢氏偏执剥换一句，以名章曰"五星剥换"；田氏又泥定"变化"一句，以名段曰"论五星变化"，俱未包括全旨，今正之。

论水法篇第五

论山可也，于水何如？

［徐注］前章论山体大略，不过如此。至于水法，取用尤妙；龙穴真伪，悉后于此。法当何如，详见下文。

［孟注］山，即上文五星山也。

〇此承上起下之辞。谓论山之理，则已可矣；至于论水，又当何哉？盖水者气之子，气者水之母，气生水，水又聚注以养气，则气必旺。气生水，水只荡去以泄气，则气必衰。譬诸人身，山犹人之体，气犹人之气，水犹人之血，未有血泄而气不衰者也。《葬书》云："外气横行，内气止生"，又云："外气所以聚内气，过水所以止龙来"。故水所关非浅，宜详究之。至论水法，则当宗形势性情之正理，切不可信方位星卦之邪说，如九星长生、四墓、四库、大小玄空等说，皆大谬也。刘伯温云："自然水法君切记，无非屈曲有情意。来不欲冲去不直，横不欲返斜不急。三回五转来顾穴，悠悠眷恋不忍别。用何九星并八卦。生旺死绝皆虚话"是也。故卜氏论水，只论水之形势吉凶，绝不言及方位星卦也。观下文可见。

交锁织结，四字分明。[1]

［徐注］交者，水之两来相会交流也。锁者，水既环绕，砂又关阑，

---

[1] 《地理天机会元》作"交锁织结之宜求"。

繁密如锁也。织者，水流之玄，屈曲如织也。结者，众流之总者，则水势已聚，莹净澄深如结也。此四者水之吉也。

［孟注］交者，水两来相会交流也。锁者，水之出处，有砂关阑紧密如锁也。织者，水来去之玄，屈曲如织布也。结者，众水来会一处，萦纡聚注如结绳也。

○此言交锁织结之形势，乃水之四吉者，须要明之。

穿割箭射，四凶合避。①

［徐注］穿者，水穿龙虎臂，或穿破明堂是也。割者，穴前无余气，水来削脚也。箭者，水之急直而去也。射者，水之当心直中，或射左右胁也。此四者水之凶也，合当避之。

［孟注］"穿"者，水穿破明堂，或穿断龙虎臂也。"割"者，穴前无土砂遮阑，水过明堂割脚也。或穴前无余气，水逼山下而过，亦谓之"割脚"。"箭"者，水急直而去，如矢之发也。"射"者，水当心直冲，或射左右胁下，如矢之来也。

○此言穿割箭射之形势，乃水之四凶者，合当避之。此二句统论水之吉凶，至于下文，乃分言之。

撞城者破家荡业，背城者拗性强心。

［徐注］水城有五，名金木水火土也。金城弯环，木城直撞，水城屈曲，火城欹斜，土城平正。今言撞城者，乃木城水直冲来撞，主人才不吉。太岁临之，主有破家荡产之患。

《玉髓经》云："抱坟宛转是金城，木似牵牛鼻上绳。火类到书人字样，水形屈曲之玄形。土星平正多澄渚，更分清浊论声音。"

水城则坑涧沟渠、溪河江渎、池湖滨浦之类是也。假如淮浙之地，水多山少，其平洋处无山，只以水城为度。金水土城，抱身则吉；木火二城，斜撞则凶。

水反向外，名曰"背城"。水反，则山亦反而无情也。出人好刚不

---

① 《地理天机会元》作"穿割箭射之合避"。

义，性拗不和。若得近砂遮蔽，穴内不见者无妨。

五星水城

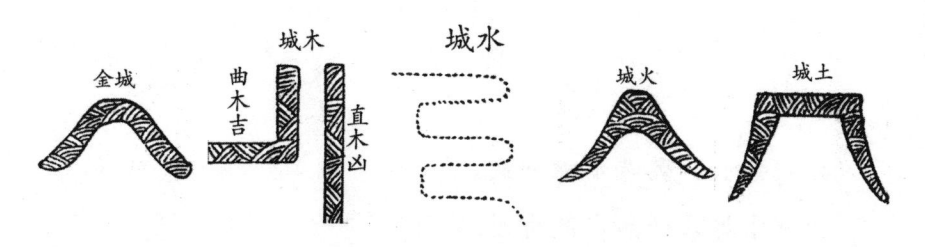

以上水城图，皆取其与星体相生比和，而不相克也。大抵水城形势，只以屈曲环抱者为吉，不必以此为拘也。至水之倒左倒右，切不可信九星之谬说也。

[孟注] 城，水城，谓水关气如城也。水城有五，金、木、水、火、土是也。金城湾环，水城屈曲，土城平正，皆吉；火城尖斜，木城直撞，皆凶。《玉髓经》云："抱坟宛转是金城，木似牵牛鼻索绳。火类倒书人字样，水形屈曲之玄形。土星平正多澄渚，更分清浊论声音"是也。撞，直冲也。背，反抱也。拗，连拗也。强，硬强也。

○此言水城之凶者。夫水屈曲来朝，斯为吉也。若木形水城，当胸直撞，则冲散堂气，必有荡业破家之凶。水来环抱向内，斯有情也。若土形水城，反抱向外，则必反而无情，必主人性拗不和，心强不善也。若后看来龙，内看穴情，外看局势，件件俱好；只有水城，或直撞、或反抱、正照穴场，谓之水古。若认得龙真，点得穴正，其水自然迁改，或用工改之亦可，不可因其水古而遂弃之。又切不可妄指无龙穴之处，借口为水古之地，以诬世人也。

金形水城　　水形水城　　木形水城　　火形水城　　土形水城

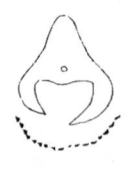

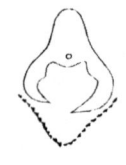

发福悠长，定是水缠玄武。

为官富厚，必然水绕青龙。

[徐注] 玄武，后山也。水朝明堂，或流左，或流右，缠于玄武而去，主发福绵远，但翻身逆势，多水缠玄武。

水朝入明堂，环抱左边而去，主贵而且富。《水法》云："水绕青龙脚，银瓶金盏櫜。"若水绕白虎，亦然。但要弯环抱身，不拘左右流去，并吉也。

[孟注] 悠，远也。缠，绕也。玄武，穴之主山也。绕，环绕也。青龙，左砂也。

○此又言水之吉者。凡人坟宅发福长远者，定是水来到堂，而又流缠于玄武山后而去也。盖水既出堂而复缠，是去而不去，则多得外气之聚注，自然内气不泄，而发福悠长，此一定之理也。所以面前收水，固为要紧，而背后收水，更不容缓。如水缠玄武，则水口在后，并面前背后之水，一总收住，自然气聚而长发也。若背后无砂关阑，任水流出，则水去风来，背寒气弱，纵然发福，定不悠久。故龙贵回逆者，不独山水相交，而又水缠玄武，合襟水口在后也。此背后收水之义，先贤俱未发明，故特表之。既有官爵，而又富厚，必然水来朝堂，而又绕抱青龙而去，则堂气不泄，自然贵而多富。若水绕白虎亦然，只要环绕有情，不拘左右皆吉也。

所贵者五户闭藏，所爱者三门宽阔。

垣局虽贵，三门逼窄不须观。

形穴虽奇，五户不关何足取。

[徐注]五户者，水口也。地户要下最紧密，^①不见水去为吉。三门者，堂局也。天门爱阔而显，嫌其逼窄而促。《经》云："明堂容万马，水口不通舟。"

垣局成城虽好，若明堂逼窄，乃来水边大山高压，天光不照，不见水来，天门不开，虽得垣局之吉，亦是小吉而已。三门以方道旺相死也。

大凡择地，以龙为先，次当谨于水。盖山水关会之所，凡入一州邑、一乡里之山源，必先观水口，有关阑于内，必然融结；若无关阑，便不足取。五户以方道胎没囚休废也。

[孟注]五户者，乃本龙周身水从出之处，即地户是也。三门者，乃水来朝堂之处，即天门是也。三门五户，不可指方位言。譬如人之住宅，有前门后户也。垣，罗城也。局，堂局也。形，星体也。穴，穴情也。田氏谓胎衰病死绝为五户，贪巨武为三门，垣为星，垣局为亥卯未木局之类，此皆妄引星卦强解，大失卜氏论水之旨也。

〇此言水之门户吉凶。夫水出之处，贵乎五户闭藏，关收内气；而水来之处，爱其三门宽阔，容受外气，斯为吉也。若使垣局尊贵，而来水处或逼压窄隘，是谓"五户不开"，不足观矣。形穴奇异，而出水处或宽阔无关，是谓"地户不闭"，不足取矣。《葬法》云："天门必开，山水其来；地户必闭，山水其回。"故山门不开，则外气不入；五户不闭，则内气走泄。纵有结作，亦是暂发小地，终久必败也。

〇一说：五户者，谓后三台及左右辅弼，共为五户。廖公云："后面三台三个乐，两边辅弼相对照。得此风藏与气聚，妙知五户闭压牢。"三门者，谓三堂来水处欲其宽舒，以收三阳之气也。此说亦通。

元辰当心直出，未可言凶。

外局转首横阑，得之反吉。

---

① 校注：他书或作"高嶂紧密"，"下首紧密"。

以之界脉则脉自止，以之藏风则风不吹。

[徐注] 元辰者，穴前之水，当心直出，未即为凶；但得外面山水弯转横阑，反为吉也。若龙穴俱美，水不足处，或筑坝培墩，使之环绕，亦可为吉。如京口费会元祖地，土名华盖山，戌山辰向，元辰水直去一里之外，外局山水横拱，此龙穴真而水不足，故主清贵之位也。

○水横阑则脉自止，山周密则风不吹。此结上文之意。

元辰水图

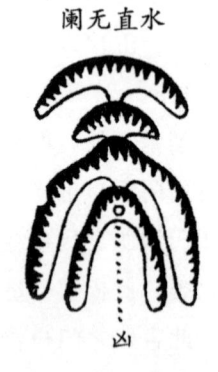

[孟注] 水自穴前发源，谓之元辰转回也。首，头也。阑，遮阑也。上"以之"，"之"字指水言；下"以之"，"之"字指山言。

○此言穴前元辰水，谓元辰水当心直出，虽主初年不利，然未可遽谓其凶也。若有外面山水回头顾穴，横阑出水，则凶气得此止聚而反为吉矣。盖以水界穴之脉，则脉自止而气聚矣；以山藏穴之风，则风不吹而气旺矣。所以元辰直出，贵有山水横阑也。然水虽直出，而穴前必有微微两股阴砂，收住小明堂真水，只龙虎两臂直前，大势显然直出耳，不可全谓无阴砂交收也。倘直出太长，或筑兜培案，或依法折注，亦可使之反吉。如京口费会元祖地，戌山辰向，元辰直出，一里之外面，山水横阑，此龙穴真而水不足，故主清贵而已。

反跳水图　　　反抱水图

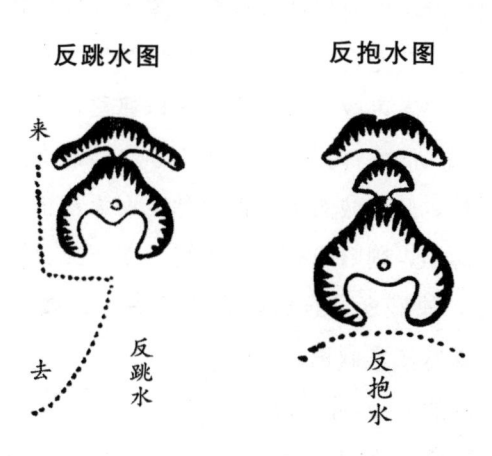

水才过穴而反跳，一文不值。

水若入怀而反抱，一发便衰。

［徐注］水才过穴，反跳斜流者，一文不值，安足取哉！水入怀而反抱向外者，纵初年发福，必易见衰败。

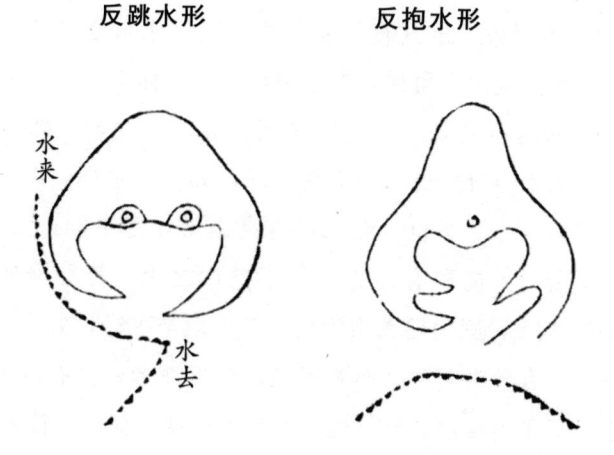

反跳水形　　　反抱水形

［孟注］此又言水之凶者。凡水到穴前，必须绕抱左右而去，方为有益。若绕过穴而即反跳斜流，则气随水散，必非吉地，即一文钱不值矣。若横水过宫，下砂大，水势小，少反转出，复横而去，又不可作反跳论也。水既到堂而入怀，又须怀抱有情，斯能发福悠长。若方入怀而

即反抱向外,则暂时一发而易见衰败矣。盖于入怀处略能发福,及行到反抱处自然必败也。若龙真穴的,而有此反跳反抱之水古,又当用工改之。如溪涧大河,势不可改,则宜筑近案以遮之,使登穴不见,亦可稍避其凶。究竟外气劫散,内气有损,终非发福悠久之地也。昔人云:"山管人丁水管财",此言诚然也。盖山脉旺而无水情,则人丁有而财不足;水有情而山脉弱,则财或有而人丁稀。予每见反跳反抱之地,只家业败而人丁不绝,故盛衰只宜就财上论可也。盖此段系论水之形势吉凶,非因水以避龙穴之真假也。

水口则爱其紧,如葫芦喉。

抱身则贵其弯,如牛角样。

[徐注]水口者,水流去处是也,欲其内宽而外狭,如葫芦喉之小,不见水之去者,斯水口之吉也。水城只爱弯环抱身,来去不拘左右。刘氏曰:"来不欲冲,去不欲直,横不欲斜。其弯抱如牛角,如眠弓,如腰带,此水城之吉也。"杨公云:"只爱水来抱身体",亦与"牛角"意同。

[孟注]葫芦喉,取其腹大而颈小,以喻水口之内宽而外聚,使水得以久注而渐出也。牛角样,言水湾如牛角一样也。

○此言水出口之处,则爱其紧闭,如葫芦之喉,即所谓"其去无流"是也。水来抱身之处,则贵其湾环,如牛角之样,即所谓"金城一步水,湾湾似月弓"是也。然水口有高山平洋之不同:山谷大势峻急,必须关锁紧密,方能稍有停止;至于高山之上,势如壶倾,其水为尤急,非更加结磝,则内局无山固矣;若大坂与平洋,其水势既缓,已有停注之意,略有砂头交关,亦能固局;至近海者,又有潮水溯回,其阔反为纳水,即张山食水之格是也。水口不可执一而论,读者详之。

交牙截水者,最宜耸拔。

当面潴水者,惟爱澄凝。

耸拔者,如赳赳武夫之捍城。

澄凝者，若肃肃贤臣之拱位。①

[徐注]交牙者，水口两旁之山，相似阑截，不使水之去也。其交牙之山，最宜高耸峭拔，屹然相对而峙，如列斾布阵，如插戟护垣，重重交锁，节节捍御，内若大将屯兵，外则无阶可进，此水口之至贵也，于内必结富贵之地。若城门虽不旷荡，但交牙截水者，不甚高耸而低矮，其为福终小。

潴水者言明堂，或池或潭或湖，既然潴蓄渊停，惟爱澄清凝净。此亦《葬经》所谓"朝于大旺，泽于将衰"之义也。

[孟注]交牙者，水口两边交插，如犬牙之相参也。截，断也，截断去水而不使流也。耸拔，高挺也。潴，停止也，谓水聚明堂前，或潭或湖，或池或塘，皆是也。澄凝，清聚也。赳赳，武勇貌。捍，卫也。城，城垣也。肃肃，恭敬貌。拱，拱而立也。位，朝班之位也。

○言水口固爱紧而交牙，截水之山又最宜高耸挺拔遮阑，去水不见流出为美。抱身固贵气，而当面所潴之水，又唯爱澄清凝聚，秀美可观，不见浊荡为妙。其耸拔之象何如？犹如赳赳武夫捍守城垣，而威猛不可犯，斯为水口之吉者，所谓"要知人家富贵牢，水口捍门高"是也。其澄凝之象何如？犹如肃肃贤臣拱立朝位，而宁静不敢动，斯为朝水之吉者，即如下文云"水聚天心，孰不知其富贵"是也。

水口之砂，最关利害。

此特举其大略，当自察其细微。

[徐注]水口者，龙神之门户，水城之锁钥，关则吉，开则凶，实有关于利害，理最精微。

[孟注]砂者，近水凸起，阑束横流之散石也。形家以龙虎、朝案、罗城等山，并蝉翼、牛角，咸谓之砂者，无非取其为关水之物，而为龙穴之用也。

---

① 《地理天机会元》中无"耸拔者，如赳赳武夫之捍城；澄凝者，若肃肃贤臣之拱位"之句，据孟注本补。

○承上水口而言。凡水俱有吉凶，而水口之砂，则又关系最大，贵乎山来跌断，另起星峰，成为形象，如龟蛇、如狮象、如龙虎、如日月、如印箱、如旗鼓，如卓立之贵人、如雄据之猛将，两边回头顾内，则有山水之情，其内必多结富贵之地，而有利无穷。其砂如拖枪、如败旗、如下水鱼、如流尸，山两边向外顺飞，则无收水之意，其内必多见衰败之凶，而有害无穷。盖水口为龙穴之门户，而砂又为水口之锁钥。砂不关水，譬诸人身泄泻不止，则元气败而躯命丧矣。譬诸人家门开不关，则钱财失而家室虚矣。故曰"最关利害"，不可忽略也。

[徐注] 右第五章，论水法。

[孟注] 此总结上文。言论水之形势吉凶，亦唯举其大略，至于细微之处，难以尽述。唯在学者自用心思，目力详察之，可也。

右段论水法。

此段论水法，只就其形势之吉凶而言之，绝无方位星卦之说也。读者详之。

地理雪心赋集解卷二

论龙脉篇第六

水固切于观流，山万难于认脉。

[徐注]上章言水之关系甚重，固当切于观览，以环抱曲流有情为吉。至于辨脉万难，故曾氏曰："寻龙之法，看其脉势，显而有形则易见，脉隐而无形则难明。"此相地者当以审脉为急，时术专在喝形定穴，而置脉不论，其谬甚矣。

[孟注]此承上起下之辞。言水之关系甚重，固切于观流；而山之变化无穷，尤难于认脉。盖山之起伏脉、仙带脉，虽是形势显然，然有真伪难辨；至于平受之脉，或隐或隆，或伏或连，犹如灰中之线、草里之蛇，更难察识。《寻龙经》云："平洋大地无影形，如灰拖线要君识。相连相牵寻断绝，尽是杨公真口诀。过村如雁列深云，藏时犹是泥中鳖。浮萍相并盏中酥，落在平洋难辨别"是也。下文正言脉之难认。

或隐显于茫茫迥野，或潜藏于森森平湖。

星散孤村，秀气全无半点。

云蒸贵地，精光略露一斑。

[徐注]以下正详言认脉之难也。此言迥野之脉，体段不一，有平坡渺渺茫茫如铺毡展席而来者，有田塍层层级级若水之波而来者，有起峰墩如星珠龟鱼而来者，有微露毛脊如浮鸥凫鸟而来者，皆是地之吉气涌起，故土亦随之而凸也。其来也，两边有水以送之；其止也，左右有砂以卫之。且明堂宽正，又得横水阑之，外阳远案，在乎缥缈之间；四

围阴砂，仅高数寸而已。此皆平洋之贵也。《经》曰："地贵平夷，土贵有支"，亦此意也。

○森森，水大貌。此言平湖之脉，坦夷旷荡，却是支龙行度；其体段若盏中之酥，云中雁，灰中线，草中蛇；或沉潜而无形无影，或藏伏而失迹遗踪；生气行乎其间，微妙隐伏而难见；全在心之智，目之明；以高一寸为山，低一寸为水；察其支之所起，辨其支之所终；起则气随之而始，终则气随之而钟；至脉尽水止而界合分明者，此平洋之大地也。杨公云："上智寻龙观气脉，指望高山散踪迹。相连相接下乡村，失迹遗踪细寻觅。气逢水界有住期，如缉悠悠细消息。平茫大地无影形，如灰拖线要君识。相连相牵寻断绝，尽是杨公真口诀。过村如雁列深云，藏时犹似泥中鳖。平洋相并盏中酥，落在平洋谁辨别？"又云："坪中还有水流波，高水一寸却是阿？只为时师眼力浅，到此茫然无奈何。便云无处寻踪迹，直到有山方认得。不知山穷落坪去，穴在坪中贵无敌。痴师误了几多人，又道埋葬畏卑湿。不知穴在水中心，如此难凭怕泉乐。盖缘水涨在中间，水退则同干地力。且如两堆坪似掌，也有军州落橐历。也有英雄在其中，岂无坟墓与宫室。只将水注与水流，两水夹流是龙脊。"

○此言平洋之龙涌起，平墩变五星之形也。其星形飘散，不相联属，孤露无形，以致灵气不聚，全无半点融结之处。杨公云："散子脉，满乡村，如风送叶乱纷纷"，正此意也。

○此言山川灵气钟聚，故升而为云。原其理，因其气之精凝结于地中，一点精英发露，而云蒸于上，其此极贵之地，而后有精露云蒸之应。《撼龙经》云："寻龙望势须寻脉，云雾多生在龙脊。春夏之交与二分，夜望云霓生处觅。云霓先生绝高顶，此是龙楼宝殿定。大脊微茫云自生，雾气如多反难证。先寻云气识正龙，却是真龙观远应"，亦此意也。

[孟注] 茫茫，旷荡貌。迥，远也。森森，水大貌。星散，言人烟零落，如晨星之散也。云蒸，言人烟密集，如云气之蒸也。

○承上言。山脉固皆难认，然认平地之脉，尤为至难。或者有隐而复显，彻露其迹于旷荡之迥野；或有潜而又藏，秘埋其踪于水大之平湖，以至脉行于是，散之孤村，而散漫乱杂，于气全无半点；又有脉聚于云蒸之贵地，而团聚融结，精光略露一斑。此数句皆言平地之脉，不可泛引山脊云蒸之说以杂之也。然平地龙脉，虽如铺毡展席，但傍低而中高一寸者为山，旁高而中低一寸者为水；其骨节之开阔，脉迹之贯串，个字之丿乀，界水之分合，护砂之迎送，与高山龙脉无异。虽高山势成立体，令人易晓；平地势成眠体，令人难认，殊不知"眠倒星辰竖起看"，乃察平地之要诀也。故平地之隐隆，即高山之起伏；平地之断续，即高山之过峡、结咽；平地丘段之上下，即高山之顶脚，但平地脚向后、顶向前也；平地之厚阔，即高山之肩翼；平地圆直曲尖方之形，即高山金木水火土之体也。倘开垦而失他形，则寻其口鼻，濬凿而断地脉，则溯其源流，自可得其大概矣。且平地有真龙，必先有凸起之处，为龙脉之根本，行度必有隆隆脉迹，左右必有微茫砂水，过峡必有银锭束气，八字分水，锦被帐幕。或过平旷必有土脉连接，或渡江河必有石骨穿过。至于结穴处，必微起顶脑，微开钳口，微吐毡唇，穴前略有明堂，左右必有两股阴砂，微茫界水，依稀绕抱，亦必有龙虎朝案，在乎漂渺之间。盖顶脑者，气之所从来也；钳口者，气之所融结也；毡唇者，鱼之所自止也。昔人谓"平地不开口，神仙难下手"者，盖言结穴处必须开口，开口方有真明堂，而真气方止也。若观水乡之脉，又须先看龙会水，或江河湖海溪涧，以定其势。盖灌之出面，必要大会水。审势既定，然后察水之分合，以钳龙脉之行止。《撼龙经》云："只将水注与水流，两水夹流是龙脊"，唯在察水之势，水之所交，即龙之所止。又云："凡到平洋莫问踪，只观水绕是真龙"，盖水乡结穴处，并无分寸高低，所谓起顶、开口、吐唇，俱属想像，唯看水来绕抱，而穴就傍水有情处培土成坟。至于护送案乐，俱以水为主。又以隔水田丘，形势照应，夹拱有情为准。学者能察于此，又何难认哉！只要脚力走到，眼力看得到，心中会得到耳！

耸于后，必应于前；有诸内，必形诸外。

[徐注]凡寻龙捉脉，后有峰峦拥从而来者，前必有峰峦拥从而拱，此前后之照应也。

《经》云："内气萌生，外气成形。"《家宝经》云："阴阳真气者，游于土皮之下。"又曰："气藏土内，谓之'内气'。水流土外，谓之'外气'。"外者，个字三叉分合之意也。有其内则其形见于外放，内外相符也。

[孟注]后者，出脉之山也。前者，结穴之地也。内者，气之蕴蓄也。外者，气之发露也。

○承上言。平地之脉，虽是难认，然有前后之照应、内外之符合可以为据也。盖平地多自高山发脉，故有特异之山耸于后，必有贵穴之地应于前。《撼龙经》云："平地龙从高处起，高起星辰低落穴"是也。如有中和之气蕴于内，必有精秀之象形于外。《青乌经》云："内气萌动，外气成形"，又《葬书》云："地有吉气，土随而起"是也。由此观之，则平地之脉，亦自有可辨矣。

欲求真的，远朝不如近朝。

要识生成，顺势无如逆势。

[徐注]远朝乃众山趋向之朝，近朝乃本身特配之朝，故远朝虽然尖秀，不知近朝方圆有情。向近朝福应之速，远朝福应之迟。蔡氏曰："若要发福急，还是近朝山。"如无近朝，亦当远对，仍审特与不特。杨公云："朝山亦自有真假，若是真朝特来也。如或假时山不来，徒受尖圆巧如尽。"

顺者顺山顺水也，逆者逆山逆水也，顺势不如逆势之优也。

多是爱远大而嫌近小，谁知迎近是而贪远非。

[徐注]远朝高大，人多贪之。近案低小，人所不欲。近虽低小而有情，故曰"迎近是"。远虽高大而无意，故曰"贪远非"。

[孟注]承上言。朝山不在于大小，唯在于真的，但人情多是爱远朝之大，而嫌近朝之小。又谁知迎近小之真的为是，而贪远大之虚假为

非哉！今术士择葬失穴，皆是贪远大之病也。虽朝不嫌其远，而但不可贪，唯看其有情无情何如耳！远若有情，正对穴场，则实远而似近，亦向之；远若无情，不对穴场，而徒贪恋向之，则反背近对之真情，而不免于失穴也。至于文笔火星作朝，又宜远，远则有清秀之气，而无粗恶之形，并无回禄之患也。学者又当变通观之，不可执一而论也。

会之于心，应之于目。

[徐注] 寻龙捉脉，在竭心思以察其理，极目力以审其情，庶几心得会而应于目。

[孟注] 承上言，认脉观朝，皆当细用心思，察其形势，想其性情，会之于心，庶可应之于目也，岂言可传哉！

三吉六秀，何用强求。正穴真形，自然默合。

[徐注] 三吉者，亥、震、庚也。又峦头贪、武、巨为三吉。六秀者，艮丙巽、辛兑丁也。今时即寻龙捉脉，以罗经格之，以龙从六秀方来，便云"合得六秀"；或经三吉上来，便云"合得三吉"，谓是真龙。殊不知垄龙以跳跃起伏为贵，支龙以牵连屈曲为奇，何必强求于三吉六秀也！如得真形正穴，证应分明，自然暗合法度也。

[孟注] 三吉者，亥震庚也；六秀者，艮丙巽辛兑丁也，皆指方位言。以贪巨武为三吉者，非也。形，即穴星也。

○言认龙脉唯在心思目力，察其微妙。如俗所言，三吉六秀列于方位者，何必用罗经格之强求其合也。但得正穴真形，则吉秀攸钟，自然暗合之矣。然则吉秀在于龙穴而不在于方位也，明矣。

八卦五行，必须参究。浮花浪蕊，枉费观瞻。

[徐注] 山分八卦，而阴阳殊科；① 星列五行，而变化不一。其星卦之作用，兼乎穴中，必先有真龙正穴，然后方可兼之。《黑囊经》云："用卦不用卦，卦向穴中作。时师专用卦，用卦还是错。"

浮浪者虚花，秀而不实之谓也。此言轻浮之脉，多是虚结伪蕊，仔

---

① 殊科，指不同。

细观，无真结。此是花假，故曰"枉费观瞻"。

［孟注］旧本有"八卦五行，必须参究；浮花浪蕊，枉费观瞻"四句本文，余仰止①删去，甚有确见。予按："八卦五行，必须参究"二句，似好言卦例之徒参杂于此。盖八卦阴阳与五行生克之说，原为选择而设，只可入于下文克择段中。若入于龙脉段中，则犹是以卦例论龙脉，非以形势论龙脉，断断非卜氏立言之旨也。且"浮花浪蕊"二句，即下文"滚浪桃花，随风柳絮"之意，又何必重之于此？则其参杂也可知。

死绝处有生成气局，旺相中审休废踪由。

［徐注］龙脉转皮换骨，而闪迹偷踪，形隐不动，俗云死矣。若忽然有星辰扶救，又谓之"死而逢生"。一说谓木星在西方受制，亦曰"死绝"，得水星从送以生之，又得堂局完聚，此死中而又生之意也。

龙脉降势，虽然若旺相，其中不瘦削孤单，或风吹水劫，或崩洪气散，此休废之患也。轻则前去结地亦轻，重谓不结也。一说：如木星在东方本旺相，被金星则制之，亦休囚也。故宜审其由矣。

［孟注］言认龙脉不在于方位，而在于形势。如龙脉有形势伏断，似死绝矣，及既过而复展精神，再开局面，是死绝处转有生成之气局也。亦有形势顿起似旺相矣，乃忽然又藏迹闪踪，莫测来往，是旺相中反有休废之踪由，不可不审也。

弃甲曳兵过水，重兴营寨。

排枪列阵穿珠，别换门墙。

［徐注］龙脉之退卸，如弃甲曳兵而走。若龙身或带粗恶之石、尖利之杀，如甲兵然，攸忽脱卸兵甲，穿田渡水，再起峰坡，结成堂局，岂不如弃甲曳兵而重兴营寨乎？

《寻龙经》云："凡有好龙为干去，枝龙尽处有旗枪。旗枪也是星峰

---

① 校注：余象斗（16世纪中叶～1637年后），字仰止（一说名文台，字象斗），号三台山人，又名余世腾、余君召、余文台、余象乌等，福建建阳书林（今南平市建阳区书坊乡）人。明代著名的出版家、通俗小说家、评点家。"建本"刻书的代表人物之一。

作,圆净尖方高更卓。就中寻穴穴却无,干去未休枝早落。"此言龙脉发势之处,多是破军廉贞高耸,如排枪列戟布阵,一或跌断,再起博换,嫩枝一起一伏,如连珠星,再立堂局,以成天地,故曰"别换门墙"。

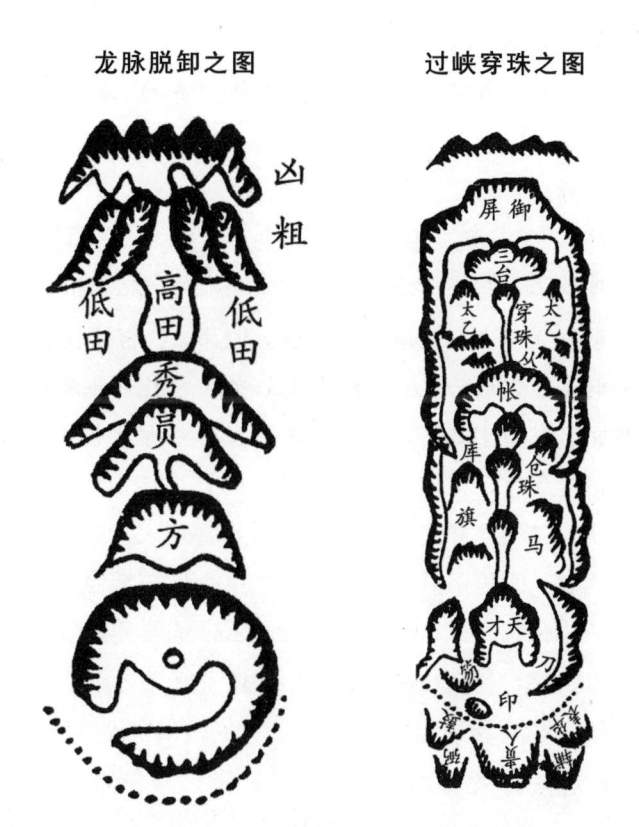

龙脉脱卸之图 **过峡穿珠之图**

[孟注]此借喻以释上文之义也。言龙脉脱卸处,或穿田渡水,再起星峰,结成垣局,犹如大将战败,弃甲曳兵而走,偷身过水,既过而又招兵集众,重兴营寨,是死绝处有生成气局之谓也。龙脉起势处,星峰罗列,如枪如旗,忽又卸落平地,再起墩泡,如穿珠牵连,转身回首,另开局势,犹如大将排衙,列阵而行,忽又衔枚绕道,方东走而倏西奔,正北去而忽南向,既至而又变阵易帜,别换门墙,令人莫晓,是即旺相中有休废踪由之谓也。

游龟不顾而参差，是息肩于传舍。

连珠不止而散乱，似假道于他邦。

[徐注] 参差，长短不齐之貌。传舍，邮驿也。龙行未止，如游龟之状，参差不齐，星峰散乱，则堂局未结，但如负担之重，暂息肩于邮传之舍，而气脉终不聚于斯也。

连珠，言脉之断而复续，续而复断，散而不聚也。假道他邦，言过脉偷迹，由此而别，结堂局于他处，意不钟于是也。譬若晋大夫荀息假道于虞，以伐虢焉。

[孟注] 参差，不齐貌。息肩，歇担也。传舍，邮亭也。连珠，谓有数墩泡，相连摆走，与上文穿珠相同，但不宜直串，直串则脉死矣。散乱，谓珠泡散乱无序也。假道，借路也。他邦，犹言此处也。

〇此言龙脉未止之形势，或形势散乱，如游龟往而不顾，而又参差不齐，则如负担者息肩于邮亭，不过暂歇而已。或形势起伏，如连珠相牵摆走，而又散乱无序，则如借路者借道于此处，必不止于此也。田氏谓：息肩于传舍，是结停驿之穴；假道于他邦，是入他处结穴。殊不知此皆借喻未止之脉，不可因其有"息肩"二字，便谓结停驿之穴也。假道于他邦，是言借他邦之道而经过，即孟子云"假道于虞"是也。不可因其有"他邦"二字，便谓往他处结穴也。读者宜详之。

滚浪桃花，随风柳絮。

皆是无蒂无根，未必有形有气。

[徐注] 龙被水劫，故比之如轻薄桃花逐水流之义。脉被风吹，故比之如颠狂柳絮随风舞之意。此皆失其本源而无蒂无根，又何有正形生气而堪作穴乎？

右第六章，论龙脉行度。

[孟注] "桃花"、"柳絮"，极言其轻薄也，不必引"风吹水劫"以实之。

〇上言不顾不止，犹有脉而未止也。至于墩泡轻微，如桃花浮水滚浪；土带绵薄，如柳絮飘落随风，是皆无龙脉连续，如花絮之无蒂无根，未必有正形之可观，与生气之可乘也。

○此处不可分段。此论山脉，直至"谁识桑田能变海"止。观下段"骨脉固宜剥换"之义，可知谢氏未达前后文义，乃分章曰"龙脉行度"，殊为大谬，今正之。

若见土牛隐伏，水缠便是山缠。

或如鸥鸟浮沈，脉好自然穴好。

[徐注] 结穴处号曰"土牛"。"隐伏"者，穴之隈藏也。夫穴既隈藏，则砂回而水自抱矣。杨公云："水抱应知山来抱，水不抱兮山不到"，故曰"水缠便是山缠"也。

鸥，水鸟也，言脉之行如鸥鸟浮水一样，或浮或沉而来。来则有送，止则有从，必结大局，故曰"脉好自然穴好"。陶公《捉脉赋》云："遗踪失迹，湖里雁鹅"，亦此谓也。

[孟注] 土牛，穴之号也。隐伏，穴之隈藏也。缠，绕也。鸥，水鸟也。浮沉，言鸟忽浮水面，忽沉水底，喻脉之隐隆也。

○承上言，浪花风絮之形，必无脉气矣。若见有穴隈藏，水来缠绕，便如山缠无异。盖平洋无山，以水为山，且水不自缠，因山故缠，山水相缠，则于穴有情矣。《撼龙经》云："水缠便是山缠样，缠得真龙如仰掌"是也。穴后来脉，隐隐隆隆，如鸥鸟之沉浮，则脉活动秀美，而结穴亦自然秀美矣。盖脉者穴之根本，脉好穴好，亦自然之理也。

水外要四山来会，平中得一突为奇。

[徐注] 立穴须贵得水，然水外又贵四山拱会，周密藏风，否则空缺而不能聚气也。

郑氏曰：郑氏曰：平洋之地，微露毛脊，圆者如浮鸥，如星如珠；长者如玉尺，如芦鞭；曲者如几如带，方圆大小不等，兼如龟鱼蛙蛤之类，是皆地之吉气涌起，土亦随之而凸，故平中起突，多成大地也。

[孟注] 承上言，平洋固取水缠，而水外又要四山来会，以作关阑，斯水不散而气聚。若一概平旷，则亦无收拾矣。平地虽无山形可观，然得一突涌起，则是吉气攸钟而为奇矣。盖平地龙脉一片纯阳，忽然涌起

成突，则是阳极阴生，故为奇妙；然亦须辨其突形，以便裁穴。若突如泡如珠，则圆而为金形；如尺如笏，则直而为木形；如环如带，则曲而为水形，如犁头如砖角，则尖而为火形；如箱如印，则方而为土形。又须辨其突之真假，真突必微有窝，或略开口，或略吐唇，两旁必有毡褥，后有支脊来脉，前有明堂阴案，左右有微茫界合，阴砂绕抱，否则恐为暴逆之突，而为收水印墩，孤露无情，不可用也。故下文遂言穴脉之证应。

细寻朝对之分明，的要左右之交固。

[徐注] 来龙既吉，须要仔细寻看朝山特与不特，有情无情，择其特来有情者对之。朝山既特，又要左右回环交固，是为全美。若主客分明，龙虎不顾，又非吉矣。

[孟注] 言脉来结穴，又宜取证于朝对左右。虽平地无山，亦必细寻朝对分明，或官星，或阴案，相对分明，亦足以证穴也。又宜看穴之左右，虽不能如山岗之护卫，亦的要微微阴砂，交会完固，使水不漏泄，而气方得聚也。此处不可分段，田氏将"堂宽无物"分作下段者，非也。今正之。

堂宽无物，理合辨于周围。

水乱无情，义合求于环聚。

[徐注] 明堂宽阔，无案遮阑，必要四围罗城周密，最忌空旷，宜详辨之。

无情者，散漫也。水虽无情，终须流归环聚，义合求其环抱会聚之处为明堂，则气聚脉正而成吉地矣。

[孟注] 承上言。脉来结穴，固取证于朝对左右矣。若堂局宽阔，无朝案遮阑，理合辨于周围，或远山环列，或罗城周密，则亦能照应穴场，而无空旷之患矣。至左右无砂交界，以致水流散乱，是无情也，义合求于流出处，或有河有湖，环绕汇聚，则亦能阑气归堂，而无走漏之患矣。《断法》云："内城流出外城阑，此地名为进宝山"是也。○熊氏云："水虽无情，终须流归环聚，义合求其环抱会聚之处为明堂，则脉

止气聚而亦结也。"此说亦通明。

当生不生者，势孤援寡。

见死不死者，子弱母强。

[徐注]脉以活动从容为生，孤单急硬为死。其龙脉之来，虽则活动为生，入首却不作穴，是当生而反不生也。由其来势左右，无从无送；或被风吹来割，孤独寡援，而生气飘散也。《脉诀》云："峡内孤单，必主贫寒。"

龙脉之来，虽欠顿伏活动为死，入首又作穴者，由其祖宗耸拔，离祖未远，祖气尚厚，是子弱母强，而生气不尽丧，故云"见死不死"。旧讹，改正。

[孟注]言龙脉之来，又贵有夹从多，根本厚。如来脉活动，本当生矣，而反不能生者，由于夹无送护从，或被风吹，或遭水劫，是势孤援寡，而生气衰败也。如来脉微弱，本见死矣，而反不至死者，由于祖宗丰厚，离祖不远，祖气尚厚，是子弱母强，而生气不绝也。

○一说：子弱母强，如金之生水、木之生火，并泛引子被鬼伤、母来救止者，非也。

鹤膝蜂腰恐鬼劫，去来之未定。

蛛丝马迹无神龙，落泊以难明。

[徐注]鹤膝者，龙之过处，中大而两头小也。蜂腰，中细而欲断也。鬼劫者，分枝擘脉也。分擘短者小者为鬼，多者长者为劫。蜂腰鹤膝，本是结局龙脉，但恐鬼劫散乱，或去或来，分夺未定，则生气为其耗，而吉穴不能成也。杨公云："鬼初便是龙身去，劫去不回无美丽。"愚尝观鬼劫之龙，多结神坛社庙而已。《神鉴歌》云："擘脉分枝是鬼龙，直如鹅颈曲如弓。小名为鬼大为劫，只为神庙有灵通。"

高山行龙势险，而有此易明也。蛛丝马迹，似无龙神落泊，抛踪闪迹，藕断丝连，最难明也，故杨公云"抛梭马迹线如丝，蜘蛛过水上滩鱼。惊蛇入草失行迹，断脉断迹无来龙"是也。

蜂腰鹤膝（天机本）　　蛛丝马迹（孟注本）

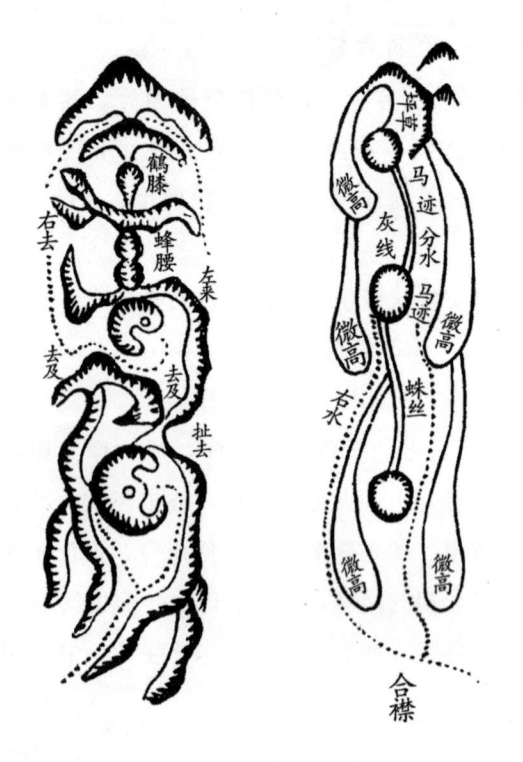

　　[孟注]鹤膝者，峡脉气旺中起节泡，两头小而中大，如鹤之膝也。蜂腰者，峡脉细嫩，两头大而中细欲断，如蜂之腰也，此垅岗之脉也。鬼劫者，窃夺其脉也。不可分短少为鬼，长多为劫。虽《玉髓经》云："短为鬼，长为劫，夺我本身少全气。"是谓穴后宜鬼而不宜劫，非所论于峡脉也。蛛丝者，过脉微细，如蜘蛛之引线也。马迹者，过脉微泡断续，如马蹄行路之迹也，此平支之脉也。不可引石梁过脉，如马迹在于水中言之。恐于下文"仿佛"二句文义不贯。龙神者，龙势之精神也。

　　○言龙脉过峡如鹤膝蜂腰之形，则脉敛束穴欲结矣。但恶鬼劫其脉，或去或来，散乱未定，则脉气为其所耗，而吉穴难成矣。盖龙自离祖以来，凡起顶分脉，或肩旁硬腰，与尾后分脉，俱不为劫；即一星体而分数脉结穴，亦不为劫。唯龙脉过峡细嫩束气之处，分出脉去，乃为真劫，故此处断不可分夺，而有损于脉气也。至平支过脉者，如蛛之引丝，如马之行迹，其脉微细隐藏，无龙势之精神落泊于其间，将何以辨之哉？故曰"难明"。此言"无龙神"者，谓不似高山之龙势跌断，复起精神，踊跃显然，令人易见耳，不可全谓无龙脉也。读者详之。

蜂腰鹤膝（天机本）　　**蛛丝马迹（孟注本）**

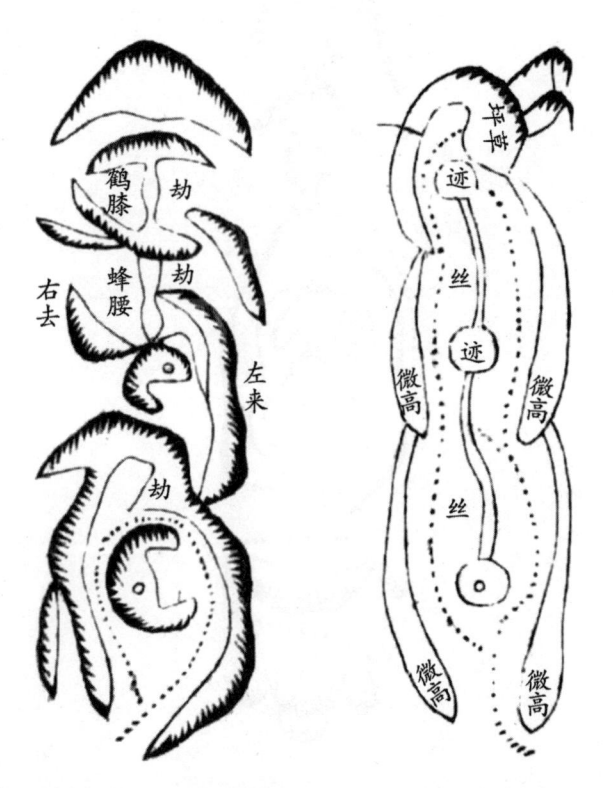

此图与旧刻不同，予每见鬼劫，俱从束气细脉上分去，以致彼此不牟成穴。若从龙身顶肩硬腰尾后大处分去，则又不为鬼劫也。

仿佛高低，依稀绕抱。

[徐注]此结上文未定难明之意，言寻龙脉者当于高低仿佛处辨。其高一寸者为龙，低一寸者为水，则脉可寻矣。又于绕抱处，察其何者真为环绕，何者真为拱抱，则穴可定矣。

[孟注]承上言。所谓难明者，以其平支之脉中间，毛脊之高与界水之低，不过仿佛而已；两边阴砂之绕抱，不过依稀而已，非用目力细察，不可得而明也。

逆水龙图

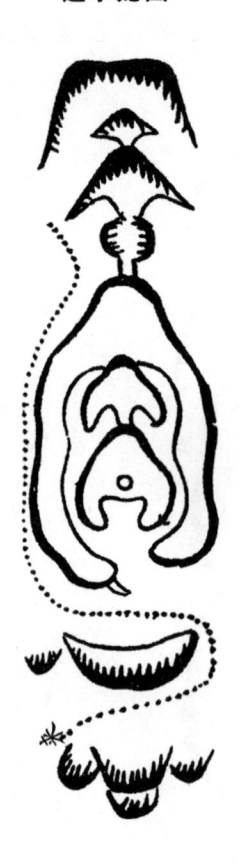

求吾所大欲，无非逆水之龙。

使我快于心，必得入怀之案。

[徐注]逆水之龙为重，福应之速；顺水之龙，福应之迟，故吾欲其逆也。《葬书问答》有云："万事皆顺，惟金丹与地理喜逆"，正此谓也。

凡案山欲其近身弯抱，如龙之蟠，如凤之舞，如弓之卧，如几之平，俱要逆水抱身，此入怀之案也。得案入怀，则穴内生气，穴下元辰，关闭周密，发福最急，此相地者必以此为快心也。旧讹解正。

〔孟注〕逆水者，龙迎流而上也。入怀者，案近穴而抱也。案者，如人之几案，取其关水藏风，遮蔽朝山乱脚，吸露顶面相向而已。

〇言认平地之脉，固是如此，然求吾之所大欲，则无非逆水之龙，山势掬转，水势来朝，得水最多，发福极快，故以是为大欲也。所以逆水之龙，即朝案不特设，下砂不甚转，而亦结穴也。若使我快是于心，则必得入怀之案。盖入怀之案，近阑穴前，收拾堂气，最为得力，发福极速，故以是为快心也。所以"伸手摸着案，税钱千万贯"是也。

蜂屯蚁聚　　　虎伏龙蟠

蜂屯蚁聚，但要圆净低回。

虎伏龙蟠，不拘远近大小。

[徐注]穴前小山累累叠叠，其多如蜂蚁之屯聚而不散乱，其形取圆净低回而不粗恶，不啻大将居中，三军环卫，后拥前迎，左回右顾，无一而不伏降，无一而不听命，此大富贵之地也。

凡真龙落处，自然青龙蜿蜒，白虎驯伏，所以成其吉穴也，何拘大小远近哉！《经》云："龙蟠卧而有情，虎降伏而不惊，是为吉形。"

脉尽处须防气绝，地卑处切忌泉流。

[徐注]寻龙虽以末落为尽，然大至脉尽处，恐是穷极气绝之所，故腰结之地，龙势蟠屈猛大，分牙布爪，吐露兴云；结穴之外，有三五里，山势未尽，皆是余气，而回转辅佐，此是大地，杨公曰"好地多从腰里落，回转余枝作城廓"是也。然或尽处顿起星峰，四顾有情，亦宜详之，又不拘于此也。徐氏曰："此句不专论龙。凡立穴，亦须得中，慎勿脱乎生气，无于脉尽处扦，庶免绝气之弊也。"旧注专论龙，恐误。

凡卑湿之地，天心不起，穴法不明，四时水出，内无生气，则主绝嗣之兆。

[孟注]言脉至穷尽之处，恐是气绝之地，须要防之。盖龙结穴，必有二三里余气或一二里余气为之遮护，本身决不在大穷尽之处。或有结于尽处者，必须外山外水来作护卫，朝应特异，四顾有情，方为真结穴。又龙到尽处转身向内而结者，亦可免风寒之患也。《疑龙经》云："君如寻得余龙处，二水相交穴受风。盖因不识真龙脉，故把绝地作气钟"是也。然不止言其尽龙，凡脉将尽之处，俱要防其气绝也。至地势旱处，亦须防略有支脊，略有顶脑，略分界水，略有阴砂，方有结作。若一概低平，泉水可以通流，则必无脉气，不可作穴，故切忌之。盖泉流者，泉水四时通流而不息也。观《撼龙经》"只缘水涨在中间，水退即同干地力"，则非泉流之谓也。然则地卑不畏水，而唯忌泉流也。

来则有止，止则或孤，须求护托。

[徐注]《经》曰："势来形止，是谓全气。全气之地，当葬其止。"

然或止处不生枝派，是单山独垄，谓之"孤露无情"，须求两边夹辅之山，或隔水来护托者，方为吉也。

[孟注]穴之左右山为护，穴之后山为托，一名乐山，皆穴后靠山也。

○承上言，脉尽气绝者，以其止则孤露而生气不聚也。故龙脉之来，必有所止，而为形穴之处，但恐止处或单山独垄，孤露无情，则穴被风寒，须求两边有山护卫，背后有山靠，此方可用也。

一不能生，生物必两，要合阴阳。

[徐注]孤阴独阳谓之"一"。凡龙脉体势来如仰掌，名曰"独阳"，纯阳则男子无妇。凡龙脉来如剑脊，名曰"孤阴"，纯阴则美女无夫。故阴阳不交而无生育，故曰"一不能生"也。一阴一阳谓之"两"，务要阴中求阳，阳中求阴，阴阳配合，则生成之机不息，方为大地也。

[孟注]"一"，谓孤阳独阴也。"两"，谓阴阳相配也。

○言龙脉止处，不独求护托而已。盖孤阳不生，独阴不成。故阴阳独一，必不能生物；欲生物，则必要阴阳相合。阴阳合而后成穴，亦犹男女配而后生育也。然阴阳无处而不有也。分而言之，山静属阴，水动属阳；合而言之，山静阴而动阳，水动阳而静阴，以至龙穴砂水，亦莫不各有阴阳也。

有雌有雄，有贵有贱。

[徐注]雌雄之情意，亦阴阳之配合，故龙穴砂水、宾主龙虎，皆有雌雄，大概不过言其情意相恋而已。《神鉴歌》云："寻地先须寻祖宗，更于山水认雌雄。雌雄若是无交会，何必区区觅后龙。"《龙经》云："雌若为龙雄作应，雄若为龙雌听命。"山势无情，左右飞走，则谓之"雌雄不顾"，决不结穴也。

尖秀方圆端正，环抱有情，山水之贵也。蠢恶急硬欹斜，反背无意，山水之贱也。

[孟注]雌属阴而雄属阳，但阴阳言其气，而雌雄言其形也。《发微论》云："雌雄者，言乎其配合也。"大概不过取其相对待之理，与相眷

恋之情而已。贵，指主山言，贱，指奴砂言。

〇承上言，谓要合阴阳者，盖天下之物，有雌必有雄也。如山属阴、水属阳，是山水相对有雌雄；而山之与水，又各有雌雄。阴龙取阳穴，阳龙取阴穴，是龙穴相对有雌雄；阴山取阳为对，阳山取阴为对，是主客相对有雌雄。所以其地融结，则雌雄必合，龙穴砂水、左右主客，莫不皆相登对。若单雌单雄不相登对，则虽或结地，必非其真造化也。谓须求护托者，盖有主山之贵，必有奴砂之贱，如有贵主，必有贱仆之相从也。

〇谢氏谓山之尖秀方圆为贵，粗恶欹斜为贱，殊不知此与上文护托、下文龙虎不相照应，读者详之。

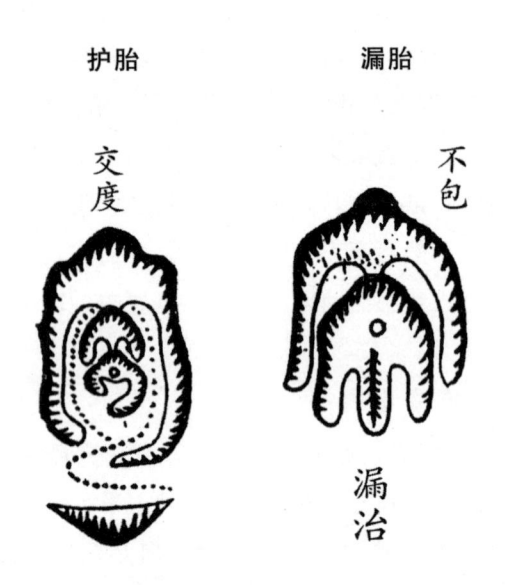

护胎　　　　漏胎

交度　　　　不包

　　　　　　漏治

其或雌雄交度，不得水则为失度。

倘如龙虎护胎，不过穴则为漏胎。

[徐注] 此承上文而言。雌雄失度，本非一端。龙穴砂水，各有雌雄交度之情，但此指穴法言之。凡气脉止处，上面有分，下面有合，则雌雄交度。若上面有分，下面无合，则为雌雄失度。不得水者，无金鱼

水之界合也。胎者穴也，左右包裹过穴为"护胎"，不过为"漏胎"。

[孟注]胎，即穴也。漏，漏泄也。

○承上言，龙穴砂水，有雌固有雄矣。其或结穴之处，两边有股明股暗之真水，上分而下合，是为雌雄交度矣。然不得两股真砂逆交，以收下合真水，固穴内生气随水流散，犹如夫妇假合，决无生育之理，故为失度。所以不言交度，无以见雌雄；不言得水，无以见交度也。推而言之，主朝相对是配合，山水相逆是交度；龙虎相抱是配合，左右山水相逆是交度。逆浚则穴得水多而大成，逆浅则穴得水少而小成。地理之所以重逆者，以其逆则交，交则结也。有贵固有贱矣，倘如成胎之处，龙虎护卫，不能包过穴前，则为风吹水劫而漏泄胎成矣。

○诸注谓上分下合，则为雌雄交度；上有分下无合，则为雌雄失度，不得水者，无金鱼水会也。殊不知雌雄交度，既有上分下合矣，下合则金鱼水已会矣，又何为不得水哉？故失度之义，非谓下无合也，是谓下有合而不得真砂以收水也明矣。读者详之。

可喜者，龙虎身上生峰。

可恶者，泥水地边寻穴。

[徐注]既得龙虎护胎，又贵乎龙虎臂上重重耸起高峰，方为全美之地。《秘要》云："龙边卓笔入云霄，金榜占鳌头。虎上高峰似顿枪，新任作官郎。"无脉卑湿处谓之"泥水穴"，葬之者必主绝嗣。

[孟注]身上生峰，谓在龙虎身腰中生峰，谓夹耳峰是也。非与昂头嫉主相类。

○承上言。龙穴贵其护胎，最可喜者，龙虎身上生起秀峰，夹拱穴场，愈征贵气之应。《秘要》云："龙上生峰起，子息登高第；虎上若生峰，养女似芙蓉"是也。至可恶者，汛水浸湿之处，及无脉气之所，若误寻其穴葬之，必主败产破家。地低，四时浸湿，水肿之象；泥水污浊，忤逆之象；水色黄者，风淫之象，故可恶也。

屏嶂裀褥

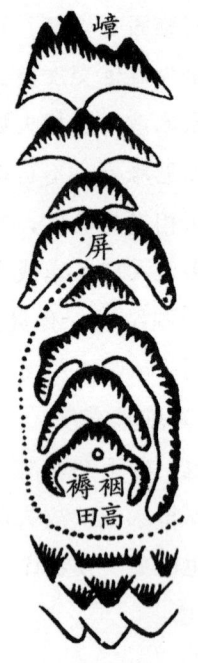

出身处要列屏列嶂，结穴处要带褥带裀。

[徐注]龙身发行处，要背后耸起高山，如屏风之列护，从龙而来，即贵龙也。穴而有余气，谓之"裀褥"，主旺人丁，《神鉴歌》云"山无余气子孙稀"是也。

[孟注]屏，如围屏。帐，如行军帐幕，乃龙之旺气发舒也。屏秀帐粗、端正贴身为屏，横列远大为帐。帐与出脉分枝不同，分枝则两手向前，如人字样；帐则两肩横开，如一字样，此列帐"帐"字与盖帐"帐"字不同。列帐高长而弯，盖帐高短而方。观《晋书》"石崇五十里锦步帐"，帐字可知。旧作嶂者，传为之误也。"人"如人之卧褥，如人坐裀，乃穴之余气铺展也。

○承上言，穴贵有龙虎为护，而于龙脉出身之处，又有耸起高大之山，列屏列帐，犹如贵人背后必有屏，大将出入必有帐，方为贵龙之出身也。《疑龙经》云："贵人重重出入帐"是也。然帐有大小之分，初帐多亘阔，百十里随后渐收，一帐小一帐，至将结穴之际，僅三五里，或一二里，唯直穿十字出者为上，横列丁字出者次之。假龙亦有开小帐穿心者，只是峡内无迎送耳。至龙脉结穴之处，又要铺展余气，带褥带裀，犹如贵人之卧必有褥，贵人之坐必有裀，方为贵龙之结穴也。《疑龙经》云："真龙到穴有褥裀，便是枝龙也富足"是也。然龙脉行度，亦有毡褥。《疑龙经》云："贵龙行处有毡褥，毡褥之龙富贵局。问君毡褥如何认，龙下有坪如鳖裙"是也。然裀褥为穴之余气，最要详明。譬如人身，心即穴也；脐下气海，即气之余也。其气则藏气之精，而其余者则粗实也。小用合尖，即穴之合尖也。膀胱大肠，所有之物，皆当出当弃也，择穴最宜避之。若择脐下合尖之处，不唯不得正气，且犯下漏，必主黑烂，不可不知也。

斗讼贡陈

当求隐显之亲疏，仍审怪奇之趋舍。

[徐注]董氏谓："左右之砂见者为显，不见者为隐，相向者为亲，相背者为疏。观砂之法，无分隐显，俱要有情相亲，向而不背，斯为美也。"

怪奇，亦左右之砂，生出千形万状，审其端正圆净者趋之，欹斜破碎者舍之。

[孟注]隐显，即董氏谓砂之见者为显、不见者为隐是也。怪，砂之丑怪也。奇，砂之奇异也。亲疏趋舍，俱指砂言。

○承上言。龙穴固有屏帐裀褥，而于穴之前后左右之山，或显而近亲于我者，或隐而疏远于我者，又当求之于亲近之中。或有奇而趋向于我者，或有怪而舍弃于我者，仍要审之，不可忽略也。

犀角虎牙之脱漏，名为诉告之星。

骊珠玉几之端圆，即是贡陈之相。

[徐注]登穴所见之形，若尖利如犀角虎牙之状，名曰"斗讼之星"，必主狱讼形宪之祸；否则口舌是非，或出军匠逃移，终非吉也。若逆水生上，弯抱有情，如牙刀者，反吉。珠、几朝拱有情，即是进贡献陈之象，为吉。

[孟注]犀角虎牙，喻砂之尖利也。骊珠，龙颈下之珠，喻砂之圆净也。玉几，以玉为几，喻砂之端正也。贡，进贡也。陈，陈列也。

○承上言，所谓怪而舍之者，或如犀角虎牙脱漏于外，则名为诉告之星，而无柔顺相爱之意也。或有龙贵发秀而为虎牙曜、牛角曜者，又不宜以此概论也。所谓奇而趋者，或如骊珠玉几端正圆净，此即是贡陈之相而有尊敬相向之情也。此四句是申明怪奇趋舍之义，非泛论也。

○一说名为诉告之星，主出人好讼，即是贡陈之相，主招集四方财宝。此说亦余意耳。

亦有穴居水底，奇脉异迹。

更有穴在石间，剥龙换骨。

水底必须道眼，石间贵得明师。

[徐注]水底之穴，甚难寻究，必是来龙雄，脉气盛，忽遇横水迫界气，况深渊大泽，穴生水底，道眼知之。石间之穴，亦未易言，必是来龙顿挫，多博星峰，或石山博换土山，土山又博换石山，上石下土，气脉自下而上，自里而表，特以天然土穴结于石间，惟法眼者识之。故杨公云："也有穴在大石间，也有穴在深渊里。"水底之穴，必须神而知之，默契山川之妙者，可扦石间之穴，贵得学而知之，洞达山川之精者可辨。

　　此承上文而言。水底之穴，必须神而知之，默契山川之妙者，可扦石间之穴。贵得学而知之，洞达山川之情者可辨。

　　[孟注]骨者，山以石为骨也。道眼，谓得道如神仙之眼也。

　　○总承上言。谓以上所言，龙脉皆论其常，而未及其变也。然亦有穴居水底者，必是龙脉精奇，踪迹怪异，自然超拔，与众不同，而来临于平湖大泽之间，忽然隐藏融结水底，而为水秘之穴也。也更有穴在石间，忽或来龙是嵯峨石山，至入首处变为细嫩，石山结穴处又变为土胎；或来龙是土山，至入首处转变为石山，结穴处又换粗石而为细石，石中有土，仅可容棺，此是融结石间而为石秘之穴也。然水底之穴，无影无形，非俗眼所能察也，必须得道之仙眼，方能识之。石间之穴，杀气最重，非浅见所能裁也，贵得明理之高师，方能择之。或有穴在石板之下者，开石取之，谓之开石取宝。张子微云："也有名山石井漫，皆无寸土穴难安。不合龙真难舍去，寻趋十日无日观。此名天完混沌气，龙皮粗厚头面干。时人莫道无草木，不知童山是两般。童山土色细杂碎，可栽木植生长难。天完之地无缝路，荡荡光滑如削删。却须回环四兽地，自有土润草木山。只有相当作穴处，头面漫漫皆石盘。石必有缝可镐凿，石板之上有土山。若得土时穴须浅，不必深凿入其间"是也。又有巨石当穴，或在前后左右，皆谓之石占，只要认得龙真穴的，于当穴巨石凿而去之，大开金井，取客土填实；再开小井，以土和气为妙。若有土缝者，只挖去其土夹之石，不必客土填封。若在穴前与左右者去之，只在穴后有根之石，恐伤残龙脉，不可凿去，其或以土封之为妙。

又有穴在石上者，要有土晕方可，顿棺于上，封土成坟，不必挖凿也。又有穴在乱石之内，石皆竖立，如植假山也。凡此怪穴，必要十分龙脉真奇，方可取裁也。

○田氏谓水底之穴，非真在深水之底也。如饶洲地方，水涨则坟渰没无踪，水退则坟仍旧现出，此即水底之穴也。果如此说，则水底之穴亦无难认，又何须道眼哉？予考无锡华氏祖茔，在鹅肫荡中，穴居水底，神先以梦授之，后启明师择之，周围用木下桩，中填客土成墩，复开至穴所葬之，至今富贵不替。由此观之，则不可谓水底无穴也。

岂知地理自有神，谁识桑田能变海。

[徐注] 地理一事，隐显之迹，变化之机，若有神焉以主之。倘如虽得吉地，苟非其主，必有神物变异，以致反吉为凶，或被洪水冲荡，或山崩地裂，或有阴砂交锁，今被开通，有沧海桑田、陵谷变迁之类也。

右第七章，论龙穴真假。

[孟注] 此结上文，言龙脉固当详细，岂知地理之事，自有神以司之，而非人之所能为也。苟非积德之人，虽得吉地，必有神物以变之。如水冲砂压、山崩地裂之类，变吉为凶，亦犹桑田之能变为海也，其谁识之？谚云："地好不如心地好"，故未得地之先，当积德以求之；已得地之后，当积德以培之可也。

右段论龙脉。

[孟注] 此段言隐显潜藏、行度过峡、退卸剥换，及取朝案龙虎、明堂砂水，以为脉证。至出身结穴，并奇脉怪穴，是皆所以论龙脉也。谢氏未达全旨，分为两章，一曰"论龙脉行度"，一曰"论龙穴真假"。田氏又改为两段，一曰"论龙脉隐显真假"，一曰"论龙穴护卫"，俱为错谬。此段自"山龙难于认脉真"，至此为一段。观下段起句"骨脉固宜剥换"，则上言山脉，下言骨脉，起结承接之旨，了然可见矣。读者详之。

论龙虎篇第七

骨脉固宜剥换，龙虎须要详明。

［徐注］骨，石也。龙脉之行，必藉石而后耸也，节数尤宜博换。此结上起下之辞。

龙虎者，辅弼之任也。有本身发出者，有他山来抱者，有一边系本身生出而一边是他枝来护者，不可拘也。但要青龙蜿蜒而回抱，白虎驯頫以环迎，是为美。又来水边不可长与强，去水边不可短与弱。或凹露，或尖利，或昂逼，或反背，皆无情，又非吉矣，故曰"须要详明"。

［孟注］此承上起下之辞。谓山之骨脉固宜剥换矣，而左右龙虎又须详察而明辨之。盖穴者生气所融结，而水者生气所流液。小明堂微茫界合之水固赖两股，而阴砂交抱而元辰与诸水会流，尤赖龙虎以收之。若龙虎与内水相逆则气全，龙虎与内水俱顺则气不全。且龙虎二砂为本身两手，至为要紧。如人之于食，两手得其用，而食方入口；穴之于水，两砂得其用，而水方入口。若肩背弯抱而指掌反撇，则水便漏泄；反撇重者，穴即不真。所以护卫穴场在于肩臂，而收水成功则在于指掌。古云："砂看脚"，脚者即手之指头也。然龙虎均出格，或龙虎均出于穴星两旁，齐来相抱，名为正体者；或龙虎均出于穴星两旁，一股向前，一股缩后，名为左右单股者，即单提是也。又或一边是本身生出，一边是外山相配，名为单股变体者；或龙环抱，虎短缩；虎环抱，龙短缩，名为左右仙宫者，即弓脚是也。或龙臂抱过虎腕，虎臂抱过龙腕，名为左右纽袷者。此数格，或一先一后、一亲一疏、一长一短，而有偏枯之病。然究其能收水成功，则与正体一也。或本身无龙虎，借用隔水两畔之山为龙虎，名为本体者，此格虽无本身龙虎收水，然星体端正，浑元一气，犹如大贵人袖手端坐，而前后左右无不拥从拱向，听其所用，且外山来作龙虎，则外来众水必聚堂归面，而穴得水更多，力量更重也。故大地多结本体穴，又不可以本身无龙虎而忽之也。或又一边单

一边双,名为左叠指、右叠指、左双臂、右双臂者;或又两臂直前,借外面横阑者;或又两臂短缩,仅能护穴者;或又两臂张开,名为张山食水者。总之,名义不一,形势多端,大要不过遮风收水,于穴有情,于主不欺,斯尽拱卫之道矣。

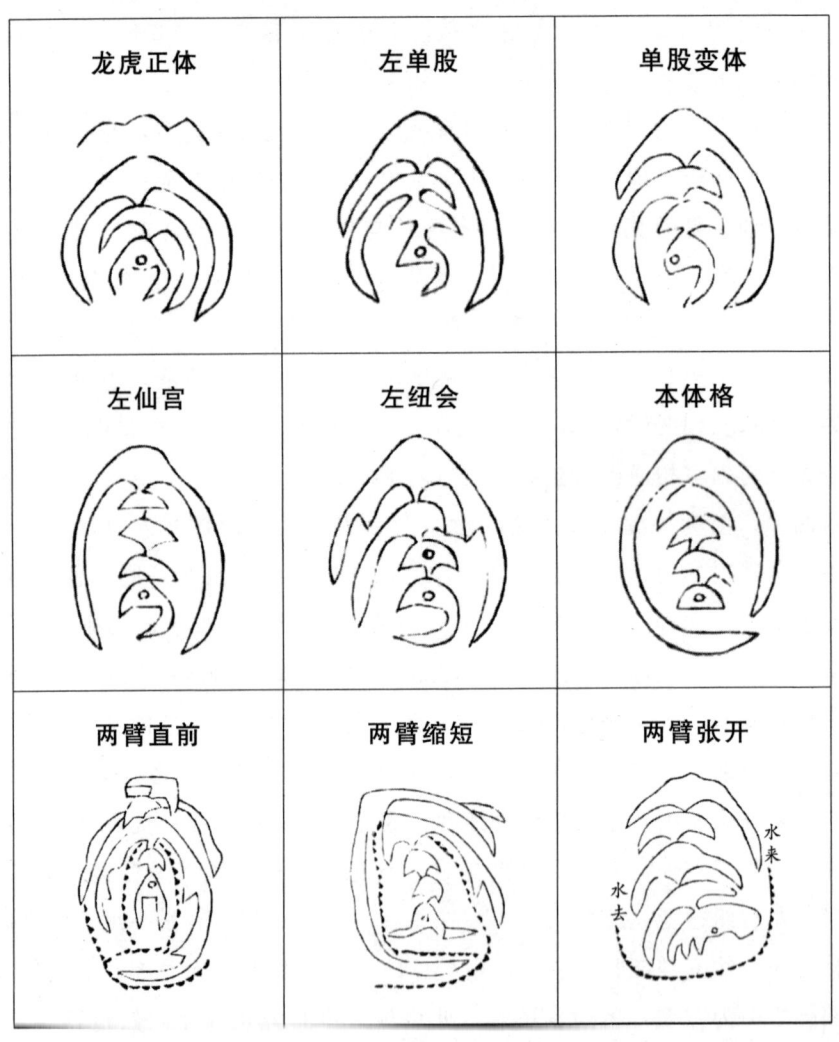

龙虎正体	左单股	单股变体
左仙宫	左纽会	本体格
两臂直前	两臂缩短	两臂张开

　　以上单股、仙宫、纽桧三图,俱系左格,其右格当以类推。至左右双臂、左右叠指格,虽以画图,唯在学者详阅廖公《穴星篇》,则其格之正变皆可得而知矣。

左右回去

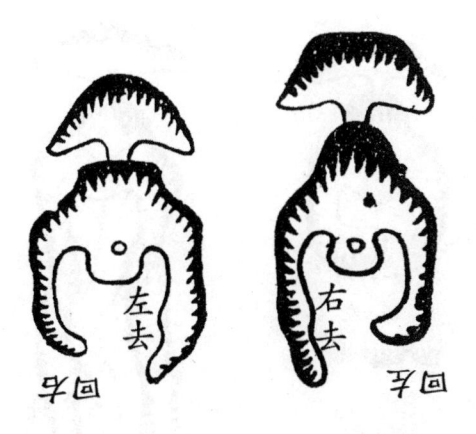

或龙去虎回，或龙回虎去。

回者不宜逼穴，去者须要回头。

荡然直去不关阑，必定逃移并败绝。

[徐注]《砂法》云："龙飞虎抱坟，长位绝儿孙。虎走龙回顾，三子离乡土。"龙虎回转，不宜冲突僭逼而不逊，须得弯而活软而有情。无分龙虎，虽去定要回头拱顾，若直去不回未可也。龙虎笔直而去，内既无回顾之情，外又无关锁之山，则水去砂飞，主出逃移败绝，此必然之理也。

[孟注]承上言。谓龙虎要详明者，以其形势不一，而所关非浅也。或有龙去而虎回环者，或有龙回而虎直去者，但回者不宜逼近欺压，阻塞胸前，唯欲恬软弯抱、于穴有情为吉。去者须要砂头回转，向内收水，方于穴有益，不可直去而不回也。若荡然直去而不回首关阑，则砂飞水走，漫无收拾，必定主人逃移他乡，并败家绝嗣也。若龙虎直去，得外面山水转首横阑，亦可化凶为吉也。

回头逼穴　　　无关无阑

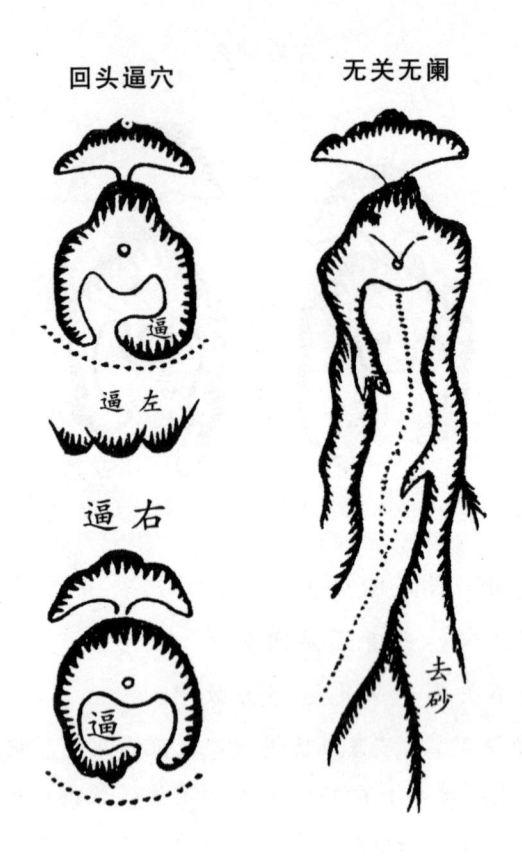

逼左

逼右

去砂

或有龙无虎，或有虎无龙。

无龙要水绕左边，无虎要水缠右畔。

[徐注] 有龙无虎，即左单提、左仙宫；有虎无龙，即右单提、右仙宫之类。且单提、仙宫之穴，本身虽然有左无右、有右无左，得外枝山水来应护者，斯为美也。无青龙，要水从左边来，绕右抱穴而去则吉。刘氏曰："水来自左，无左亦可。"无白虎，要水从右边来，绕左而去则吉。刘氏曰，"水从右来，无右亦裁。"

[孟注] 上言龙虎虽有回去不同，然未缺也。或有左边有龙，而右边无虎者；或有右边有虎，而左边无龙者。但无龙者，则要水来绕左边，抱过右边而去；无虎者，则要水来缠右畔，抱过左边而去，则穴亦

得水聚而气全矣。盖龙虎二砂，无非取其关水，水既缠绕，又何必拘于龙虎之全也。刘氏云："水来自左，无左亦可；水来自右，无右亦裁"是也。此有龙无虎名左单股，有虎无龙名右单股，图其于前。

左右单提　　　　　　左右仙宫

莫把水为定格，但求穴里藏风。

到此着眼须高，更要回心详审。

［徐注］勿以水为定格局，亦有干源无水，或砂有情亦吉。古云："高山不论水，平地不论风。"高山之地，多是干源，但求四围包裹紧密，穴内藏风，则亡者安而后嗣昌也。此结上文，目力固宜高着，心思尤要审详。

［孟注］承上言转推之，言无龙虎边固要水绕矣，然不可把水为一定之格，而遂认为真结也。即有水来绕，亦要有肩臂微转，紧紧护穴，勿令风吹。盖单股之格，如人两手，一手提物在前，一手垂敛在旁，只不显露其形，非是全然真削，而无开睁护穴之意也。若水绕边全，无肩臂护穴，则风吹气散，焉有真结？故凡到此处，须要高着眼力，回心转想，再三详审，不可造次忽略也。

〇洪氏谓专取水为用，恐风入矣；必借外山包裹可也。此说亦通。田氏谓无龙虎边固要水绕矣，然不必把水为一定之格也。亦有无水绕者，但求穴中包裹周密，藏风不吹，则水不必来绕，而有外山照应，其穴完固矣。此说虽通，然未补足上文"水来缠绕边，恐有风来吹"之义。读者详之。

或龙强虎弱，或龙弱虎强。

虎强切忌昂头，龙强尤嫌嫉主。

[徐注]龙忌乎弱，虎忌乎强，大概欲其驯伏为吉也。虎昂头视穴，谓之"唧尸"。龙昂头压穴，谓之"嫉主"。

[孟注]言龙虎不独有无而已，或又龙山高强而虎山卑弱者，或又龙卑弱而虎山高强者。但虎强而头低则无碍矣，唯忌其昂头而下欺其穴也；龙强而远立则无妨矣，唯防其逼迫而嫉妒其主也。《葬书》云："虎踞谓之唧尸，龙踞谓之嫉主"是也。

倾流尖射

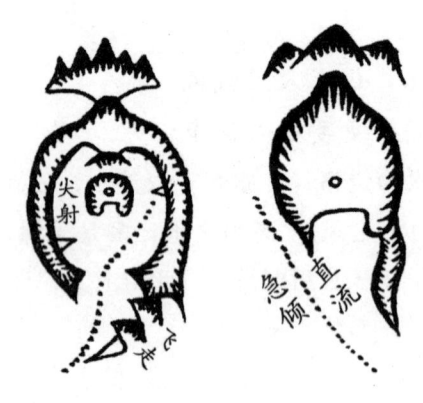

两宫齐到，忌当面之倾流。

一穴居中，防两边之尖射。

[徐注]龙虎齐到，虽或有情，若穴前水直去，更无关阑，必致退败也。

龙虎不欲尖射，犯者主词讼徒刑杀伤之象。《驻马扬鞭》云："龙虎两尖射，世代主徒刑。"

[孟注]两宫，谓龙虎也。

〇上言龙虎不均，恐有偏枯之病。若龙虎全俱，亦贵有先后之序，如两宫齐到，则水不能转左转右，必然直出。贵有内堂平正，外面横阑，犹可留水聚气。所最忌者，堂局势陡，当面倾流直出，则牵动土牛，必主退败。至一穴居中，须要龙虎圆净、向内收水为吉。所最防者，两边尖利之砂顺水直射，则于穴无情，必主凶败。一说谓两边尖射，指射穴言，然观下文"尖射左臂"之义，则非指尖射穴可知矣。

东西窜走

东宫窜过西宫，长房败绝。

右臂尖过左臂，小子贫寒。

［徐注］左山顺水飞走过右宫，主长房不吉。若弯环平伏，则不必忌可也。右出尖射顺水过左边，主小房退败。若平伏有情，反益于小也。

［孟注］东宫谓青龙也，西宫谓白虎也。窜，走也。臂，谓龙虎如人之手臂也。

〇承上言。夫妇两宫齐到，固有所忌，而两边尖射，更要提防。如东宫尖砂尖长，顺水窜过西宫，则左水不收，必主长房败绝。如右臂虎砂尖利，顺水直射左臂，则右水不收，必主小房贫寒。盖左为长房，右为小房之宫位，故其应验如此。若龙真穴的，而有此尖窜之砂，则谓之砂尖。古云："或如枪，或如剑，随水顺流飞冉冉。时师只断主离乡，岂知内有真龙占"是也。故认得龙真，当用玉剪去尖利，改为圆净，向内收水，亦可转凶为吉，不可因其有尖窜之砂，而遂弃其真穴也。若尖利之砂与外来大水相逆，则又为曜气，不必剪去。此数句卜氏盖为顺关不收水者发也，若逆关收水，又何为尖窜者哉？奈今之注释者，多以词害意，因有尖窜字眼，遂图画圆净尖砂以射之，以致收水之理反晦矣。

最宜消息，毋自昏迷。

此结上文。龙虎之喜怒，最宜仔细推详，而无自昏迷也。

右第八章，论龙虎。

［孟注］此总结上文。言龙虎形势多端，吉凶不一，最宜细察消息，或趋避之，或损益之，不可徒自昏迷而莫之知也。

右段论龙虎。

［孟注］此段文义明白易晓，故注者亦不甚错，但其中有未发明者，以其识见之未到耳。

论穴法篇第八

相山亦似相人，点穴犹如点艾。

一毫千里，一指万山。

［徐注］《明山宝鉴》云："人不入形不相，地不入形不葬。"人有大小长短、贤愚贵贱之分，山有高低肥瘦、斜正方圆之异。人禀五行正气，为富贵之人；山得五星之正者，结富贵之地。然或有相貌不足而富贵者，此奇怪状也，于此犹宜详之。

杨公云："大凡点穴非一样，降势随形合星象。譬如铜人针灸同，穴穴究详方始当。忽然针灸失其真，一指隔差连合丧。"诚哉斯言！穴法不可不谨也。故点穴者高一尺则伤龙，低一尺则伤穴，深则气从上过，浅则气从下过，是故点穴之难，如针灸之不易也，不可毫一之差也。

［孟注］似，象也。点，指点也，用杖指点穴情，一穴而不可易也。穴者，真龙止处，脉动而气聚，融会毯下土肉之内，凝结成穴，如人身针灸之穴道，脉气所钟也。

○此借人体部位而以喻穴也。言相山之法，亦似相人之法。盖龙之入首一节，犹如人之面部，山之圆顶似人之圆头，虽有尖峰，亦具圆体，此圆顶上不可露出脉迹。若露出脉迹，便有分水，则是个字破顶，谓之贯顶脉，即穴星脑后入脉，亦不可露出脉迹，若露出脉迹，谓之来脉透顶，皆非龙脉之真也。故星辰落脉结穴，必自圆顶隐隐而下，复起微突，名为"化生脑"，似人头下有额；突上分水，名为"大八字"，似人之额旁微有两分；突旁两片阴砂，名为"蝉翼"，似人之两眉；突下中垂一线脉迹，名为"个字三叉"，似人额下之山根；一线之脉，略起硬块，涌高数寸，名为"圆毬"，似人之鼻头；两旁分水，名为"小八字"，似人之两眼；毬下之穴，名为"葬口"，似人鼻下之人中；穴之尖檐，似人嘴上之唇；穴前有些子坦夷处，名为"小明堂"，即其薄口，似人之口两旁；分水微微交会于小明堂之内者，名为"虾须"，似人之髭须；两边微微阴砂，似人之颧颊；阴砂微微交抱于小明堂之下者，名为"毬髯"，似人之下颏是也。

推而言之，上聚之穴，如孩儿头，孩儿初生，囟门未满，微有窝形，即山顶窝穴也；中聚之穴，如人之心，两干即龙虎也；下聚之穴如人之阴囊，两足即龙虎也。至侧脑、没骨之穴，如人之鼠肉曲池；开口之穴，如人之合谷。故相山亦似相人，唯在细心体认耳。

至于点穴之法则，当用心着眼，于脉正气聚，正中恰好处，开井放棺，不可接脉乘气，犹如医者点艾，不可有毫厘之差。设若差之一毫，则谬以千里；差之一指，则隔如万山，不可不慎也。杨公云："大凡点穴非一样，降势随形合星象。譬如铜人针灸同，穴穴究详方始当。忽然针灸失其真，一指隔差连命丧。"极言点穴要谨慎也。

然穴法虽多，大要不外于阴来阳受、阳来阴受。阴来如覆掌剑脊，峻急刚硬，皆阴脉也。阴脉落穴，必化开窝靥，为阳受，但窝深靥浅，乃老阳、少阳之象也。阳来如仰掌琴背，平缓柔软，皆阳脉也。阳脉落穴，必吐出乳突，为阴受，但突大乳小，乃老阴、少阴之象也。又窝中有突，突顶有靥，此乃阳极阴生、阴极阳生之妙也。黄妙应云："天下道理，阴阳五行，阴阳不行，不离一○。"此一○读作圈。偈曰："白玉圆圆一个○，乾旋坤转任自然。能知○内四般趣，便是人间行地仙。"一○者，太极晕也。四般者，老阴、老阳、少阴、少阳四象也。然晕之中心，又有上阴下阳、上阳下阴，有边阴边阳，有阴多阳少、阳多阴少，有阴交阳半、阳交阴半，有不分阴阳，情分厚薄，此皆在地之肥瘦上分别阴阳，为穴中证佐之微妙也。

　　至于捷径之法则，又有真砂真水为证。夫贴○之砂，有二蝉翼、牛角是也；止○之水，有二虾须、蟹眼是也。故证窝钳之穴，则有两股牛角砂夹一滴蟹眼砂；证乳突之穴，则有两片蝉翼砂界两股虾须，此二水皆合于小明堂之内也。其砂有边厚边薄、边长边短；其水有股明股暗、边有边无，此又砂水分别阴阳，为穴中生气之证佐也。

　　然太极晕有真砂真水，皆隐隐然，似有似无，必要芟除草木秃光，然后可见。《青乌经》云："葬不斩草，名为盗葬"，正谓此也。今人不知斩草之义，误以为破土为斩草，殊失点穴之旨。

　　至点穴之诀，总不出于倒杖。盖倒杖者，杨公立穴放棺、消息准的之要法也。虽穴变无穷，而法总十二，唯在学者变而通之，慎毋失之，庶几点穴无差矣。倒杖用法并图说，俱载《倒杖法》内。

　　一说：太极晕有全有半，全晕自然正中，穴宜居中无疑。第半晕在左，穴宜居左；半晕在右，穴宜居右。若全晕顶上再见一二分半晕，加二三分蛾眉月样，谓之天轮影，尤为贵征，此说亦妙。

　　一说：相山亦似相人，谓人有大小长短、善恶贵贱之人，山有高低肥瘦、斜正粗细之异，故相山亦似相人，此泛论其大概也，而于点穴之理，不甚亲近，读者详之。

　　虾须者，乳穴两旁微微低陷缠路，犹似虾须，故名"虾须水"。蟹眼者，窝钳弦上两旁微微低陷一点，犹似蟹眼，故名"蟹眼水"。又有金鱼水者，凡鱼之水，口进而腮出，唯金鱼之水，腮进而口出，腮进见其分，口出见其合，故借此喻乳穴分合之水也。取名"虾须"者，以其微茫而不显也。取名"金鱼"者，以其后分而前合也。其名则异，其水则同也。总之，取譬一合，不必多求也。蝉翼者，生于乳突之旁，藏于龙虎之内，轻薄贴身，微茫弯抱，如蝉硬翼之下，又有软翼，故名"蝉翼砂"。牛角者，生于窝厴之下，藏于龙虎之内，弯环圆净，交抱有情，如牛角一样，故名"牛角砂"。又有金鱼砂者，低小贴身，如贵人腰带之间所佩金鱼，故名"金鱼砂"。此数者，名为真砂真水，为真穴之证佐也。若山龙结穴之处，开垦田地，坏其本来证佐，则须再三审察，不可造次点穴。若是平洋田龙，不在此论。

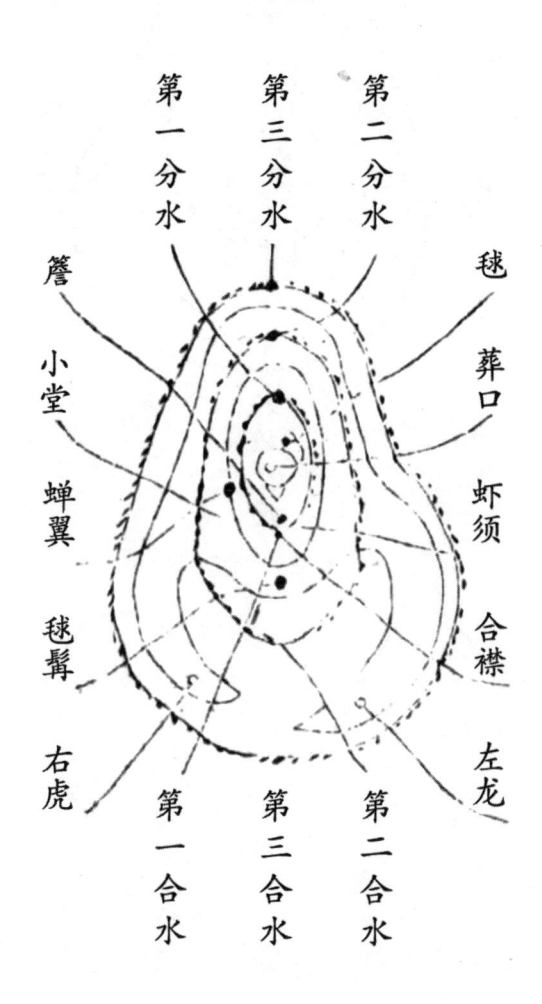

（图：穴场示意图，标注有"第一分水"、"第二分水"、"第三分水"、"氈"、"葬口"、"虾须"、"合襟"、"左龙"、"第二合水"、"第三合水"、"第一合水"、"右虎"、"毬髯"、"蝉翼"、"小堂"、"簷"等）

地理雪心赋集解

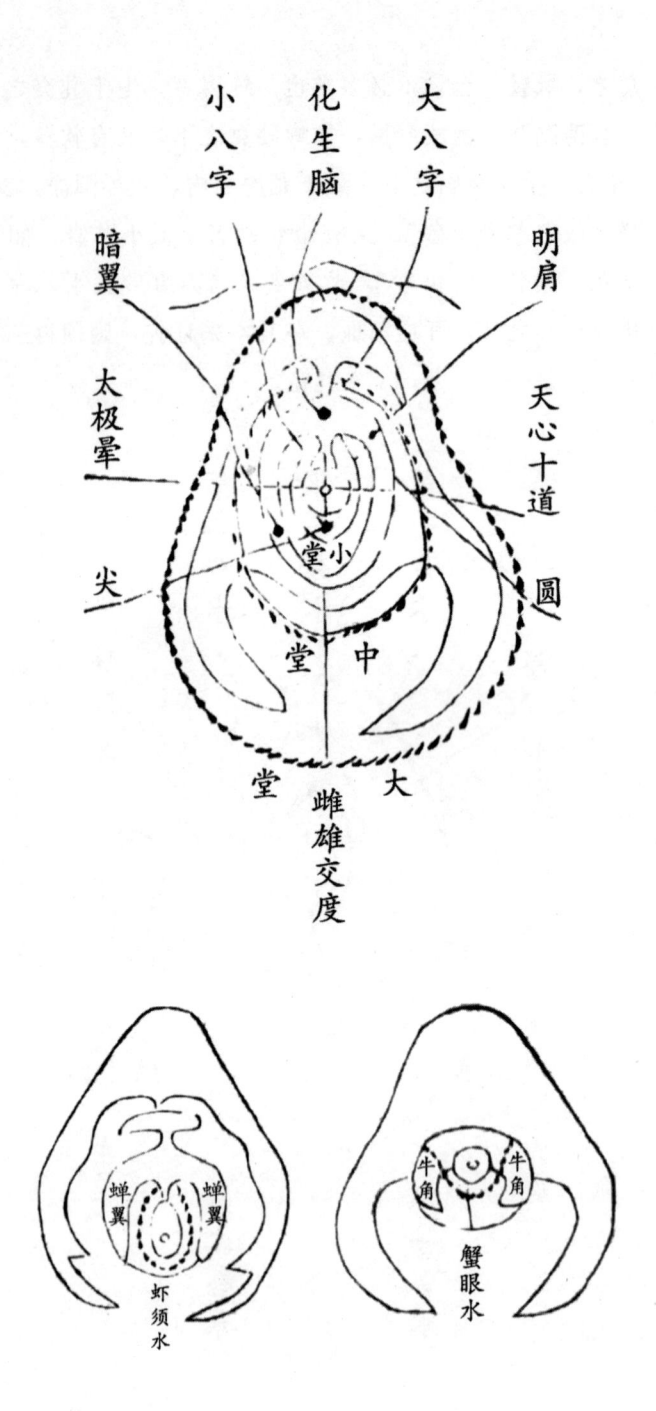

明肩　天心十道　圆

大八字
化生脑
小八字
暗翼
太极晕
尖

小堂　中堂　大堂　雌雄交度

蝉翼　蝉翼　虾须水

牛角　牛角　蟹眼水

· 96 ·

若有生成之龙，必有生成之穴。

不拘单向双向，但看有情无情。

[徐注]生成之龙，起止分明是也。生成之穴，阴阳化气，分合证应，坐向天然是也。龙穴既正，立向自然宾主有情。罗经二十四向皆可向，岂拘单向双向乎？双向者，如丁向加午、丙向加巳之类是也。

[孟注]单向双向，如正丙为单，向丙兼巳为双向之类也。

○承上言。点穴之法，先要看其来龙何如。若有生成合格之龙，必有生成自然之穴；既有生成之穴，亦必有自然之向而不可易者。故不拘其单向双向，但看其有情无情何如。若单向有情，则依单向；双向有情，则依双向。盖有情于我者，即为真穴之证；其无情于我者，则不可以证穴矣。

若有曲流之水，定有曲转之山。

何用九星八卦，必须顾内回头。

[徐注]水若曲转，山亦随之。杨公云："水曲山随是龙归。"山水既转顾内，何必合八卦九星之方位乎？

[孟注]九星，贪巨禄文廉武破辅弼也。八卦，解见前。

○承上言。龙穴既有生成者，则砂水亦自有生成者。故若有屈曲回流之水，则定有屈曲回转之山。盖水不自曲，因山故曲，山转水曲，最为有情，何用九星八卦分辨吉凶，论某水宜来，某水宜去，某山宜高，某山宜低哉！只须顾内回头，有情拱向，即可以为穴证矣。盖龙穴砂水，一气感召，有真龙自有真穴，有真穴则砂水自以类应，而点穴亦借乎此矣。此数句，皆言穴之证应也。

莫向无中寻有，须于有处求无。

或前人着眼未工，或造化留心福善。

[徐注]徐氏曰："无者，龙脉之不吉，穴法之不真也。时师不辨真伪，每于气散之处，或云此处堪以寻穴，诱人误葬，祸人多端，可不戒乎？有者，气止水交，龙有落穴，有结也。然或左右砂水有疵，方位坐向谬戾，是谓有中之无，于此寻穴，须知轻重弃取可也。"

○此承上言。有无难知，或人目力未至，或天地留与福人。杨公云："不是时师眼不开，吉地留与福人来。"

［孟注］上句"无"字指龙言，"有"字指穴言；下句"有"字指龙言，"无"字指穴言，非真无也。言其穴之隐藏，似有似无也。

○又承前言。所谓"有龙必有穴"者，盖龙为穴之根本也。故见山无龙脉，则莫向此中寻穴；见山有龙脉，则须用心细察，寻其隐藏似无之穴；而其隐藏之穴，或前人到此，着眼未工，以致遗落；或造化秘藏，留心福善，令人莫识。所以点穴之法，莫先于认龙，若认得龙真，因脉来气，自不致于有失也。

指掌穴法

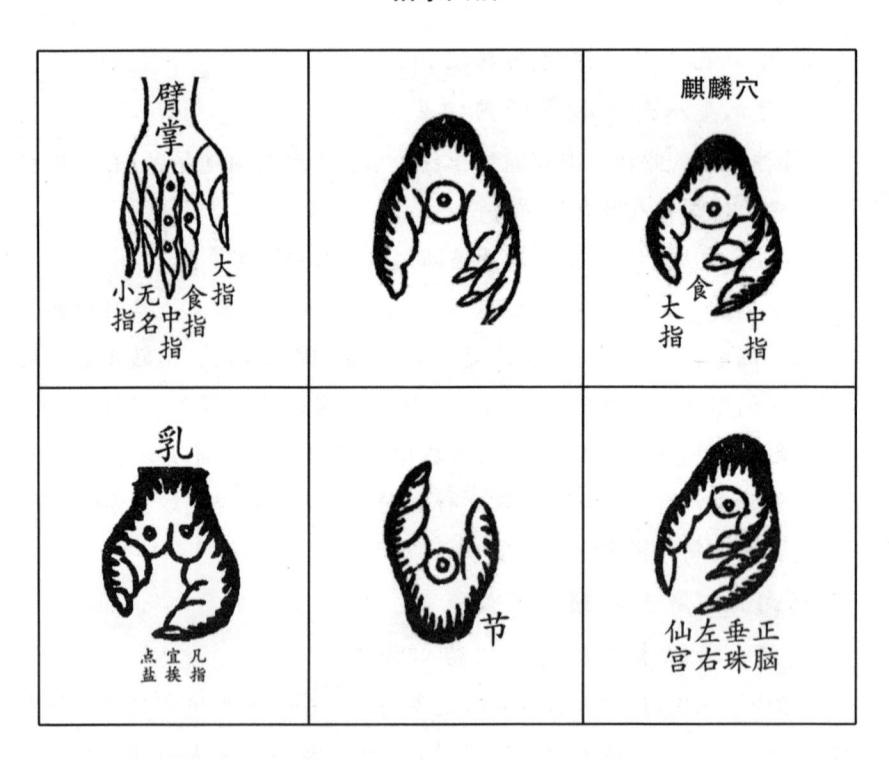

左掌右臂，缓急若冰炭之殊。

尊指无名，咫尺有云泥之异。

［徐注］徐氏曰：掌者脉平而缓，臂者脉直而急。一阴一阳，缓急异体，故云"缓急有冰炭之相反"也。"尊指"，手掌之中指，指之正也。"无名"，手之第四指，指之偏也。点穴之法，或当正受，或当斜受，仅差咫尺，而其乘气与斗气之间，如云泥之远。旧注讹，今改之。

［孟注］掌，手掌也。臂，肘臂也。掌平软，喻脉之缓；臂直硬，喻脉之急。"左""右"二字，乃活字眼，即云右掌左臂，亦可殊异也。尊，指手之中指，喻穴之正也。无名，手之第四指，喻穴之斜也。

○承上言，有龙方可寻穴，得穴又当辨脉。若脉来如左掌之平软，则为阳脉而性缓；脉来如右臂之直硬，则为阴脉而性急，其一缓一急，犹若冰与炭之殊也。脉缓则宜正受其穴，如尊指居掌之中；脉急则宜斜受其穴，如无名指居掌之偏。其正受斜受，不过咫尺之间，而其所以分别之意，犹有云泥之异也。然则点穴可不慎乎！诸注多以词害意，内有指掌字眼，遂图画指掌穴法，并泛引指掌之说以实之，以致反失辨脉受穴之旨也，今正之。

傍城借主者，取权于生气。

脱龙就局者，受制于朝迎。

［徐注］傍，倚也。权，变法也。杨公曰："有山傍山，无山傍城。有水傍水，无水倚形。"此言来龙合法，但入首轻微，或逆跳番身，或回龙顾祖，只借护托之山为主也。

○此言脱其龙脉而就其堂局扞穴者，无非受制于朝迎之逼狭。横有堂气可趋，宁可脱脉而就气，不宜因朝而失穴也。

［孟注］城，即罗城、水城也。权，威权也。生气，穴之生气也。

○言点穴之法，不独辨脉之缓急而已，又当看其到头形势何如。如龙来转身结穴，虽以正顶为主，或傍罗城，或傍水城，借背后乐托以为主者，而其所以借主之意，是取威权于生气，使坐下不卑微也。又如龙来粗雄，脱落平地，就面前堂局以结穴者，而其所以就局之意，以其朝迎有情；若受其所制，不得不亲近也。总之，龙来结穴，后有情则靠后，前有情则向前，此一定之理也。

大向小扦，小向大扦，不宜乱杂。

横来直受，直来横受，更看护缠。

[徐注]《穴法》云："众山小者大处寻，教君此诀值千金。众山小者大中觅，高则齐眉低应心。""山若直来横于穴，莫与时师说。脉若横来直处寻，此诀直千金。"其横山取穴，须要有托有撑，方可扦穴。无托无撑，不可扦之。

[孟注]言点穴之法，又当看其大小、横直何如。若众山俱大，则宜向小山扦穴；众山俱小，则宜向大山扦穴。所以扦大扦小者，取其星辰特达，与众不同也。故不宜形势杂乱，而无主星之体，难以取用也。《葬书》云："群垅众支，当择其特；大则特小，小则特大"是也。若龙横来则穴直受，龙直来则穴宜横受。然横而直、直而横，固是阴阳变化之理所当如此，而更要看其护缠之情意，方知其穴之真的。如左边护缠有情，则穴宜挨左；右边护缠有情，则穴宜挨右，不可不细察也。

○田氏谓："直受而无关阑，则气不止；横受而气无包裹，则气不聚，不可作穴矣。"此说亦通。

须知移步换形，但取朝山证穴。

[徐注]穴贵乎朝山端正，谓之"宾主相迎"，情意相合。苟移一步之地，则换易其形，或偏侧而不相顾矣。《裁穴篇》云："地移一寸，则山移一丈"，山移则水移，吉地从之变矣。

[孟注]承上言。点穴之法，固当辨其大小、横直矣。然龙来结穴，体态不一，变动不常，须知移一步则换一步，而穴最难定也。但知朝山之情，以证穴场之的，庶不致于有差也。《疑龙经》云："真龙隐拙穴难寻，唯有朝山识幸心"是也。

全凭眼力，斟酌高低；细用心机，参详向背。

[徐注]此结上文。指掌脱龙之法，大小横直之状，或高或低，在竭目力以斟酌之；或向或背，在竭心思以参详之。至于横担横落，无龙须下有龙；直送直夺，有气要安无气。若此之类，惟在心目之巧以哉！

[孟注]高低、向背，俱指朝言。

〇承上言。所谓"取朝山证穴"者，全凭眼力斟酌朝之高低，以证穴之高低。《疑龙经》云："朝若高时高处点，朝若低时低处针"是也。细用心机参详朝之向背，以证穴之左右。如朝左向而右背，则穴情在左；右向而左背，则穴情在右，如此取证，其定穴也可几矣。

内直外钩之图　　　　内钩外直图

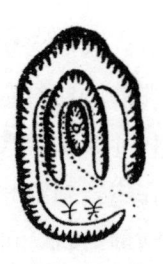

内直外钩，尽堪裁剪。内钩外直，枉费心机。

［徐注］内砂虽直，而外阳钩一关阑，初虽不利而终发也，故堪取之。内砂虽抱，而外阳飞走无情，初虽小发，终必大败而不可救矣，故曰"枉费心机"。

勿谓造化难明，观其动静可测。

［徐注］勿谓阴阳造化之理未易讲明，然详观山水动静之间，则造化可以推测。下文详之。

［孟注］此承上起下之辞。言点穴之法自有真诀，勿谓阴阳造化之理微妙难明也。但观山水之动静，则造化之理寓焉，可以推测而知矣。

山本静，势求动处；水本动，妙在静中。

静者池沼之停留，动者龙脉之退卸。

［徐注］山本是静物，贵乎一起一伏，踊跃而来，此静中而求动也。水本是动物，贵乎不流不响，澄凝而聚，此动中而来静也。水静是池塘，深潭潆蓄之意。山动是龙之踊跃翔舞，起伏脱卸而来。

［孟注］退卸者，龙脉顿跌转折，退卸粗老变换秀嫩也。

〇承上言。造化之理不外于动静者，盖山水动静之间，乃阴阳气化之妙也。气凝而为山，本以静为常，是为无动，动则变化而成龙矣；故论其行度之势，当于动处求之。气溢而为水，本以动为常，是为无静，静则变化而结地矣；故论其止聚之妙，当于静中之观之。所谓静者，乃池沼之停留是也；所谓动者，乃龙脉之退卸是也。然则因形以察气，因气以究理，有何道化之难明哉？《发微论》云："天下之理，欲向静中求动，动中求静，不欲静愈静、动愈动也。故成龙之山，必踊跃翔舞；结地之水，必湾环悠洋"是也。然有动极而静，静极而动，如势来形止，是动极而静；形止气化，是静中有动。动即生气之所在也，故点穴须求"三静一动"。朝案要静，开面拱向而不逼压走窜；龙虎要静，向内弯抱而不他顾飞腾；水城要静，环绕凝聚而不反牵冲激。中间唯有结穴之处，一脉微动而有精神，此谓"三静一动"也。至水静在中，则空宜居中；静在左，则穴宜居左；静在右，则穴宜居右。故观动静之机，可以知造化之妙矣。

众山止处是真穴，众水聚处是明堂。

［徐注］众山相聚之处必有真穴，但择其星辰端正、阴阳分明者而取也。众水聚处是明堂，又有内外之别。内明堂水聚发福速，外明堂水聚发福迟。

［孟注］此明堂指中堂、大堂而言也。

○言势动而来，必有形止之处，唯于众山会合之止处，则是真穴之所在也；当于此而求之，则得穴不难矣。山来则水来，唯于众水会流之聚处，则是明堂之所在也；当于此而观之，则证穴亦易矣。昔人云"水证明堂，堂证穴者"者是也。

堂中最喜聚窝，穴后须防仰瓦。

［徐注］明堂喜有窝窟，使水之聚。《洞林秘诀》云："明堂如掌心，家富斗量金。"仰瓦者，穴后之坞槽也。此空亡龙，不结地。诀曰："问君何者是空亡，穴后卷空仰瓦势。"

［孟注］窝，窟也。仰瓦，穴山背后有漏槽，如瓦之仰也。

○言明堂之中最喜聚成窝窟，方能承受众水。《秘诀》云："明堂如掌心，家富斗量金。"大抵明堂以聚水为上，明抱次之，朝水次之，交互有情、不见水去而顺流者次之，此所以最喜聚窝也。至穴山背后，唯直龙结穴无鬼，若横结回结、闪穴侧穴，全要鬼撑乐托为主。须防有漏槽，如仰瓦，名空亡，则非真结。《撼龙经》云："问君何者是空亡？穴后卷空仰瓦势"是也。盖凹脑天财星体，又多是穴后仰瓦，只以有乳为真，后乐贴身为准。若垂乳长者，则是气蹙于前乳，虽无后乐亦不妨，只要背后包裹周密，不可空旷，或有孝顺鬼尤妙。《怪穴篇》云："也有怪穴是担凹，乐起贴身高。也有怪穴似仰瓦，气蹙前头下"是也。

更看前官后鬼，方知结实虚花。

[徐注] 问君何者谓之官，朝山皆后逆拖山。问君何者谓之鬼，主山背后撑者是。故要知穴之真伪，必先辨其官鬼。有官鬼真穴也，无官鬼假穴也。案前拖出余气则为官星，穴后生者则为鬼星。其形最异，其名最多，其福最厚，其诀难以具陈，大抵是九星之变也。杨公曰："大抵九星皆有鬼，相类相知各有四。四九三十六鬼形，识鬼便是识龙精。""官星在前鬼在后，官要回头鬼要就"，此龙穴之实也。"官不回头鬼不就，只是虚花无落首"，此龙穴之虚也。

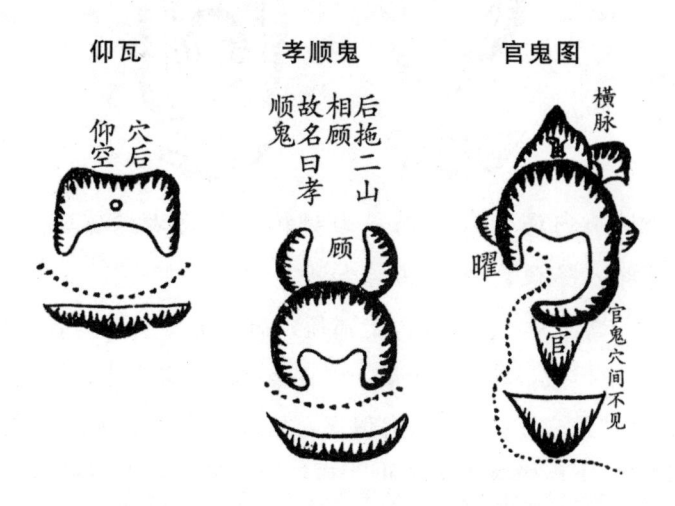

仰瓦　　孝顺鬼　　官鬼图

[孟注] 官，解见前。鬼者，是山背后撑者是也。以其暗漏本身之旺气，故取义于鬼耗耳。结实，穴之真也。虚花，穴之假也。

〇承上言。穴后仰瓦固要防之，然其有官有鬼，恐亦非真结，更当着眼，察其前官后鬼之情，则穴之真假方可得而知矣，不可因其有官鬼而遂认为真结也。《撼龙经》云："官星在前鬼在后，官要回头鬼要就。官不回头鬼不就，只是虚花无落首"是也。回头者，转面向穴也，或暗对穴场亦是。就者，撑抱就穴也。若不回头撑抱，则是虚拱无情，亦非真结也。大抵论官星者，惟当看其拖出余气，或长或短，或大或小，或横或直，或竖或卧，俱要以圆净秀丽为吉，而形象不必拘也。鬼星惟当看其出背不空，或中出撑身，或作三叉撑住，或开两股相抱，俱要于穴撑抱有情为吉。其长短大小，只要与龙穴相称，而形象不必论也。张子微名官至有四十一名，鬼至有一百二十，穿凿太甚，即杨公所谓"三十六鬼形"，亦不必如是之牵合也，唯智者无惑焉。

急缓穴法

山外拱而内逼者穴宜高，山势祖而形急者穴宜缓。

高则群凶降伏，缓则四势和平。

[徐注]高即天穴也。凡内案逼压，而外山层层秀拱者，其星脉必上聚，而中下俱散，其气钟于巅，则百会之间，必发小口，当凿开天庭放棺，谓之"盖穴"。又且龙虎俱高，故穴宜高也。缓即地穴粘穴也，其星形峻急，上中皆散而下聚也。其气钟于麓，宜下缀杖。山势雄猛，气降平洋，又且龙虎伏降，案山低伏，所以作地穴也。穴高，则群恶之砂自然藏伏无凶也。穴低，则四围之山对面来朝，自然平和而迪吉也。

［孟注］四势，前后左右之势也。

〇言点穴之法，既辨其虚实，又当斟酌其高低。如山之外面环拱而内局逼迫者，则穴宜于高处；山之来势粗雄而止形峻急者，则穴宜于缓处。盖山既拱逼，未免众砂欺压，阻隘胸前，惟穴居高，则虽有群凶，亦在下而降伏矣。山既粗急，未免本主高强，侍从卑弱，惟穴缓，则坐下与周围相称，而四势和平矣。

山有恶形，当面来朝者祸速。

水如急势，登穴不见者祸迟。

［徐注］面前之山，或尖射崩破，巉岩粗陋，此皆凶恶也，主生瘟火官非。大则绝嗣损丁，小则伤财损畜，冷退而已。但穴前见者祸速，不见者祸轻亦迟。水势速急反背，兼石激有声，主祸凶。穴内不见者，应之迟也。

［孟注］言点穴之法，又当看山水之吉凶何如。如朝之与穴，为宾主之配对，最要圆净秀丽。若山有巉岩破碎之恶形，偏在两边，则祸应稍迟；唯当面来朝者，为祸亦速。如水之与穴为阴阳之交媾，最要悠洋聚注。若水有倾跌奔流之急势，穴上见之，则立有凶应；唯登穴不见者，则为祸稍迟。盖水为外气，不宜急流，虽然不见，未免终泄内气，故曰"祸速"。然山恶水急，俱可施作用之法。如见山有恶形，或在此山多栽竹木掩之，或在穴前堆案植木遮之；见水有急势，或作屈曲流之，或凿池塘注之，或筑墩坝阑之，或堆近案遮之，亦可转凶为吉也。

趋吉避凶，移湿就燥。

［徐注］吉山吉水，宜趋而向者；凶山凶水，宜避而背之。范氏曰："对山有恶石，流水有恶声，皆可避也。"立穴之处，水泉砂砾，幽阴凄冷，此无生气之所，主凶，可就阳明干燥之所为穴吉也。

［孟注］湿，指穴前小明堂注水之处，即一合真水也。燥，指穴中干暖有气言。

〇承上言。山恶水急，自有祸应，故点穴之法，宜择山水之吉者趋而向之，其凶者避而背之。或施作用之工而为趋避之法，亦可。至小明堂冷湿处，宜移去之；其干燥有气之所，宜迁就之，否则恐脱气而失穴也。

○诸注以水泉深泥为湿，以阳明爽垲者为燥，非也。谭氏云："土枕毯檐正放棺，水分左右曰眠干；放棺下就合襟水，就湿之名理亦安。"观此则知燥湿之义，就穴之上下言，非泛论也。

山垅莲花

重重包裹，红莲瓣穴在花心。

纷纷拱卫，紫微垣尊居帝座。

「徐注」重重者，言左右拱缠之多，而穴居其中也。《指南》云："嵯峨断续势高悬，分瓣形如出水莲。或似乱花垂蕊穴，居中一穴任安扦。"杨公云："断续藕脉带丝牵，相连相接下平田。莲花偏爱浮清水，荷叶团团似月圆。花心叶里堪安玉，为官常在帝王边。"紫微，即北辰星，天之枢也。凡大地必得众山众水来朝，如北辰居其所而众星拱之。《垣局篇》云："北斗一星天中尊，上相上将居四垣。天乙太乙明堂照，华盖三台相后先。此星万里不得一，此龙不许时人识。识得之时不用裁，留与皇朝镇家国。"谓至贵之地，神天禁秘之，常人不许妄裁。

[孟注]包裹，犹言拱卫也。瓣，花瓣也。紫微垣，即所谓"北辰居其所，而众星拱之者"也。此是喻穴之形局，不可妄引方位天星之说以杂之也。

○言点穴之法，又当看其穴之形局何如？若穴有重重包裹，如红莲之瓣者，则穴必居正中，如在莲花之心而不偏也。若穴有四而山纷纷拱卫，犹如紫微垣局，众星俱拱向者，则穴必居尊位，如居天帝之座而不卑也。如此形局，乃至美至贵之局也。

乱杂　　　　嵯峨

前案若乱杂，但求积水之池。

后山若嵯峨，切忌挂灯之穴。

[徐注]前案乱杂，无特对之朝，但有明堂积聚停潴，亦为绵远之地。杨公云："亦有真龙无朝山，只要诸水聚其间。"

○熊氏以"切忌"为"必作"二字，恐误。岂不观陶公云："嵯峨险峻者，其或未善。"董氏谓："嵯峨乃带杀之地，焉有穴哉！纵高山腰有微窝，亦未免衰败之速也。"

［孟注］乱杂者，无正案特对也。嵯峨，石之险峻貌。

言点穴之法，又当知裁取之妙。夫穴本以前案特对为贵，若乱杂无正案，则但求积水之池，以为之配对，或天成，或人为，皆有益也。盖案原取以关穴前之水，水既有池积聚，虽无正案亦可。《疑龙经》云："也有真形无案山，只要诸水聚其间"是也。穴又以山势平缓为美，其后山险峻，必落就坦处以作挂灯之穴。《怪穴篇》云："有如壁上挂灯盏，但见突微仰"是也。然乱杂与嵯峨俱非吉形，但龙真穴的，亦当裁取用之。谢氏不知穴法，固见"嵯峨"二字，遂改"必作"为"切忌"。殊不知挂灯之穴，多出高山石中，一线土脉，流下成穴，有似挂灯之形也。故言嵯峨，其石必显矣，非有一线土脉，不能脱杀成穴；言挂灯，其脉必细矣，非出高山石中，不能有力成穴。且上下文以"必作"对"但求"，文义甚是明白，皆因不足而裁取之耳。若以嵯峨为可弃，则乱杂亦不可用矣，何去此而存彼耶？读者详之。

截气脉于断未断之际，验祸福于正不正之间。

［徐注］徐试可曰：大凡真龙结穴，真气融结，上起顶，下拖唇，自有适中恰好处。如穴太凑顶，则气脉方来而未断，恐破脑而伤龙。太就唇，则气脉既断而太尽，恐犯冷而脱气，俱失其法。必细认毡檐葬口明白处扦之，则气脉正来而将断，余气又断而未断，于此截之，而生气可乘矣。急来缓受穴当偏，缓来急受穴当正。差之毫厘，祸福捷于影响。杨公云："当急而缓，富贵难取；当缓而急，瘟火必生"，此祸福之验也。"旧讹，改正。

○上言点穴之法，皆就龙脉止处言之。然亦有龙行未止，而于气脉欲断未断之际，阑截以为穴，如骑龙、斩关、停驿之类，不必拘于龙脉之尽处作穴也。唯当辨穴之正与不正，以验其祸福之殊耳。盖接脉乘气而得穴者，正也；离脉脱气而失穴者，不正也。正与不正之间，而祸福因之，可不慎欤？《怪穴篇》云："或然有穴居龙脊，骑龙贵无敌；或然有穴截龙脉，斩关古有格"，正截气脉之谓也。此亦怪穴之类，观下文"更有"二字，可见徐氏改注是论穴法之常，非本文论变之旨也，今正之。

更有异穴怪形，我之所取，人之所弃。

[徐注]或真龙迢迢而来，到头隐拙，多结诡异之穴，奇怪之形，杨公云："也曾见穴如侧掌，却与仰掌无两样。也曾见穴直如枪，两水射穴实难当。也有龙虎而头尖，左牙右剑休要嫌。也有龙虎生石嘴，时师到此何曾喜。也有左长右枝短，也有左短右枝长。也有王山似牛轭，也有前案似拖枪。世俗庸师多不取，那知异穴生贤良。"若近类，识者取之，不识者弃之。

[孟注]承上言。穴变化多端，不只截气脉而已，更有真龙到头，忽然隐拙，多结异穴怪形，令人莫识，故我之所喜而取之者，乃人之所嫌而弃之者也。盖吉穴天珍地秘，留待福人，不欲尽显露之故，略示偏凹而待人迁就，略示亏欠而待人培补，略示余剩而待人裁略，略示间断而待人接续，略示杀夺而待人趋避，略示走闪而待人跟寻；或外看倾欹内看则平正，或外看直逼内看则宽舒，或远看无形近看则有迹，或略看模糊细看则明白，亦犹人外貌不足而内相有余者，其精神骨格自然异常也。唯见之不精，故以不足为嫌耳！《疑龙经》云："君如识穴不识怪，只爱左右抱者强。此与俗人无以异，多是葬在虚花里。虚花左右似有情，仔细辨来非正形。虚花假穴更是巧，仔细看来无甚好。怪形异穴人厌看，如何子孙世袭官。只缘怪形君未识，识得裁穴却无难。"大抵异穴怪形，先要认龙，不识龙，焉知穴？龙不真，穴安在？《疑龙经》云："识龙自合当识穴，已在变星篇内说；恐君疑穴难取裁，好向后龙身上别"是也。次要看穴势。《发微论》云："大势若聚，则奇形怪穴而愈真正；大势若散，则巧穴天然而反虚假"是也。次要详证佐，穴虽有千形万状，总不出乎毯檐、分合、动气、小明堂及应案、鬼乐以求之，乘金相水、穴土印木等法以证之，砂水有情无情以别之也。至怪穴之说，散

见经书，难以尽述，唯在学者自究之可也。

若见藏牙缩爪，机不可测，妙不可言。

[徐注]凡龙之未住，则分牙布爪；龙之将结，则缩爪藏牙。尖利者变为圆齐，飞动者变为安静。此乃真龙蟠泊，其机已露，惟智者知之，而常人不可测度；其妙无穷，惟识者得之，而难以言语形容也。陶公云："悠悠而缩爪藏形，隐隐而无头无绪。岂知遇水为真，乘风则散。"

[孟注]牙爪，即龙身枝脚也。此藏牙缩爪，指穴旁龙虎言。

○承上言。穴虽怪异，总不外于认龙，凡见分牙布爪，则龙之欲行可知；若见藏牙缩爪，本身不生龙虎，则是真龙欲住，浑厚隐藏，而成本体贵穴，令人莫识，故其机不可测而其妙不可言也。《画筴图》云："其精愈藏，其神愈隐，而其穴愈真"是也。

石骨过江河，无形无影。

平地起培堘，一东一西。

当如沙里拣金，定要水来界脉。

[徐注]石骨过水，潜藏难辨，况又穿江过海，无形影可求。若不观其两岸形势，乌能知之？诀云："漏脉过时看不得，留心仔细看龙格。穿山度水过真踪，认他石骨为真脉。"亦此意也。

培堘者，平中之小阜也。或东或西，大小不等而无定局。《经》曰："地有吉气，上随而起。"此言平地吉气涌起，故土亦随之而突也。

过江之脉，无形无影；平地之脉，隐隐难明，如沙里淘金，非水分则莫知其行，非水界则莫知其止。杨公云："高土一寸即是山，低土一寸水四环。莫道微茫龙气弱，水来缠绕即堪安。"

[孟注]培堘，小墩阜也。

○言点穴之法，固当以认龙为主。然谓脉有隐有显，如石骨过河，则是偷脉过水，无形无影，难以察识。至平地之上突起小墩阜，或一东一西，形势错乱，亦难以捉摸。若察此等龙脉，当如砂里拣金之精细，方能得之，大约结穴之处，定要水来界脉，其脉方止；若无水界，则莫知其止矣。所以钳龙脉之行止，不外于水之分合也。

平洋穴须斟酌，不宜掘地及泉。

峻峭山要消详，务要登高作穴。

[徐注]南方平洋之地，土薄则浅，掘深则有泉水之患，其法当以合水处斟酌之。合水处立一标准，以绳牵平，用杖约量，仍让尺余，以防客水。如合水处深三尺，则穴立三尺。余皆仿此。北方土厚宜深，又不可拘于此法也。朱子曰："兴化漳泉间，棺只浮于土上，深者仅有一半入地，所以上面封土甚高。后有见福州大举移旧墓，稍深者无不有水，方知兴化漳泉间浅葬者盖防水耳。"即此意也。

四山峻峭而高耸者，必结上聚之穴。山势虽险，而其中复有不险之穴，务要坦然有窝窟处扦穴方可也。《穴法》云："高山但要筲箕窝，一穴须发千仓禾。"

[孟注]言点穴之法，又当看其地势之高低何如。若平洋之穴，则须察两边界水，斟酌深浅以定之；不宜掘地及泉，以致水来浸棺也。倘地土浅薄，不妨多加客土，堆冢浮葬也。若峻峭之山，须多费脚力，着眼详察；或龙势上聚，必结天巧之穴，务要登高求之。《穴法》云："高山突兀，其中有窟"是也。盖自下观之，则峻峭无穴，及至顶上，则周围平坦，另有一番局面，即所谓"天巧山顶分龙虎，峻地平夷有门户"是也。此峻峭山乃穴之土山，非四山也，不可谓"四山峻峭，宜作高穴"矣。

穴里风须回游，莫教割耳吹胸。

面前水要之玄，最怕冲心射胁。

[徐注]此言高山之穴，最怕凹风。或四望之山，不能遮护，左缺右空，被风吹割胸耳，生气为其飘散，多有番棺倒椁之患。杨公云："堂里被风如被贼"，可不慎哉！

面前水，须要之玄曲折来去者吉，或川字流、八字分及冲心射穴者凶。杨公云："来水直，亦非祥，刺肋伤心不可当"是也。

[孟注]之玄者，谓水屈曲如之字形、玄字形也。

○承上言。平洋在于得水，高山贵乎藏风，故穴里之风，须要回避，或筑罗围护之，或开深窝藏之，或挨左挨右闪之，或填凹补空障之，莫叫风来割穴之耳、吹穴之胸，飘散生气而有翻棺之患也。《疑龙经》云："堂里避风如避贼，莫令穴缺被风吹"是也。若平岗之穴，面前一片平洋，众水环绕，虽无朝案遮阑，而风则凹散无力，不能吹入穴内，又不必以吹胸为嫌也。穴前之水，要之玄曲折到堂，方有水朝之情，最怕急直而来，或冲穴之心，或射穴之胁，不惟不得水之外气，而反受水杀气，未免有破败之凶也。杨公云："来水直，亦非祥，刺胁伤心不可当"是也。若龙真穴正，则宜用工改之，堆案阑之，亦可变凶为吉也。

土山石穴，温润为奇。

土穴石山，嵯峨不吉。

［徐注］《经》曰："夫土欲细而坚，润而不燥，及髓质脆嫩鲜明、光泽晶莹为奇。"盖五气凝结于地中，金白木青火赤土黄水黑，惟黄为五色之正，红黄相间者甚美，间白者尤佳。《葬书》云："土山石穴，亦有如金如玉。"或如象牙、龙齿、珊瑚、琥珀、玛瑙、砗磲、硃砂、紫檀、碧琱、石膏、水晶、云母、禹余、粮石、中黄、石英之类。及其中有锁子文、槟榔纹，或点点杂出而具五色者，皆脆嫩温润、似石非石为吉也。若青黑坚硬不通锥凿者，凶也。

嵯峨乃险峻之石，故凶。却有一等石山，光如卵壳，凿下有土穴，而土色细腻丰腴、坚实光润为吉。《葬书》云："石山土穴，亦有如龙肝凤髓、猩血蠏膏、玉滴金丝、红缕翠柳、金黄茶褐之类，及有罗纹土宿，如花羔、如锦绣者，皆坚润似土而非土也。又有四畔皆石，取去土尽仅可容棺，此皆精英中结穴也。"

○［孟注］言点穴之法，又当辨其土穴石穴。若土山而结石穴，其穴中之石须要温和滋润、脆嫩鲜明，拟之于物，如金如玉、如珊瑚、琥珀、砗磲、玛瑙、玻璃、玳瑁、硃砂、紫檀、碧玉、细石膏、水晶、云母、禹余粮、石中黄、、紫石英及石中有梭子纹、槟榔纹，备其五色，似石非石者为奇也。若青黑坚硬，不可锄凿者，则非穴矣。至五气凝成之色，金白、木青、水黑、火赤、土黄，唯黄得其正，故以纯黄为上，红黄相间为佳，错白亦美，唯黑不吉，青亦不宜，多见以其类黑故也。《葬书》云："阴阳冲和，五土四备。"言不用黑也。或石山而结土穴，其石山贵乎细嫩光滑，若嵯峨粗顽，则为不吉。至穴中之土，须要细腻光滑、坚实光亮，拟之于物，如猩血蟹膏、嵌玉镶金、丝红缕、翠柳金、黄茶褐之类。及土中有异纹，如花羔，如锦绣，似土非土者为妙也。又有四畔皆石，唯中纯土，取尽其土，仅可容棺，此乃天然之穴，精英融结之妙者也。亦有土山土穴，其土与别土不同；更有石山石穴，其石细嫩可锄，只要另换好土，填筑金井，以和气为妙。大要土之为证，不过"气、色、质"三者而已。气在油润，色在鲜明，质在坚细，此皆先天元气之所融结，而非凡土之可比也。故穴中之深浅，当以气上为准焉。

单山亦可取用，四面定要关阑。

若还独立无依，切忌当头下穴。

［徐注］单山独垅之地，若龙身特达，得外阳山水关阑者，亦可取也。其形势如星月，如蛇鱼，如珠剑之类，是曰"单山"。如龙真穴正，外山环拱，岂可弃之乎？《指南》云："穴形三百有余股，降势随形岂一端。不必专求龙虎穴，单山独垅亦堪安。"

单山独垄之地，穴无遮阑，前后又无应托，不过脉尽气穷之所，切不可去当头下之，必见衰败。《经》云："气以龙会，而独山不可葬也。"

［孟注］言点穴之法，只在辨龙之真假，不必拘于龙虎之有无。如单山独垄，本身虽无龙虎护卫，然龙真穴正，亦可取而用之；但四面之山，定要来作关阑，收水护穴，方为吉也。若还只是独立之山，全无依靠之处，则是脉尽气绝之所，切不可当头下穴，立取凶败也。《指南》云："穴形三百有余般，降势随形岂一端。不必专求龙虎穴，单山独垄亦堪安。"此就四面关阑者言之。《葬书》云："气以龙会，而独山不可葬也。"此指独立无依者而言之，尤宜参究也。

风吹水劫，是谓不知其所裁。

左旷右空，非徒无益而有损。

[徐注]无夹从则风吹无余气，水来冲则水劫，是曰"难裁"。左山旷远，右边空虚，此无益而有害之地。

[孟注]承上言。独立不可作穴者，盖无砂护卫则被风吹，无砂关阑则被水劫。若于此处求穴，是谓不知其所裁。故左边旷荡而右边空缺，误于此处扦穴，非独无益，而且有损矣。盖"腾漏之穴，乃败柳之藏"也。

石骨入相，不怕崎岖。

土脉运行，何妨断绝。

但嫌粗恶，贵得方圆。

[徐注]入相者，起形势，有星辰，虽石山行龙，有何不可？盖欲顿挫有势而来，何怕崎岖而耸？惟入首融结处，不可有崎岖之石耳。《经》云："气以上行，而石山不可葬也。"熊氏引医喻曰："地之气脉，犹人之营卫也。营行脉中，卫行脉外，营运不息。营者血也，卫者气也。气旺则脉行，气衰则血竭。土者气之体，有土斯有气，土脉运行，如气周流，自然不致绝也。"所嫌者巉岩粗恶之山也，所贵者端正方圆之形也。

[孟注]言石山固忌嵯峨，若石骨变换，或星辰，或成形象，则入相矣，其中自有生成之穴，何怕形势之崎岖？平洋之地，或开垦濬凿，或水来平伏，似断绝不续矣；若有土脉连行，隐隐隆隆，如线之串珠，如梭之带丝，到头自然有穴，何妨形势之断绝哉！但崎岖者犹嫌粗恶之形，须换细嫩为美；其连行者贵得方圆之体，有合星辰为妙。此处皆是论穴，不可泛论行龙也。

过峡若值风摇，作穴定知力浅。

[徐注]夫峡者，龙家之枢纽，造化之胚胎。前面结穴，峡中露一。若术士得峡精微，便知前面结穴远近，星辰高低，左右长短；及结地大小，发福重轻，并预知矣。今若过峡处，两边无护，或被风吹，或被水

劫，前去结穴定小，发福亦轻。若过峡处两边有护，前去结穴必大，发福必重。盖穴之胚胎于峡，如人受胎一同；胎中有病，则其子瘦弱多灾；受胎无病，则其子肥健清秀，结穴亦然。

［孟注］峡者，山脉跌断细嫩，如鹤膝、蜂腰、银锭之类，两山相夹而过也；非龙之行度，一起一伏之谓也。值，过也。

○上言穴，此言峡者，盖峡乃龙之脱皮换骨、真精收敛之处，而穴之咽喉，未有龙真而无美峡，峡美而不结吉穴者也。故过峡之处，两边有送有迎，有从有夹，或单送单迎，或双送双迎，或交互迎送，遮护周密，则前去结穴必重。若两边无护，或有曲缺而遇风吹摇，则脉气弱矣。纵有龙去结穴，其力量必浅，亦理之可定知也。《入式歌》云："两边遮护喜成形，最怕贼风生"是也。成形者，如日月、旗鼓、金箱、玉印、天马、贵人、天狐、天角等形，及带天池、灵泉者，皆贵格也；如仓库、橱柜、谷堆、烂钱、金盆、钱瓶等形者，皆富格也。然亦不必过泥形象，唯以遮护有情，不令风吹水劫，斯为吉也。

至峡之多寡，则随龙之长短，大约有三大峡，老峡、中峡、少峡是也，至少峡则离穴不远矣。认龙点穴，当以少峡为主。其峡以中出为上，左右出次之，若回头顾祖出者尤妙。其脉过处，或穿田过，或渡水过、平地过、池湖过、双脉过、边池边脉过、阴过阳过、高过低过、长短过、阔过狭过、曲过直过、明过偷过，格有多端，难以枚举。大要高过而不孤露，低过而不伤残，长过而有包裹，短过而不粗蠢，阔过而不懒散，直过而不死硬，穿田而无水劫，渡水而有石梁，即崩洪峡是也。或来仰而去俯，或来俯而去仰，为阴阳分受，斯为美也。至若呼形取象，如张子微之二十格、蔡西山之五十五格，与夫三十六峡、七十二峡，诸说纷纷，不必牵合可也。

然大峡之间，多有结作，不可不知。盖大龙将过峡，必顿起而后断，其气一聚；过峡后必顿起而后去，其气一聚；峡之前后皆气旺之处，多有分脉结穴。但未过峡者多远结，既过峡者多近结。有就峡上而结穴者，或顺骑，或倒骑，或横骑；有就峡傍而结穴者，或顺侧骑，或倒侧骑；其穴情证佐，龙虎应案，明堂关阑，俱要合法，否则恐为护阑，非真结也。《疑龙经》云："时师每到关峡内，山水周围秀且丽。踌躇四顾说明堂，妄指横山作真地。不知关峡自周围，只是护关堂泄气。泄气之法妙何观，左右虽回外无拦。此是正龙护关峡，莫将堂局此中看"是也。

穴前折水，依法循绳。

图上观形，随机应变。

[徐注]《经》云："法每一折，潴而后泄。"折则水湾，潴则水停；不折不潴，直流无情。一水口变，《经》云："凡墓宅前，必须三折干神水。"干者，甲乙丙丁庚辛壬癸乾坤艮巽是也。二折者，小神流入中神，中神流入大神，杨公云"三折禄马上褂去"是也。甲庚丙壬为中神，乙丁辛癸为小神，乾坤艮巽为大神，名"御街"也。

[孟注] 法，法则也。绳，准绳也。

〇言点穴之法，又当知作用之妙。若穴前之水，直去无情，则宜依法循绳以折之。《葬书》云："每法一折，潴而后泄"是也。至图上观形，又当随机应变。盖山川形势，变化无穷，纸上图形，发蒙而已，全在心思目力，融会贯通，不可执一而论也。

穴太高而易发，花先发而早凋。

高低得宜，福祥立见。

[徐注] 凡点穴太高，截生气之盛，故发福如花之速绽而早凋也。穴缓，发福虽迟而耐久。《穴法》云："定穴太高君大错，花若先开亦早落。低穴势中发福迟，祸福之来无克剥。"点穴当高则高，当低则低。俾左右高低得宜，则福祥立应也。

[孟注] 高低就穴之上下言，非出于穴之外也。

〇言凡点穴，自有正中恰好之处。若点之太高，而截生气之盛，则虽易发福，亦易退败，如花之先发者，必早凋落也。惟斟酌穴情，使高低得宜，而无伤脉脱气之弊，则福祥立见，而不致于易败也。

虽曰山好则脉好，岂知形真则穴真。

［徐注］虽云"山特达则脉尽善"，岂知"形端正则穴情真"？《堪舆》云："问君为地必有形，不自形取何由成？阴阳融结为山水，品物流行随寓生。在地有形天有象，凡有气者因气凝。"凡气凝结，有五九之星体；人物禽兽之等形，各有穴法，其万状千形，皆山星之变化，故形真则穴自然真也。

［孟注］形，即下文物形也。

〇此承上起下之辞。言认龙点穴，虽曰山势美好，而结穴之脉亦必然美好；岂知山之形势既真，而穴亦因之而真乎？予穷观卜氏论穴而终及于形者，盖欲寓理寄法，俾人易晓尔。若论正理，葬贵合法，不贵合形，当观天下名地，求其形，往往不合；审其穴法，则多与古同。容或类有一物者，此乃千万中一过耳，岂可以为准耶？今人但知论形，而不知葬法，则误矣。

枕龙鼻者，恐伤于唇。

点龟肩者，恐伤于壳。

［徐注］上句借喻立穴不宜太低之义，盖谓唇鼻相近，点穴太缓，则脱气伤唇。下句借喻立穴不宜太高之义，盖肩壳相接点穴太急则恐伤脉。

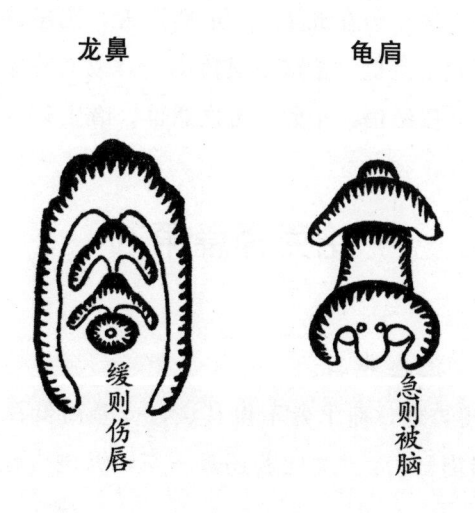

龙鼻　　　龟肩

缓则伤唇　　急则被脑

[孟注] 承上言。穴因形立，则贵得其真的，而后可扦。如龙形以鼻穴为中正，而唇则浅薄，但唇鼻相近，故枕龙鼻者恐伤于唇，太缓而脱气矣。龟穴在肩而壳则浮露，但肩壳相连，故点龟肩者，恐伤于壳，太急而脉杀矣。此喻立穴不宜太低太高也。

出草蛇以耳听蛤，出峡龟以眼顾儿。

[徐注] 此二句借譬立穴之宜，偏如蛇以耳听蛤，如龟以眼顾儿也。旧作实解欠通，今改正。

[孟注] 言又有蛇形，宜点王字、七寸及气堂、粪门等穴，唯出草蛇形，则以耳听蛤，其精气聚于耳，故宜扦耳穴，须有石墩、土墩，如蛤之形方真。龟穴固在肩，若出峡龟形，则必以眼顾儿，其精神聚于眼，故宜扦眼穴，乃随其物形而取之也。此喻立穴又宜于偏也。

举一隅而反三隅，触一类而长万类。

[徐注] 形穴万状，难以备述，但举一隅则三隅可知，触类而长，以尽其余，全在人心目之明，不可执一而论也。

[孟注] 此结上文。言穴形多端，难以尽述。如所言龟蛇等形，不过举一以该百耳，唯在学者举一隅而以三隅反焉，触一类而以万类长焉，庶无执一而不通也。

右段论穴法。

此段论点穴之法，当在此上。"虽然穴吉，犹忌葬凶"二句，乃下段起承转语，非此结语也。盖赋中段落结语，或劝葬家积德，或勉吉者自悟之意居多。此段结语，正勉学者之意也。诸注分错，今正之。

论克择篇第九

虽然穴吉，犹忌葬凶。

[徐注] 虽得吉地，而术者不得其法，或差高低深浅之间，是谓之"葬凶"也。《指南》云："立穴若还裁不正，纵饶吉地也徒然。高地深

浅如差误，变福为灾起祸愆。"又云："葬凶者其病不一，有不信阴阳而自妄扦葬者，有轻亲重利而不求其吉地者，有不积阴功而山灵变异者，有谬用庸术而不知正穴者。"穴吉葬凶，往往有之。为今之计，先以积德为本，用财择师，三者兼备，吉穴得焉。

右第九章，论葬法。

[孟注]此言葬凶者，谓葬日之凶，即下文年凶、月凶、日凶是也，不可指扦葬言。上段结穴之法，即是扦葬之法，非点穴之法外又有扦葬之法也。故葬凶单指年月日时言，非泛论也，细观下文吉凶之义可知。

〇此承上起下之辞，言穴虽吉，犹忌安葬之时不得年月之通利，与日期之良辰，则反为吉地之凶也。下文遂详言之。

立向辨方，的以子午针为正。

作当依法，须求年月日之良。

[徐注]昔轩辕黄帝与蚩尤战，蚩尤能作大雾，黄帝制指南针以示方也。至周南交趾国越裳氏来朝，忽迷归路，周公作子午针置之于车，名曰"指南车"。自汉张子房，只用十二支；至唐以来，取十干除戊己居中，只用八干，添乾坤艮巽，分作二十四位，以天地四分中分之，自后有正缝之说。董德彰采诸论，取壬子丙午缝针为是，稽理未然，今不复论。正针者，子午卯酉居四正，乾坤艮巽居四维；子为正北，壬癸辅之；午为正南，丙丁辅之；卯为正东，甲乙辅之；酉为正西，庚辛辅之。况谢觉斋云："子午为阴阳之正极，卯酉为天地之横枢。以子午为天地之中，南北之正本。"又谓："立向辨方，的以子午针为正，即正针也。"

安坟立宅，必择年月日时之良，利也。范氏曰："好地如巨舟，良期如利楫。巨舟能载物，利楫能行舟。荫注者风水之吉也，发作者年月之良也。"杨公云："不知年月有玄微，年月要妙少人知。年月乃为造命法，装成好命恣人为。若人主时得好命，一生享福兼富盛。不独己身富贵高，十世云仍①做官定。"考之杨公当时所用年月，全用造命，或辅龙补山，或补向，或合亡命，或合生命，总取禄马贵人合局。今诸家专以避杀为高，避得杀尽，年月日时皆是退气干支，禄马贵人、龙脉山向并无一合，误人大祸，有累吉地，信用之者只自误矣。

[孟注]子午针，正针也。其制始于黄帝周公。黄帝名曰"指南针"，周公名曰"指南车"。针指南者，先天之理气使然也。先天八卦，乾南坤北，乾为金，坤为土，针秉先天之金气，与乾为同体，于坤为金母，此针所以首南而尾北也。至汉张子房只用十二支，至唐一行，除戊己二干居中，只用八干，添乾坤艮巽，分作二十四位，以天地四正中分之，自后遂有正针、中针、缝针之说。子午正针二十四位，分定二十四方之阴阳五行，乃后天方位之五行，名曰"地盘"；子癸中针二十四位，乃历家分月令之气候，名曰"天盘"；子壬缝针二十四位，乃历家分太阳中气过宫之月令，名曰"人盘"，各有专用。故立向辨方，当以子午针为正也。

○承上言。欲免葬凶，则立向之时，必要辨其方位，方知年神之吉凶。至辨方之法，的以子午针为正。盖子午居南北之中，为大地之正极。用此针盘辨方，则龙穴坐向属阴属阳、属何五行，而生克之凶之理、一年神方位之辨，方有定准。故作穴当依趋避之法，须求年月日时之良，以为迎吉，则庶几安葬无凶矣。然选择之法，不外造命生克制之理。杨公云："不知年月有玄微，年月要妙少人知；年月乃为造命法，葬成好命恣人为。"吴景鸾云："选择之法，莫如造命；体用之妙，可夺神功。"体者，法选四柱八字，干支纯粹，成格成局，补龙扶山相主是也。用者，法取日月金水、尊帝三奇、紫白三德，及禄马贵人、到山到向到宫是也。至造命之理，唯杨公《千金歌》，言言精微，愈玩愈佳，真千古选家之法门也。但造命格局，难以尽述，唯在学者细阅《造命通书》可也。

---

① 校注：亦作"云礽"。远孙。

山川有小节之疵，不减真龙之厚福。

年月有一端之失，反为吉地之深殃。

［徐注］疵，小病也。凡龙身特达，踊跃而来，到头星辰端正，四顾有情，特其中或一山一水有小节之疵病，终不为之大害也。

虽得吉地而犯年月之凶，必主生灾祸。杨公云："地吉葬凶祸先发，名曰弃尸福不来。此是先贤景纯说，景纯须说无年月。后来年月数十家，一半有头无尾结。大抵此文无十全，大半都是俗师传。统例一百二十家，九十四家月与年。问之一一真通道，飞布星辰说玄奥。试令拣择作宅坟，福未到时祸先到。"诚哉斯言！则公年月之妙，有廖金精年月可兼用之，余家年月无准而未可用也。

［孟注］承上言。选择之事，最关利害；山川之间，或形势不能全美而有小节之疵者，亦不能减其真龙之厚福。唯选择未精，年月日时之中，有一端之差失，反足为吉地之深殃，不可不慎也。

多是信异说而昧正言，所以生新凶而消已福。

不然山吉水吉而穴吉，何以多灾？

岂知年凶月凶而日凶，犯之罔觉。

［徐注］正言者，良师非正经不言，非正法不用。异说者，俗师装卦例邪道克应之说也。诡算小数，妄言祸福，及《鬼灵经》之类，皆是惑世诬民，切不可信用。

〇庸师诡术，昧乎往哲之正言，私生怪异之邪说，无主见之家反信之如神，致其煽惑，悉听命焉。使之扦宅，则生者不得安其居；使之作塚，则死者不得安其葬；使之选择，则不得年月之良。旧福既消，新凶又作，良可畏也。

〇山水既吉，何为生灾？盖由选择犯凶以致然也。所以魄日之良，亦堪为吉地之助。葬者慎之。

［孟注］异说者，诡异之说也。如鬼算小数、课断克应之类是也。正言者，正经合理之言也，即造命是也。

〇承上言。年月日时，大有关于地理，然世俗之见，多是信妄诞之异说，而昧经常之正言，以致邪术得行其说，恣意乱为，所以生新来之凶，而消已获之福。不然山吉水吉而穴吉，宜获厚福，何以反见多灾？岂知年月日时选择未精，犯凶罔觉，遂致反福为祸耶！杨公云："大凡修造与葬埋，须把年月星辰推。地吉葬凶祸先发，名曰弃死福不来。此是先贤景纯说，景纯虽说无年月。后来年月数十家，一半有头无尾结。大抵此文无十全，大半都是俗师传。统例一百二十家，九十四家月与年。问之一一皆通晓，飞布星辰说玄奥。试令拣择作宅坟，福未到时祸先到。"正此之谓也。

过则勿惮改，当求明师。

择焉而不精，误于管见。

谓凶为吉，指吉为凶。

[徐注] 主之信异说，术之昧正言，皆过。过则当改，必求明师择吉地可也。师要择正理，主要识师贤，此择焉而精矣。否则如管窥天，所见甚小，所误尤多。

[孟注] 惮，畏难也。管见，管窥小见也。

○承上言。偏信害成是谓过矣，既有过失，则勿惮于更改，当求明理之师，选择真吉，不然则难。欲择吉而不能得其精微，良由误于管见之徒，学识鄙陋，不知选择之妙，或谓凶为吉，或指吉为凶，颠倒错乱，而莫之知也。

拟富贵于茫茫指掌之间，认祸福于局局星辰之内。

岂知大富大贵而大者受用，小吉小福而小者宜当。

偶中其言，自神其术。

[徐注] 此承上意，谓管见之人，真伪莫辨，凶吉莫分。妄拟富贵，出于掌诀之间；妄番卦例，论星辰于方位之内，皆非正理也。

大富大贵由山川之气大聚，故德之大者得大受用也；小吉小福由山川之气小聚，故德之小者而宜当也。坟宅一体推之，人家祸福富贵大小，皆在龙穴砂水之荫注，岂在掌诀图局之间乎？

此结上文言。庸师装图局而论吉凶，番掌诀以断祸福，一言偶中，夸术如神。殊不知《堪舆》云："善断坟者必谬于葬，以断坟下穴则穴必败，以下穴断坟则断不验"，理固然矣。故今尝有善断坟者，心无真见，贯结江湖往来之术，各查某处兴败，坟墓暗作私记，笔书相传，名曰"江湖串"，彼此相易，多方买遇，每到其地，一到山上，断覆旧坟，其灵如神，世皆信重其术。后因用之扦坟立宅，所作者与其断坟所见者大不相同，有祸无福，有凶无吉，后悔恐无及矣。廖公云："观山定把龙为本，吉凶方有准。世俗论穴不论龙，正坐渺茫中。"此可知观山须以审龙为重也。今之俗师断旧坟者，并不审龙何如，一到穴上，便谈祸福如神，岂其见独高于廖公乎？盖其祸福兴败之故，得之于过水，故一登山而谈吐如流，切不可神重其术而误信之，故书之以为后戒。方外道人陈氏述。

〔孟注〕茫茫，渺茫无际也。局局，犹言拘拘，如囿于局中而不能外，非图局之谓也。

○言窥见之徒，不知安葬之理，先以龙真穴正为主，次以年月良辰佐之，徒知推排数术，而推富贵于茫茫指掌之间；妄审卦例，而认祸福于局局星辰之内，以为吉凶不外是矣。岂知地之大富大贵而有大福德者能受用之，地之小吉小福而小福德者足以当之，夫岂掌诀可以拟富贵、星辰可以定祸福哉？然亦有邪术妄言祸福，偶有所中，遂自夸其术如神，欺世诬民，诚为可恨也。

苟一朝之财贿，当如后患何。

谬千里于毫厘，请事斯语矣。

〔徐注〕此言术者不以阴功为重，苟图眼下之财，利己妨人，则彼此并受其祸。吾师尝曰："卜筮不精，系于一事；医药不精，害于一人；地理不精，倾家灭族。"深可戒哉！

○此结本章。地理之法，不可不谨也。或察地不能辨其伪，或选择不能避其凶，差于毫厘之间，则祸福捷于影响之应，可不谨哉！

右第十章，论克择。

〔孟注〕承上言。术士择吉，贵明正理。苟贪一朝之财贿，胡乱误人，不独葬家受其贻祸，而且自损阴德，亦必有贻祸；近则已身，远则子孙。其如后患何故，选择之事不可不慎，若差之毫厘，则谬以千里。为术士者，当从事斯语，慎之戒之！庶免造孽可也。

右段论克择。

[孟注] 克择者，避其凶而择其吉也。此段文意联属明白，旧注错杂，殊失本旨，今正之。

地理雪心赋集解卷三

论古格篇第十

追寻仙迹，看格尤胜看书。

奉劝世人，信耳不如信眼。

［徐注］仙迹者，乃前贤地仙所作之遗迹也。后学者虽知书诀，务要登山覆看往旧仙迹，是何龙穴，如何取舍，思过半矣。杨公云："劝君且去覆好坟，胜读千卷撼龙文。"

○徐试可曰："世人求地，但闻众人浮论，言吉便云吉，言凶便云凶，此信耳而不可凭也。信目者不从众论，专请明师，再三往观，龙穴果真，即众论不取而独用之。龙穴果假，即众论同取而独弃之，此用目而可信也。信耳取决于庸众，信目独取决于己，故云'信耳不如信目'。"旧讹，改正。

［孟注］仙迹，前辈地仙所作的遗迹也。格，即先迹格式也。耳者，耳所闻也。眼者，目所见也。

○言今之学者虽知书诀，然无实据，须要追寻仙迹，是何龙穴砂水，如何作用，则看此格式愈多愈细，愈久愈精，故尤胜于看书也。杨公云："劝君且去覆好坟，胜读半卷撼龙文。"我故奉劝世人，如随声附和而信耳之所闻，不如亲看其格而信眼之所见者，为有得也。盖耳所闻者未必真，而眼所见者斯有据。《龙经》云："看格多时心易晓，见多胜耳千回闻"是也。

山峻石粗流水急，岂有真龙。

左回右抱主宾迎，定生贤佐。

[徐注] 山险峻，石粗恶，水倾泻，则气散而不聚，岂有真龙融结耶！龙虎回抱，宾主相迎，斯为吉地，必产贤良，以佐明主。

[孟注] 言地理贵于信眼者，如见山险峻，石粗顽，而水又急流倾出，则山水之形势凶恶极矣，岂有真龙居此哉！如见左山回还，右山绕抱，而主宾两主又趋相迎顾，则局势全美矣，必结吉地，定生贤臣，以辅佐圣主矣。

取象者必须形合，入眼者定是有情。

[徐注] 取象呼形，必须相合，然后为真。入眼者谓其形势秀丽，四顾週遮，入人之眼，如此定是山水有情矣。

[孟注] 象，物象也。形，穴形也。

○言看格而取象于物，必须有以合穴之形；形象既相合而入吾眼，则定是有情之穴，而为真吉矣。若形象不相合，而安有所比拟，则失其穴情之真，是不善看格者矣。

覆看富贵之祖坟，必得山川之正气。

何年兴，何年废，鉴彼成规。

某山吉，某山凶，瞭然在目。

[徐注] 覆富贵家之地，必得龙穴之真，山川之正气。凡龙脉之来，节数不等，或奇或拙，以致兴废不常者，以步山之法验之，则何年兴废，皆可知矣。然节有长短，应有远近，故凡若贵若贱，若福若祸，一以前贤旧坟鉴之，必一应而不谬矣。故《经》云："景纯教人覆旧穴，此说昭昭能破昏。"某山尖秀主贵，某山方圆主富，某山粗恶反斜主出军贱逃亡之类。或出于子午卯酉之上，主子午卯酉生人应之，祸福亦当其年，明目者瞭然于目中矣。

[孟注] 承上言。真龙结穴，自有形势之足观，故覆看富贵之祖坟，必得山川之正气，其山水必秀丽和平，其左右宾主必相顾，其形象必符合而有情，与寻常不同也。至来龙节数之美恶，应于何年兴旺，何年休废，则彼此有已成之规模，可以为鉴。如某山吉而主吉，某山凶而主

凶，历历观之，亦了然在目中矣，所谓"看格尤胜看书"者此也。

水之祸福立见，山之应验稍迟。

[徐注]山则永年净物，祸福应之稍迟；水则日夜流动，吉凶应之必速。此并结上文，言人家富贵祸福，皆由山川吉凶而应之也。

[孟注]承上言。山有吉凶，水亦有吉凶。然水之吉凶而祸福应验立见，山之吉凶而祸福之应验则稍迟焉。盖水为动物故应速，山为静物故应迟也。然论动静之理，固是如此，若观上文云"山有恶形，当面朝来者祸速；水如急势，登穴不见者祸迟"，尤宜参看。

地虽吉而葬多凶，终无一发。

穴尚隐而寻未见，留待后人。

[徐注]龙脉虽吉而葬不得正穴，或打破天罡而伤龙，或扦合水而脱气，或有破败番斗之患，立向深浅之非，是皆葬凶，永无发福之理。

○天之生人，地之生穴，苟非其人，则穴将隐而不显，得而复失。虽得吉地，或不遇明师，不识其穴，皆福分之未至，以致于斯。若似有神物护持，致穴潜隐留待后人也。

右第十一章，论仙迹祖坟。

[孟注]此言葬多凶者，谓失其穴，或得穴而上下左右浅深不合其法，及立向有差，而年方不通利也。

○言山水固有吉凶，然亦有人家祖地形势虽吉，而安葬之时或非其穴，或不合法，或立向不正，或年方不利，多犯此凶者，则终久无一发福也。至有遗穴尚隐而搜寻未见者，是乃天珍地秘，留待后人之有福德者而与之，又不必勉强寻之也。此下至"按图索骥者，何晓皆看格之义也"，当合为一段；谢氏分"毋执己见"以下为"论后龙"者，非也。

毋执己见而拟精微，须看后龙而分贵贱。

[徐注]精微之理至难知也，必参详众见，以拟精微，不可偏于一己之见也。富贵贫贱，皆系乎来龙。观龙之贵贱，则知吉凶之重轻。龙身木星火星带印剑而来，此系贵龙，必结贵地。龙身土星金星带仓库而来，必结富地。急硬孤死，此是贱龙，不结地也。

[孟注]承上言。覆视人家祖地，其中吉凶之应验、穴情之隐藏，固有精微之理，然亦有来历可考，不可执一己之见，只就到头一节而拟议也；须看后龙而分其贵贱，则有实迹之可据也。盖贵贱出于来龙，未有龙贵而穴不贵、龙贱而穴不贱者也。故覆视旧坟，原与寻地同法，当先看来龙，次察穴情，次察堂局及龙虎朝案、罗城水口，件件合法，则为福荫所基无疑，否则发福非由此也。故下文详言之，非止看后龙而已也。今术士登局便断祸福，不看来龙，则是术数之学，惟知入坟断法，祸福虽验，而非覆视之正理，所谓"善断者不能善葬"也。

三吉钟于何地，则取前进后退之步量。

劫害出于何方，则取三合四冲之年应。

遇吉则发，逢凶则灾。

[徐注]三吉贪巨武也，前进自穴而步水，后退自穴而量龙。量龙自穴中，起一步，退一步，看龙节数，以定吉凶。遇三吉星，此代必发。量水自穴中，起一步，进一步，定水之吉凶。如步数上遇深潭停清之处，此数年财旺则吉；如遇飞走急泻，此数年必凶。

○董氏曰：劫害者，言堂局中有凶山凶水。其说有数端：一者天门不可山高水射，二者回风射穴，三者直斜之水冲割明堂，四者山脚尖利冲射，五者山形粗恶高大压穴。其凶水凶山，要看在何方，定其灾祸。三合者，寅午戌、巳酉丑、亥卯未、申子辰；四冲者，子午卯酉、寅申巳亥、辰戌丑未，此地支三合四冲也。天干三合者，乾甲丁、坤乙壬、巽庚癸、艮丙辛；四冲者，甲庚丙壬、乙辛丁癸、乾坤艮巽。如午上有凶山凶水，则主寅午戌及子午冲合生人应之，灾祸亦当其年。如其方有吉山吉水，发福亦然。吉凶例，同前推之。

○此结上文。遇吉山吉水，必主发福，遇凶山凶水，必见生灾。

[孟注]此三吉，宜就龙身尖圆方星体而言也。山以尖方圆为吉，水以堂中窝聚及深潭池湖、湾环淳潴为吉。此以三吉而该山水者，以水之吉犹山之吉也，不可以贪巨武为三吉。若以贪巨武论山，则犹是尖圆方之形；若以贪巨武论水，则又是九星卦例之说，非卜氏立言之旨也。

前进，步水也，是水自穴前起，一步进一步。后退，步龙也，量山自穴中起，一步退一步。一步三年，十步一世，此步数上，后遇龙身吉星，主此代发福；前过堂中吉水，主此代发财。劫害，指凶砂凶水言。三合者，申子辰、寅午戌、亥卯未、巳酉丑也。四冲者，子午卯酉四正、寅申巳亥、辰戌丑未四隅也。六十卦附在地支内论，如亥卯未三合，则以乾甲丁附之；如寅申相冲，则以坤艮附之之类也。如午上有凶砂凶水，主寅午戌年并子午年冲有凶，或本年生命人应之之类。若有吉砂吉水，其福应亦然。余仿此。

〇言看后龙，须看三吉之星钟于何地，则取前进后退之步数以量之，以验其福在何代也。又观劫害之杀出于何方，则取三合四冲之年分以推之，以其验凶应何时也。盖遇吉星必发福，逢凶杀则必生灾，亦理之必然也。然步龙步水，以验其发福之迟速，又当看龙气之缓急、砂水之宽紧，合龙穴砂水，而总论其迟速，其应验更准，此又不可不知也。故下文"紧拱、宽平、天关、地轴"数句，皆是补足此意。

山大水小者，要堂局之宽平。

水大山小者，贵祖宗高厚。

[徐注] 山谷之地，山大水小不相称，须要堂局宽平，不见水小也。平洋之地，水大山小不相当，贵祖宗山高大以称之也。

右第十二章，论后龙。

[孟注] 承上言。山水吉凶之应，固有验法，又当看其山水相称何如。若山大水小者，水不称山矣，须要堂局宽平阔正，不见水小为称也。若水大山小者，则山不称水矣，贵乎祖宗山高而且厚，方有以称水之大，亦犹子弱母强，不畏人欺也。若祖山太远，不能称水，须高筑罗围，大堆坟冢，以称水局可也。

一起一伏断了断，到头定有奇踪。

九曲九弯回复回，下手便寻水口。

[徐注] 陶公云：山谷则一起一伏，平地则相牵相连，断而复续，续而复断，起伏相仍者，乃博换星辰而来，到头必结奇异之大地，故曰

"定有奇踪"。面前水如之玄九折，去而复回，是曰"洋洋悠悠，顾我欲留"，有眷恋之情也。更要水口山重重交锁，则主发福久远。

［孟注］到头，入首也。下手，逆水砂也。九曲九湾，言其水之曲折也，不必泥定九字。

○承上言。山水固欲其相称，又当看其形势何如。若后来龙势一起一伏，断而又断，则是活动退却之极，到头定有奇异之踪，而非寻常之地可知也。若面前水势九曲九湾，回而复回，则是眷恋有情极矣，又须下手砂头，逆关收水，环抱出口，方为有益。故看格者，必于下手便寻水口，看其关截何如。若水屈曲有情，而下关不紧，亦为泄气。诀云："未看后龙来不来，且看下关回不回。未看结穴稳不稳，且看下关紧不紧"是也。

山外山稠叠，补缺嶂空。

水外水横栏，弓圆弩满。

［徐注］稠叠，多也。若穴之四顾，或有四缺，得外山稠密，补嶂空缺，自然有吉矣。随龙水之外，又得溪涧水横过关阑，如弓之弯抱，主发福久远。

［孟注］稠，密也。叠，重也。弓圆弩满，言水湾抱如弓、弩上弦之形也。

○言山水既吉，而局内山之外，复有群山稠叠，则是补其缺而帐其空，其地愈吉也。明堂水之外，又得外来大小横过阑截，如弓之圆，如弩之满，则湾抱有情，其地愈有关锁而气全。

紧拱者富不旋踵，宽平者福必悠深。

［徐注］旋，转也。踵，足跟也。董氏曰："左右财禄之山拱抱，主发福极速，未转足即发。"朝案宽舒，堂局平正，四山围绕，并无空缺。只见众水洋洋来朝，此堂局之善也，必结大地，主发福悠久也。

［孟注］旋，转也。踵，足跟也。悠，远也。

○言山水既有情，又当看其局势之宽紧何如。若局势紧拱者，则风藏气聚，不待转足而富矣，极言其发福之速也。若局势宽平者，则气象宏大，其发福必深远而无穷矣。

修竹茂林，可验盛衰之气象。

天关地轴，可验富贵之速迟。

[徐注]宅墓之傍，茂林荫庇，则昌盛之兆；竹木衰朽，主人财衰败之兆。夫地以石为骨，以土为肉，水为血，木为毛发。骨肉盛则龙气旺而毛发茂，观外而知内，则吉凶可以预验矣。天关，即天门也，水来之处有奇山异石。地轴，即地户也，水去之所有圆墩横锁石印也。近而见者发福必速，远而不见者发福必迟。

右第十三章，论水口。

[孟注]承上言。福应不但山水为然，即人家墓侧若有竹木茂盛，遮荫周密，亦主人家兴旺，《青乌经》云："草木郁茂，吉气相随"是也。若凋零枯槁，必主人财退败，故可以验"盛衰之气象"也。盖地以石为骨，土为肉，水为血，草木为毛发，其相关有必然者，故可以此为验耳。至天关地轴，亦可以验富贵之速迟。盖上有天关，则能止来水之性，不致急直冲激，引散内气；下有地轴，则能截去水之势，令其左转右转，反气归堂，而局内自然气旺，定主人富贵。故或宽或紧，或远或近，亦可以验富贵之或速或迟而不差也。

○然天关地轴，其说不一。《九星赋》以过峡两边石龟石蛇为天关地轴，洪理青以日月捍门、金土龟蛇为天关地轴，《左仙经》以北辰圆墩印为天关地轴，张子微以主山背后左右分出一龟一蛇为天关地轴，又以结穴龟蛇相会为天关地轴，徐氏以山之出脉两旁有夹送奇石为天关地轴，谢氏以天门地户为关轴，皆随意取用，未有定论也。唯《真龙宝照经》云："用有真龙，洲渚岛屿，石印之处，各以流水分绕，一左一右，各应阴阳，应在上为天关，在下为地轴。"其说始为明确。谢氏天门地户之说，虽似近理，然未知天门有关，地户有轴，乃奇山异石镇塞于水中也。读者详之。

牛畏直绳，虎怕暗箭。

玄武不宜吐舌，朱雀切忌破头。

穴前忌见深坑，臂上怕行交路。

［徐注］土牛者穴也，不宜水路如绳直牵，牵则不住，主少亡退败之兆。《水镜经》云："牛住阑中切忌牵，牵他角上退庄田。牵着鼻里官纷起，牵他眼目法场前。"杨公又云："土牛不住误人贫"是也。

徐试可曰：此"虎"字借譬之辞，指龙穴而言，非指右砂也。来龙过脉，或有山脚尖射其腰，或有流水急冲其背，此皆暗箭，最能破散生气，宜防之也，故云"虎防暗箭即龙穴，忌山水激冲"之说也。旧讹，改正。

穴前余气抽长，左右不包，谓之"玄武吐舌"。《穴法》云："玄武嘴长高处点，宜工力以裁之。"

前山切忌崩裂破碎槽坑等状，必主生官灾横祸。

穴前有深坑，名曰"阴泉"，是无余气也。《烟霞赋》云："坑深岸窄，多因卒死早亡。"

龙虎臂上，忌行交路，名曰"交刀"，又谓之"绳索"，主有杀伤自缢纽锁之患也。

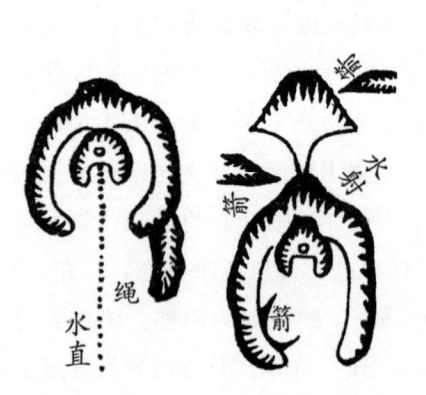

绳箭之图　　　　　吐舌破头

交路深坑 **倒挂棕榈**

左空右抱

[孟注] 牛者，土牛，即穴也。直绳者，穴前水出直牵如绳也。虎，即右白虎也。暗剑者，虎砂背后或山脚尖射。或流水直冲如暗剑也，即青龙，亦防之。玄武，主山也，穴前余气拖长，谓之吐舌。朱雀，朝案山也，顶面缺陷，谓之破头。臂者，龙虎两砂如人之手臂也。交路者，交叉之路也。

○言覆视旧坟，又当看其两旁之形势何如。如穴前水出，畏其直牵，牵则气泄，主有退败；虎砂背后，防有暗射，射则主有病伤。玄武余气，不宜拖出如吐舌，有此则主官非；朱雀顶面，切忌破裂，有此则主横祸。穴前忌见深陷之坑，见之主有投河跌伤之患；臂上怕行交叉之路，名曰"交刀"，行之主有杀伤自缢之灾。此数者，皆形势之不吉者也。龙真穴的，须加作用之工；裁截培补，亦可转凶而为吉也。

上不正而下参差者无用，左空缺而右重包者徒劳。

[徐注] 上欹斜不正则脉不来，下长短不齐则脉散乱，名"倒挂棕

桐"也。

○徐试可曰："此指水势倒左者言也。水既流左，须得左砂环抱，使气之聚，方成吉地。今既左边空缺，而右虽重抱，则下手无关，必不结地，徒劳神耳。水倒右者，依此推之。"旧讹，改正。

［孟注］参差，不齐之貌。

○言观地之形势，又当看其上下左右何如。如若山上欹斜不正，则不成星体，而山下参差不齐，则脉络散乱，犹如倒挂棕桐，乃无用之地也。至如左边空缺，全无遮阑；只有右边护山，重叠环抱，然左风吹入，焉得气聚？虽欲用之，亦徒劳而无益矣。右空左抱亦然，此非房分不均之谓也。

○一说：左空缺谓水倒左，而左边下手无关，必非真结，虽右有重抱，亦徒劳而无益矣。水倒右者亦然。此说亦通。

外貌不足而内相有余，谁能辨此。

大象可观而小节可略，智者能知。

［徐注］外貌砂水也，内相龙穴也。如龙真穴正，无可疑猜，而砂水有小可不足之处，亦可裁长补短而用之。或局外观之，砂水无情；登穴一览，情意有余，于此尤当辨之可也。

○大象龙穴砂水也，小节四者之余也。若龙穴分明，砂水拥从，纵其中有丝毫不足处，则亦变凶为吉也。大势有情，不可拘于小节，故曰"小节可略"耳。

［孟注］外貌，谓穴形与砂水也。内相，谓龙穴也。大象，谓龙穴砂水之大势也。小节，谓龙穴砂水之小节也。

○承上言，形势固欲其完全，然亦有人家祖地，观其外貌，则穴形丑拙，砂水不足；察其内相，则龙真穴的，吉气有余。如此者，其谁能辨之？至于龙穴砂水，其大势气象，已有可观，此中纵有小节之疵，有碍人眼，亦可略也。知此者，唯智者能之。所以覆看旧格，不可以外貌而忽其内，不可以小节而忽其大也。

○一说：局外观之，砂水似乎无情，谓之外貌不足；登穴一看，四顾照应，谓之内相有余。殊不知此亦理之易晓者，又何难辨之有哉！读者详之。

何精神显露者反不祥，何形势隐拙者反为吉。

盖隐拙者却有奇踪异迹，显露者多是花穴假形。

[徐注] 此承上起下，谓砂水秀丽，左右相迎，人皆所喜，何反不祥？龙脉隐藏，形势丑陋，人皆所弃，何反为奇？义见下文。

○隐藏者虽龙脉潜藏，形势丑陋，而得左右护卫，前后朝迎，堂局完聚，此等脉穴虽拙，乃是内君子而外小人也，却是奇妙之穴，常人岂能知之？

○显露者虽砂水秀丽，龙穴不真，多是结花假之地。《经》云："君如识穴不识怪，只爱左右包者强。比与俗人无以异，多是葬在虚花里。虚花左右似有情，仔细辨来非正形。虚花假穴更是巧，仔细观来无甚好。"

[孟注] 承上言。外貌小节有不全者，不必嫌也。不然，人家祖地，何龙穴砂水精神显明发露，足以起人目者，反为不祥之区？又何龙穴砂水形势隐藏丑拙，多不入人眼者，反为吉祥之地哉？盖隐拙者，正是真龙藏倖，浑厚不露，其中却有奇异之踪迹，而非俗眼所能窥，故反为吉也。其显露者，乃是伪龙浅薄，不能藏蓄，其间纵有穴形，多是虚花假结而已，故反不祥也。然推其显露隐拙之意，乃是天地以假藏真，令人莫辨，只待有德者自遇之耳。今人不知，见一显露之地，多爱而取之；见一隐拙之地，多嫌而弃之。纵因其发福，而其称之曰"真"，而其所以"真"之之妙，亦未必能知也。噫！是以真地之不易得也。

○然花假穴形，唯《疑龙经》言之详矣，观其经云："假穴断然生在后，龙虎虽端崖必溜。穴中看见龙虎回，外面检点山丑走。花穴何如生在前，盖缘连臂使其然。连臂为案横生穴，案外有脚铺裀毡。其间岂无似穴者，但见外朝尖与圆。痴师误认此花穴，不知真穴秘中垣。花穴最是使人迷，后龙断妙前又奇。如何使人不牢爱，只有一破余皆非。案山必然向里是，花穴无容有面势。朝山只有顶尖圆，定有脚手丑形随。

若登正穴试一看，呼吸四围无不至。又有花穴无人知，龙虎外抱左右飞。盖缘正穴多隐秘，或作钗钳或乳垂。龙虎数重多外抱，龙上看虎左右归。虎上看龙左右抱，或从龙虎上针之。不知正穴尚在内，凡是穴郛曲即非。曲是抱裹非正穴，请君以此决狐疑"是也。

胶柱鼓瑟者何知，按图索骥者何晓。

[徐注] 此承上文言。显露与隐拙之类，惟明哲变通者知之。彼胶于见闻，泥于形局者，何足以知之？胶柱鼓瑟者，谓以胶粘其柱，使之不动，岂能鼓瑟而得声音和也？按图索骥者，不求骥之德，惟求马之似，非精于知骥者也。

[孟注] 柱者，瑟之雁足也。胶者，胶粘其柱，使之不动也。骥者，马也。按，指定也。图者，马之图形也。

○此结上文。言龙穴砂水既有隐显不同，则看斯格者当神而明之，触而通之可也。若执一以求之，则与胶柱而鼓瑟者同一死杀，何能知其精微；与按图而索骥者同一拘泥，何能晓其奥妙哉？盖瑟非胶定所可鼓，骥非图形所可求，而地非拘挛之见所能察也。故格不可不看，又不可执一以求之也。

右段论古格，宜看。

[孟注] 此段文义前后照应，了然明白。"胶柱鼓瑟"二句正结，言第不可执一。谢氏不知，分为数章，固谬；即田氏分为两段，亦谬。今改正之，分为一段，庶令读者不致错乱无绪耳。

论罗城水口篇第十一

城上星峰卓卓，真如插戟护垣。
面前墩阜累累，唤作排衙唱喏。
华表捍门居水口，楼台鼓角列罗城。
若非立郡迁都，定主为官近帝。

[徐注] 城四围，罗城也。卓卓，高耸貌，言罗城星峰高耸，如兵

列戟而护营者也。

○累累，相连貌，言堂局之前，低山圆净，堆垅累累相连，如覆釜覆盘之状，若隶卒之排衙，如军兵之唱喏，此富贵之地也。或古塚累累，亦然。

○一峰独耸，谓之"华表"。两山并耸，谓之"捍门"。有此星镇水口，其中必结大贵之地也。簇簇高而圆者，楼台山也；簇簇尖而秀者，鼓角山也。列于罗城，必成大地。

○此承上文。山川大聚，局势宽舒，可建洪都大郡，小则巨镇名村。且如歙之郡基，水口耸华表捍门，罗城列楼台鼓角，众山禽集，六水朝宗，则官清民安，世出近侍之贵也。

[孟注]城，罗城也。卓卓，高出貌。戟，兵器也。垣，墙垣也。墩阜，旧本作"古冢"，谓穴前有砂磊落如冢堆之状，其义虽是，但文俗而费解，今改为耸阜，亦未确。盖龙乃高山也，耸阜改为墩阜，其义甚当，且合旧旨。累累，联络貌。排衙，如府排衙也。一峰独耸为华表，两峰并峙为捍门。一说：唯有华表方能捍水口之门，不必拘两与一之别。亦通。簇簇高而圆者，楼台山也；簇簇高而尖者，鼓角山也。一说：城上连接三五峰而出，有最高尖者为楼，平者为台，高圆如覆钟为鼓，高秃如吐笋者为角。此解最详。郡，府也。都，京都也。

○此盖论罗城水口。谓四围罗城，星峰罗列高阜，真如众兵插戟护卫墙垣之势，而面前低小墩阜，累累拱向，唤作排衙唱喏之形；又有华表捍门之山，居水口以作关阑；楼台鼓角之山，列罗城以壮侍卫，如此山水大聚，真罗城水口之至贵，此内定有真龙大地，而非寻常之可比也。若非设立郡府，扦建京都，而使人家得之，定出极品之贵，而官必至近侍帝王矣。此罗城水口之有关于地之大者如此。

众山辐辏者，富而且贵。

百川同归者，清而又长。

[徐注]辐辏，相聚会也。众山皆拱揖屯聚有情，富贵双全之地。百川，言众山禽而众水聚，则生气大旺，主享福无疆。如金陵之地，山

拱水朝，龙盘虎踞，垣局宽舒，罗众山之辐辏；大江缠绕，聚百川之同归，故主国祚悠远也。

［孟注］辐，车轴也，三十六辐辏成轮轴，以喻众山之辏聚也。

○承上言。山水大聚，自足以征地之尊贵，故众山环列如车轴之相辏合，则局势完密，内气旺极，不独主富，而且出贵。百川会流，同归一处，而出水口，则水势不散，内气斯固，不独出人清贵，而又长久也。此以上统论罗城水口之大者也。

山称水，水称山，不宜偏胜。

虎让龙，龙让虎，只要比和。

［徐注］山水相称，则为全美之地，偏胜不吉。龙虎贵乎相让而不相斗，更须弯环降伏，是曰比和。

［孟注］此山水相称，谓山水俱有情，非单指大小相称而言也。若使山称水而背我向他，水称山而斜流散乱，又何取于相称也？且山水大小之说，已见于看格段内，又何必重言于此也？唯兼论大小可耳。

○承上言。众山辐辏，百川同归，是山水大势相称有情矣；而局内山水，更要相称有情，斯为十全。如水眷恋，山回环，则是山称水矣；山回环，水眷恋，则是水称山矣。若水有情而山不足，山有情而水足，兼有大小不等，则俱为偏胜而不宜也。至于龙虎小水口，尤为切要。如水从左来，则虎砂必让龙，而在外以收其左水；水从右来，则龙砂必让虎，而在外以收其右水，方是有情收水，不相斗而比和也。此论罗城水口之小者也。盖内局有护砂围抱，谓之"小罗城"；穴前龙虎交插收水，谓之"第一重小水口"也。

八门缺，八风吹，朱门饿莩。

四水归，四兽聚，白屋公卿。

［徐注］八门即八方也，八门凹缺，八风交吹。《经》曰："腾漏之穴，败椁之藏也，主出饿莩。"四水归聚于明堂，四兽护卫，虽非宦族，顿出公卿。杨公云："时人不识四龙脉，能令白屋出公卿。"回龙顾祖，多迎四门四水，富贵见之尤速。

山水环绕　　　水去风来

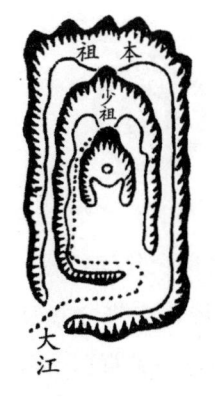

[孟注]八门，即八方也。八风，即八门之风。莩，饿死之人也。四水，四围之水也。一说穴前三合水与随龙水为四水，亦通。四兽，玄武、朱雀、青龙、白虎也。

言罗城水口，最贵周密。若八门四缺而被八风吹入，则风飘气散，即《青乌经》云"腾漏之穴，翻棺败椁"也。虽是朱门贵室，亦主出饿莩之徒矣。此言小罗城水口之凶者也。言罗城，而水口亦在其中矣，盖水口者，乃罗城砂头交插而成水口，未有无好罗城而有好水口者也。若四水归堂而同出，四兽相聚而环顾，则风藏气聚，即《青乌经》云"山来水回，富贵丰财"也。虽是白屋寒门，亦主出公卿之贵矣。此言小罗城水口之吉者也。

突中之窟须扦，窟中之突莫弃。

穷源千仞，不如平地一堆。

外笋千重，不若弯弓一案。

[徐注]徐试可曰：廖公以突为阳，窟为阴。"突扦窟"者，阳含阴也。"窟寻突"者，阴含阳也。杨公又以高垅为阴，平地为阳。"突扦窟"者，阴受阳也。"窟寻突"者，阳受阴也。二公所取之体不同，至于阴须阳穴，阳须阴穴，二气交相感合，则彼此之义皆同矣。旧讹，改正。

突窟图

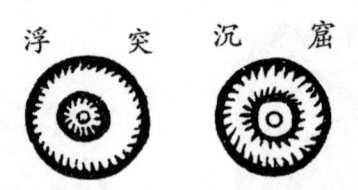

浮突　沉窟

〇山水初发处曰"穷源"，八尺曰"仞"。"绝谷虽秀山千仞，总不如平洋一堆之贵"者，盖山谷正发龙之初，其气正盛，即涌起高峰不难也。平地气已平伏，此处更复涌起一堆，非气之极盛，不能有此。故《龙经》云："高山大垄尖峰多，不如平地一锥卓"，亦此意也。

〇徐氏曰：外锁虽多，远而不近，弯弓一抱，贴身入怀，近而易发，所以可贵。

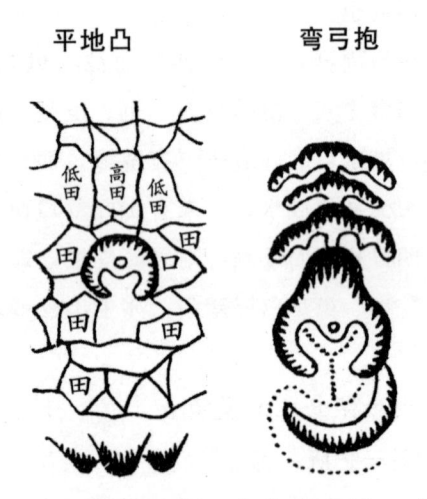

平地凸　　　弯弓抱

[孟注] 突，平地起突也。窟，突中开窝也。水之初发处曰"穷源"。八尺曰"仞"。堆，即突也。眠弓，谓平地之案低弯如眠弓也。

〇上言高山，此言平地。夫平地以水为城，虽无山遮，不畏风吹。盖平地阔大，风散无力，不能吹入地中，故不畏也。且平地水势平静，略有阴砂弯抱，亦能收水聚气，不必以高山罗城水口而概论平地也。只要结穴之处，望之若寒，即之则温；望之若露，登之若藏，斯为吉也。

故平地起突，突中有窟，则穴隐而不显，斯宜扦之。《怪穴篇》云："也曾见穴无包藏，一突在平洋。或然孤露八风吹，登穴自隈聚。"此之谓也。若突中开窟，窟中复生小突，则又是以阳包阴，藏而不露，当用之而莫弃也。盖平地起突，是阳极生阴；突中有窟，是阴极生阳；窟中有突，是又阳中含阴，阴阳相生，最为玄妙。故源头初起处，中有山峰千仞，不如平地一突，情专而不杂，体嫩而气吉也。高山之地，虽有外耸千重，亦不若平地一眠弓之案，弯抱有情近护而得力也。所以不必似高山罗城之水口，而气自然藏聚矣。然推其"不如"之意，非谓高山无大地也。卜氏恐人只知高山形势之妙，不知平地形势之妙也，故发此论。至窟中突穴，尤当斟酌，大要万物生于阳和，死于阴肃，故穴情以阳为主。纵是阳来阴受，毕竟阴中又有阳乃可葬。如突中之窟，是阴中有阳，其可葬也无疑；如窟中之窟，必须突顶垣平，乃有阳气而无杀；如突顶尖圆，则是纯阴有杀，便不可葬。只宜于突前坦处为阴阳交媾之所，方可受穴。乳穴直硬亦然。今术士不知此义，而于低窪无突之窟及宜圆无窟之突求穴，且见地上有数墩突，即妄喝梅花落地及七星落洋等形以诳人，不知梅花必于五墩围聚之中，看有开口吐舌；七星必于七墩联络之下，看开口吐唇，方可受穴。读者详之。

山秀水响者，终为绝穴。

水急山粗者，多是神坛。

[徐注]山虽秀丽，水流冲射，湍急而响者，则生气激散，终久出绝也。山形粗恶，分擘不常；水势急响，直流不回，及有巉岩之恶山，怪异之恶石，此是灵异之所，不宜扦坟立宅，只作神坛社庙而已。

[孟注]上言平地，此又言高山。谓高山之地，虽有显明形势之足观，亦当看美恶何如。若山虽秀丽而水或湍急响鸣，则是激散内气，终为败绝之穴；若流水急直而山又粗恶带石，则是杀气太甚，只可作神坛而已。所以高山形势不吉，即有罗城水口，亦不足观矣。

不论平地高山，总宜深穴。

若是穷源僻坞，岂有真龙。

［徐注］高山取窟而气沉，深则可也；平地取突而气浮，岂宜深乎？庸师不明生气浮沉之理，多以此文为拘，深掘金井，至于泉砾，则棺尸泥水污害，使亡者不得安，生者焉能受其福？吾尝见犯者，戒曰："平地深藏，则气从上过。"或对曰："《雪心赋》云，不论平地高山，总宜深穴。"殊不知卜先生作此文，欲人以棺椁深藏，则雨水本根不可及，盗贼虫蚁不能侵，在无后患，故发此语。至于平地深者，倍加客土成坟，亦与深藏何异！前文有曰"平洋穴宜斟酌，不宜掘地及泉"，观此则卜先生之心可见矣。故曰"不以文害辞，不以辞害意"可也。穷源僻坞，其气正行。龙神不住，必无地矣。虽有小可，亦不久长。

［孟注］穴者，穴情之穴，非穴坎之穴也。深者，深藏之深，非深葬之深也。源，当作原，谓山头之尽处也。旧本作源者，盖抄写之误耳。坞，阿也。

〇总承上言。结穴之处，不论平地高山，总宜深邃而不宜浅露。如高山之穴，左右必要龙虎护卫，以包藏穴情，即单山独垄，亦必要明肩夹护，可以藏车隐马，方不露风。至于平地之穴，虽无龙虎护卫，而结穴之处，必要开钳口，使穴隈藏，左右亦必要有阴砂依稀绕抱。如此，则高山平地之穴，方为真龙之所结也。若是穷尽山原，偏僻野坞，则孤露浅促，必不结穴；纵有穴情，亦为花假，岂有真龙止此哉？谢氏未达此义，见有深穴二字，即以为深葬而妄辨之，殊不知此段系论罗城水口，非论葬法也。学者不察，亦随声附和，而以卜氏之言为诀，真以辞害义者也。

远着脚头，高抬眼力。

［徐注］此结上文言。寻龙点穴，不可苟且，必须远着脚头，以观其来历；高竭目力，以察其精微；三回四顾，仔细寻之，未闻有隔山而知者，非正道也。

右第十四章，论高山平地罗城。

［孟注］此总结上文，欲观高山平地罗城水口，不可造次忽略也。必须远着脚头，以览其形势；高抬眼力，以察其细微，庶几可以得之。

不然，则属茫昧而已。

右段论罗城水口。

此段文义相承明白。谢氏混扯上文，分章曰"论高山平地罗城"；田氏又名段曰"论罗城宜密"，俱遗"水口"二字，今正之。

论砂水吉凶篇第十二

根大则枝盛，源深则流长。

贵龙真而穴正，要水秀以砂明。

［徐注］祖山高大，则分枝之龙必盛矣；源本绵远，则分派之流必长矣。若有特达之真龙，必有分合之真穴，求地者要龙之真、穴之正，庶无花假之误也。砂水二者，皆要形容清秀、体态明净、于我有情为贵。

山飞水去

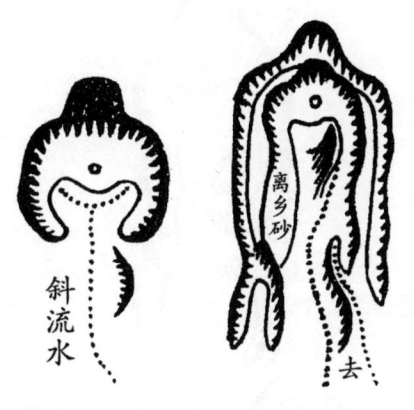

［孟注］言根本若大，则条枝必盛，以比祖山高大，则发而为干，为枝自然众多。根本既大，则水之发源必深，源深则流派必长远而无穷。故山不一也，而结作之处，必要龙之真、穴之正，然后成地；水亦不一也，而聚会之所，必要水之清秀、砂之明净，方成龙穴。盖龙穴为主，砂水为辅，缺一不可也。言此以起下文砂水吉凶之意。

登山见一水之斜流，退官失职。

入穴见众山之背去，失井离乡。

[徐注] 水势斜流，登穴见者，官主失职，庶人因官事而败。山头向外，谓之"离乡"。砂左边去者主长房离乡，右边去者小房离乡。杨公云："一水去，二水去，众水奔流一齐去。山山随水不回头，失井离乡无救助"是也。

[孟注] 承上言。砂水贵要明秀有情，若登山见穴前有一水斜流，则有官职者必主退官失职；若在庶民之家，亦主消败矣。入穴而见众山向外背去，则主人失井而离乡也。盖砂水无情，其应如此。杨公云："一水去，二水去，众水奔流一齐去；山山随水不回头，失井离乡无救助"是也。

孤峰斜图

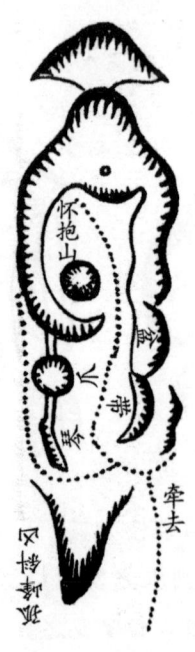

若见文笔孤单，砚池污浊，枉凿匡衡之壁，徒关孙敬之门。

[徐注] 孤峰欹削，左右无从，故谓"孤单"。池塘斜返，涸浊不

清，名曰"污浊"。汉匡衡家贫无油，邻家有烛光，衡凿壁孔引光读书，后官至宰相。楚孙敬常闭户读书，十年不出，睡则以绳系头髻，悬于梁上。尝入市，人号曰"闭户先生来也"。此言穴前文笔虽秀而孤，池塘有水而浊，虽有孙敬匡衡之笃学，终不能成功也。

[孟注] 尖山秀出，谓之文笔也。塘积水，谓之砚池。汉匡衡、楚孙敬，皆好学之人也。

○言文笔以有从为贵，砚池以清净为美。若见文笔无从而孤单，砚池有泔而污浊，虽如匡衡之凿壁引光，亦枉然而无益矣。即如孙敬之闭户读书，亦徒劳而无功矣。言必不能发达也。

○按：孤单二字原不差，孤乃孤立，单乃单薄，若孤立而又单薄，岂足为美哉？近时徐善继兄弟以为有误，改作欹斜，又引下文"只消一峰两峰"之言为证，谓卜氏不应自相矛盾。殊不知尖山秀出云者，在于众平山中特出一二尖秀之谓也，岂有别无从山只消一峰独立为美哉？观《青乌经》云："文士之地，笔尖而细；诸副不随，虚驰名誉"，则知"孤单"二字不必改也。然亦不必太泥也，亦有孤峰前峙而发贵者，所谓"贵通活法，莫泥陈言"是也。

财山被流水之返牵，花蜂酿蜜。

怀抱有圆峰之秀异，螺蠃负螟。

[徐注] 左右砂圆伏者谓之"财山"，欲其拱抱为吉。若被流水返牵向外去者，如蜂之酿蜜，为人取去，自不得食也。

○螺蠃，土蜂也。其形似蜂，其色青翠。螟蛉，桑树上青虫也。螺蠃负桑树上青虫，教诲七日，曰"类我类我"，变为己子。凡龙虎抱一小圆山在内，主有过房之子应之。

[孟注] 左右之砂横伏而顾内者，谓之财山，不必谓其形状可也。花蜂，采花酿蜜之蜂也。螺蠃，土蜂也，其形似蜂，其色青翠。螟蛉，桑树上小青虫也，螺蠃负而化之为己子也。

○言财山拱顾，斯能聚财。若被流水返牵而去，纵穴言发财，亦不能聚守，如蜂采花酿蜜，不得自食而被人取去也。龙虎怀抱之内有小圆山之秀异者，主有过房之子；如螟蛉无子，负他虫之子以为子也。所谓"居内名为抱养瘵"是也。盖秀异则主继子，若不圆净则主有堕胎之应也。

一岁九迁，定是水流九曲。

十年不调，盖因山不十全。

[徐注] 一岁九迁官者，面前九曲水来朝护也。十年三考，满不升调，盖因砂水不全。《坤鉴》云："拥从如无名位卑。"

[孟注] 一岁九迁，甚言其速；十年不调，甚言其滞，不必拘定九迁、十年也。

○言居官一岁九蒙迁转者，定是水流九曲而来，钟水之秀气，故应速如此。《青乌经》云："三横四直，官职弥崇；九曲委蛇，准拟砂堤"是也。至官历十年而不见迁调者，盖因四山有缺，不能十全十美，故淹滞如此也。《坤鉴歌》云："拥从如无名位卑"是也。至平地一堆，又不宜以此为执也。

水若屈曲有情，不合星辰亦吉。

山若欹斜破碎，纵合卦例何为。

[徐注] 星辰如贪巨禄文廉武破辅弼之类。其外又有长生、沐浴、冠带、临官、帝旺、衰、病、死、墓、绝、胎、养，又有阴山阴水，及御街、六秀、黄泉、八杀等类，不一而是。时师专以此等妄言凶吉，谓某方山水来合某星辰，某方山水去合某卦例，合其法则用，不合则弃之。因此刻舟求剑，是以吉地犹有存焉。

○卦止取穿山透地内卦、外卦、本卦之数者，内卦子父财官及金水日月、四吉三奇之方，喜有山秀水潮，此卦之不可尽非者。其外诸般卦例，倘在方位虽吉，而其山之形体或欹斜破碎，是形势不吉而方位亦徒然，岂能为福乎？是以山苟形体秀美，虽不合方位而亦吉；山形丑拙，虽在三吉六秀之方而何用？取用者当知轻重可也。然则凡九星八曜及天父天母天辅等卦，取用之法，总并不当拘泥。

[孟注] 屈曲，谓水来去转折如之玄之形也。星辰，即所谓三阳三吉、六建六秀及九星十三辰之类也。卦例，即所谓四神八将、三吉六

秀、禄马财帛及天父天母、辅星生气之类是也。

○言山水以形势为主，而星卦不必论也。水若来去屈曲回顾有情，则不必以某山宜某水来去、合某星辰亦为吉也。山若欹斜破碎，形势不吉，则纵是山方得位，与卦例之吉宿相合，亦何用之有哉？杨公云："山形有准，卦例无凭"是也。

覆宗绝嗣，多因水尽山穷。

灭族亡家，总是山飞水散。

不问何方，允为凶兆。

[徐注]源头水尾，其气不钟，故不结地，葬之多绝。《烟霞赋》云："水走砂飞，定主离乡外死。故立穴者，但见山水欹斜飞走，不问在于何方，并为凶败之地。"杨公云："山水不问吉凶方，吉在凶方亦富强。水流余侧山尖射，虽居吉位也衰亡。"

右第十五章，论砂水不拘方位。

[孟注]言人家有覆宗绝嗣之祸，多因坟宅立于水尽山穷之所；至有灭族亡家之凶，总是坟宅安于山飞水走之处。盖水尽山穷，则气绝矣；山飞水走，则势凶矣，安得不覆绝而灭亡也哉？故山水无情，不问在何方位，皆信为凶败之兆也。杨公云："山水不问吉凶方，吉在凶方亦富强；急流斜侧山尖射，虽居吉位也衰亡"是也。

右段论砂水吉凶。

此段文义俱是论砂水之吉凶。谢氏见结句有"何方"二字，即以砂水不拘方位名章，殊失本旨。

真龙贵气应验篇第十三

论官品之高下，以龙法而推求。

[徐注]万物惟龙能变化，故山以龙而喻之。龙长则力重，龙短则力轻。大低龙贵砂贵，合成大局，则官品必高。若只中局，贵亦如之。若结小局，不过财而已。《龙髓赋》云："论官品之大小，推龙法之精

微。"又要相山势之高低，垣局之大小，堂气之聚散，地土之厚薄。且如闽蜀之地多尖秀，淮浙之地多平夷，允当随势而推，不可一途而取。

[孟注] 言论官品之高下，当以龙法推而求之。盖官品之高下，皆系于砂水之形象，又皆本于龙身之贵贱。龙真穴正，砂水处以类应，故即此推而求之，而官品之高下自可得而定矣。下文所言砂水形象之应，皆本龙法而推求者也。谢氏误认龙法为龙节，即谓节数多即成大地、出高官，节数少即成小地、出卑职，又引《明山宝鉴》之言，谓："龙有七十二骨节，不及其数者，则所应大小亦不同。"此全失下文砂水形应之旨。读者详之。

天乙太乙禽兽

天乙太乙侵云霄，位居台谏。

禽星兽星居水口，身处翰林。

[徐注] 天乙太乙，穴后左右高耸侵云霄者，主出内台谏诤之官。

在方位则巽辛之方为真，故《玉尺经》云："天太两峰不起，须知无贵扶持。""问君如何谓之禽？龟鱼生在水中心。"或山或石，如龟鱼、斗斛、覆几、钟釜之类，名曰"禽星"。"问君如何谓之兽，兽在诸山如领袖。"或山或石，如龙虎，如犀象，如马牛之类，名曰"兽"。虽此二星镇于水口者，主出翰林之官。

〔孟注〕木火星峰高插于龙山之左右者，谓之天乙太乙；以辛为天乙、巽为太乙者，非也。台谏，台省谏官也。水口之间，或山或石，如龟鱼、如鸾凤、如惊雁之类，谓之禽星；或山或石，如龙虎、如狮象、如牛马之类，谓之兽星。翰林，掌词翰之官也。

○承上言。以龙法而推求者，如天乙太乙之星，高侵云霄，则应位居台谏之职；禽兽二星，镇居水口，则应身处翰林之贵。盖砂水之贵形，皆真龙之贵，故以此推而求之，自可以证官品之尊也。

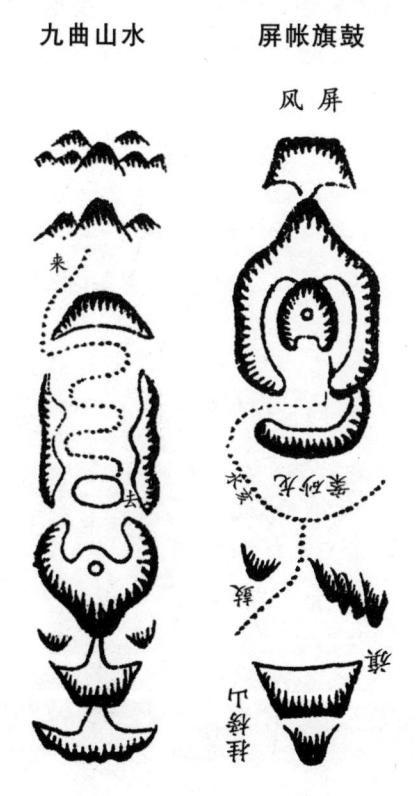

　　　　九曲山水　　　屏帐旗鼓

数峰插天外，积世公卿。

九曲入明堂，当朝宰相。

［徐注］天外，远也。数峰矗矗，高耸云霄，主出公卿之贵也。陶公云："笔插云端，管取天生豪杰。"若后龙峰峦秀拔，又得前砂应之，则贵必验之矣。

○九曲水明堂，当出宰辅之贵。九曲水去亦吉。杨公云："四横三直过东西，九曲凤凰池。"若龙身不贵，穴法不真，纵群峰之插汉，九曲之朝堂，则贵亦不验矣。

［孟注］积世，犹言累世也。

○言推而求之，如堂局之外，见有数峰高耸，如插天外之远，则峰秀遥拱，必应累世有公卿之贵。《消砂赋》云："尖峰重叠，积代簪缨"，《断法》云："五峰耸起入云中，拜相出三公"是也。如明堂之前，见有九曲之水朝入于堂中，则水上御街，必应有当朝宰相之尊。杨公云："四横三直过东西，九曲凤凰池"是也。

屏障旗鼓

左旗右鼓，武将兵权。

前障后屏，文臣宰辅。

[徐注] 旗鼓屯兵，旗鼓屯兵，主出元帅。旗山多出武将，旗鼓全出文臣，亦有用之。前有帐幔挂榜山作朝，后有屏风御座山护托，必主宰相之职也。

[孟注] 帐，谓前山如帐幕也。帐与出身列帐不同，彼乃龙身之帐，此乃面前之帐。张子微云："外阳贵人有帐幕"是也。

○又言所见之山，左象棋而右象鼓，则有威武之势，必应出武将而掌兵权。《断法》云："左畔起旗，右畔起鼓，官定是武"是也。若龙秀而出文臣，亦必有兵权之应。前山如帐幕横遮，后山如屏风贴坐，必应出文臣而为宰辅。杨公云："几屏若在后头托，此是公侯将相庭"是也。

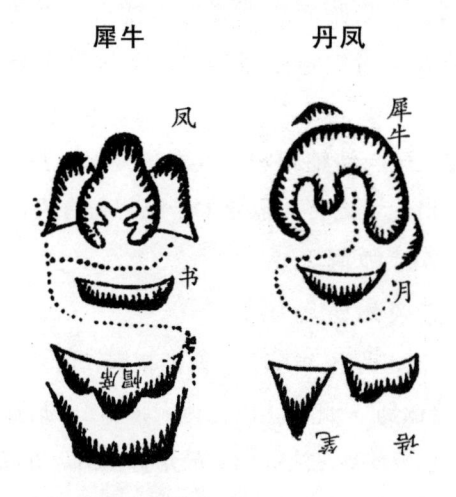

犀牛　　　丹凤

犀牛望月，青衫出自天衢。

丹凤啣书，紫诏颁于帝阙。

[徐注] 犀牛望月，则月乃金星，清秀低小，多出神童及第。天衢，御街也。穴前一字，又星形如丹凤啣书，主子孙贵显，受紫诰黄麻之聘。

[孟注] 天衢，御街也。

〇又言所见之地，若结犀牛望月之形，则月为案，山乃金星清秀低小，应出少年神童，服青衫而步于天衢也。若结丹凤衔书之形，则书为案山，乃木星一字文星，应出高隐之士，紫诏颁自帝阙而宜聘也。盖青衫乃少者之服，紫诏乃紫泥金之诏书，此二者非科第之贵也。宜详之。

　　文笔联于诰轴，一举登科。

　　席帽近于御屏，东宫侍读。

　　[徐注]文笔峰与诰轴山相连，文笔峰与诰轴山相连，主出文章秀士及第。席帽山与御屏山相近，主出侍读之官也。。

　　[孟注]木火星辰尖秀，谓之文笔；山横平而两头略高起者，谓之诰轴，如诰命之轴也。一说：诰轴乃横木星，不可太长瘦，若两头微起，则为展诰。亦通。席帽，山有头有肩，头微圆、肩略垂者为席帽，垂而有脚者为唐帽，头高圆而肩垂者为为铁帽，头圆而肩长垂者为箬笠，头平小而檐长者为借笠，亦当辨之。土星高大方平者为御屏。东宫，太子之宫也。

　　〇又言所见之文笔与诰轴相联，应发科极速，只一举而即登矣。席帽与御屏相近，应出侍读之官而辅导太子也。盖有贵砂自有贵应也。

　　衙刀交剑，名持帅阃之兵。

　　鼓角梅花，身领知州之职。

　　[徐注]一砂尖抱，谓之"衙刀"；两砂相抱，谓之"交剑"。龙身两边垂下者，名曰"龙身佩剑"，此穴主出征讨大将军。《龙髓赋》云："侧如飞剑，非御史则出提刑。"前砂见之亦然。鼓角梅花山，五峰连耸，惟中独高，当出刺史知州之职。《坤鉴》云："楼台三五中心起，监司并刺史。"

　　[孟注]一砂尖抱谓之"衙刀"，两砂交抱谓之"交剑"，此言衙刀交剑，谓衙刀相抱如交剑也。五峰连耸，而中高圆者为鼓，中高尖者为角，此言鼓角梅花，谓五峰相连如梅花也。知州，即古刺史，非今之知州也。

　　〇又言所见之山，如衙刀交剑之状，必应出名帅而持阃外之兵；如鼓角梅花之形，必应出抚取军民而身领知州之职。《坤鉴》云："楼台三五中心起，监司并刺史"是也。

衙刀鼓角之图（天机本）　　衙刀鼓角（孟注本）

银瓶盏注，富比石崇。

玉带金鱼，贵如裴度。

［徐注］小山累累，如盏瓶之样，主大富。石崇，西晋惠帝时人，有金谷园，富之极也。水星弯抱，谓之"玉带"。金星小巧，谓之"金鱼"。龙身带来及前砂见之者，主出大贵。裴度，唐宪宗时人，为宰相，有清节之风，文帝封晋国公，贵之极也。

［孟注］小山上尖下圆者，谓之"银瓶"；小山圆平者谓之"盏注"。石崇，西晋人，家有金谷圆，富之极也。水星弯抱谓之"玉带"，金星小巧谓之"金鱼"，金鱼砂在龙穴之旁，犹如贵人玉带之旁所佩金鱼也。不

可以图上金鱼而遂认在穴前也。裴度，唐时宰相，封晋国公，贵之极也。

〇又言所见之山，如银瓶盏注之形，必应发巨富，可比石崇；如玉带金鱼之象，必应出大贵如裴度之拜宰相封公也。盖银瓶盏注为富象，平带金鱼为贵象，故其应验如此。图附上。

三千粉黛，瑞钟帷幄之家。

八百烟花，兆开万乘之贵。[①]

[徐注]粉黛烟花，宫娥彩女也，喻之极贵之地，前后侍从之多也。群峰矗矗，迎秀于前；叠嶂层层，侍从于后，主出公侯。杨公云："来龙势远，似圣銮舆。"三千粉黛，八百烟花，诗曰："来龙势远看朝迎，似圣銮舆拥阵行。左右圣旗连引接，屯军走马列重城。宫娥玉辇楼台起，排符旌节势分明。三千粉黛当坟照，八百烟花对面生。剑佩帘前呼万岁，黄金殿上作公卿。"

[孟注]粉黛烟花，谓美人妓女也。三千、八百，极言其多，以喻群峰叠帐之多也。

〇又言龙穴之前后左右，见有群峰侍从，叠帐环拱，令人观美不尽，犹如三千粉黛、八百烟花牵惹公子王孙之心肠，则必为大贵之应。杨公云："来龙势远看朝迎，似圣銮舆拥阵行。左右竖旗连引接，屯军走马列重城。宫峨玉辇楼台起，排衙旌节势分明。三千粉黛当前照，八百烟花对而生。剑佩廉前呼万岁，黄金殿上作公卿"之谓也。

娥眉山现，女作宫妃。

金诰花开，男婚公主。

[徐注]娥眉山如初生月，乃太阴金星也，主女人清秀，为宫妃之贵。《议龙精髓赋》云："势似娥眉太阴，纵出贵亦主多生女。"《龙经》云："平洋娥眉却为吉，半岭娥眉最得力。若有此星连节生，女作宫娥后妃职。男家因婚得官班，又得资财并女色。"若欹斜破碎，反主淫欲。

〇金诰山是土星，如横几，两头颇高，近得娥眉金星相配是也。其

---

① 此句孟注本作"三千粉黛，牵公子之魂消；八百烟花，惹王孙之肠断"。

金星主女有花容月貌之美，故借意谓之"花开"，必主男为驸马。旧注："花开是草木茂盛。"若果如是，则栽培使之然也。宜详之。

［孟注］蛾眉山如初生之月，乃太阴金星，故主女贵。金诰花开，名"展诰山"，如玉花宫诰展开也。两头微高为金顶，故名"金诰花开"。以山有文彩与蛾眉金星相配为花开者，非也。

○又言穴前有蛾眉山相应，出女人秀美，堪作宫妃也。《撼龙经》云："平洋蛾眉却为吉，半岭蛾眉最得力。若有此星连节生，女作宫娥后妃职"是也。若有金诰花开，应出男人貌美，婚配公主而为驸马也。

鱼袋若居兑位，卿相可期。

天马若在南方，公侯必至。

［徐注］金星在西方名曰"金鱼袋"，主出风宪卿相之贵。天马山高耸南方，谓之"马星居垣"，当出公侯之贵。两马交驰亦然。

［孟注］鱼袋，即金鱼袋，唐宋时官家所佩也。山一头高而身尾略低垂者，谓之"天马山"。

○又言鱼袋之砂，若居西方兑位，则卿之贵可期而及矣。天马之山若高耸于南方，则公侯之位可必而至矣。盖鱼袋天马砂贵而又得位，故其应验如此。

顿笔多生文士，卓旗定出将军。

［徐注］顿笔星是木星高耸，主出豪杰文人。《烟霞赋》云："欲求官职，须寻卓笔之峰。"卓旗山是火星头高脚摆，主出武职。《堪舆》云："展旗合旗凤翅旗，威武镇华夷。"如越国江公祖墓，土名登源洞，旗枪矗矗，兵甲巍巍，而公生以神武，保障六州，纳土归唐，封忠武将军。公殁，谥庙曰"世显"。

［孟注］顿笔是木火星辰顿起而高耸者，卓旗是火星头开脚摆而卓立者，即顿旗是也。若高峰摆足长舞者为招军旗，分开两足者为展旗。旗头逆水而上者为进旗、胜旗，旗头顺水而下者为退旗、败旗。又有合旗、凤翅旗、独脚旗、倒地旗之类，皆木火星辰摆足变出也，亦当辨之。

○又言有顿笔之峰，应多生文章显达之士。《捉脉赋》云："笔插云端，管取天生后杰"是也。有卓旗之山，定出武职将军之流。《坤舆》云："展旗合旗凤翅旗，威武镇边夷"是也。

顿笔卓旗

内台外阃，文武不同。

某郡某州，分野可断。

［徐注］内台，文臣也。外阃，武将也。尖峰秀丽，而有印诰、金榜、席帽、文笔、书台、玉屏、御座，此文臣之气象也。《龙髓赋》云："台星下有箭袋，先武后文。将星下有文昌，先文后武。"《黑囊经》云：

"文官龙顿起楼台凤阁,文官穴华盖三台正落,文官砂旗鼓贵人帘幕,文官水左右来去不折。武官龙火星木星,武官穴红旗出身,武官砂剑戟朝迎,武官水长流火城。"

○论官职任于何地,看贵峰出于何方,以九州分野断之。

[孟注]此承上起下之辞。言砂水形象不同,则出人亦异。非但官有内台外阃、文武不同,即看贵峰出于何处,可论官职出于何地;而州郡之分野,但可据而断之矣。然亦不必过泥也。

十二宫分野

十二宫分野之地

齐、越、燕、宋、郑、楚、周、秦、魏、赵、鲁、卫。

《汉书》谓"二十八宿,各诸侯分野,以治地方"。譬如秀峰出于巳酉丑方,主巳酉丑生人有贵,治荆赵越之地。天下亦仿例而推之。

御座御屏,入内台而掌翰。

顿枪顿鼓,镇外阃以持权。

[徐注]龙身有御座御屏,主内台之职,及出翰林之官。龙身有戈枪旗鼓耸拔而来,主镇外阃,掌兵权之职。

[孟注]山高大而中起顶,两肩挣阔者,谓之"御座"。山高平而方正,两角略披垂者,谓之"御屏"。峰尖锐而卓立者,谓之"顿枪"。山顶平而身圆者,谓之"顿鼓"。

○承上言。所谓文武不同者,如有御座御屏之象,则其应在为文官,必入内台而掌词翰之职。若顿枪顿鼓之形,则其应在武官,必镇外阃而持统兵之权。此屏座枪鼓之山,或在前为朝对;或在后为主托,不可执一而论也。

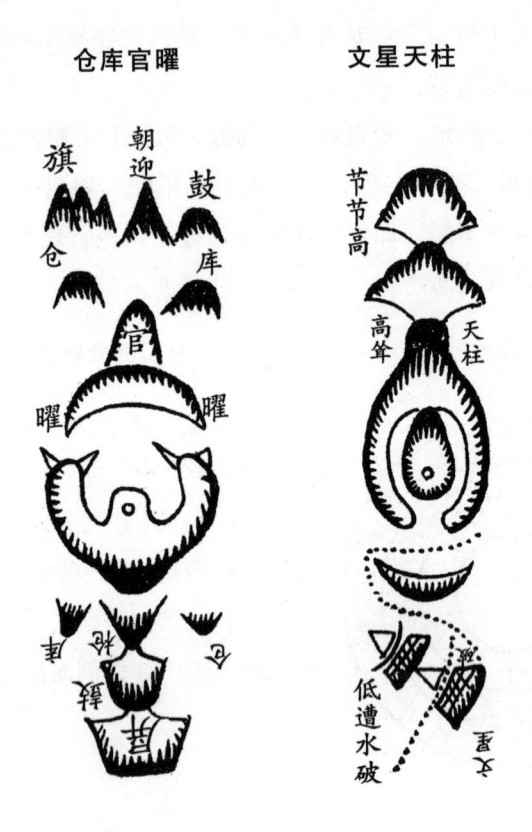

仓库官曜　　　　**文星天柱**

带仓带库，陶猗之富可期。

生曜生官，王谢之名可望。

[徐注] 高而圆大者为仓，方大者为库。龙身带仓库而来，及其止处，左右又得仓库砂护从，主巨富。范蠡为越大夫，佐勾践破吴，不仕，后乘舟入海，变姓名为陶朱公，积财万亿。齐人猗顿闻其富，求见，请教致富之术。陶曰："畜五牸猗。"从其言，不十年，遂致大富。

〇"问君何如谓之曜，余气生在两肘后。"龙虎外有余气飞扬，谓之"曜气"。"问君何如谓之官？案山背后逆拖山。"朝案后山拖，如舞袖拜龙之势，谓之"官星"。"官星不照，难求贵显之名。曜宿应临，定秉钧衡之任。"王导少有风鉴，佐晋元帝中兴，号为仲父。谢安高卧东山不出，晋穆帝闻其贤，征之拜相。

[孟注] 身肥满而顶略尖者为"仓山"，身肥满而顶略平者为"库山"。龙虎外有余气飞扬，谓之"曜气"；朝案背后拖出余气，谓之"官星"。《撼龙经》云："问君何如谓之曜？余气生在两肘后。问君如何谓之官？朝山背后逆拖山"是也。陶朱、猗顿，春秋时人，善居富者也。王导、谢安，晋时人，最贵显有声名者也。

○言砂形之应，不但文武而已。如龙身带仓带库而来，或得左右护从，则其应在富，即陶朱、猗顿之富，亦可期也。《黑囊经》云："富龙行，带仓带库"是也。如龙虎外生曜气，案山外生官星，则其应在贵，即王导、谢安之名，亦可望也。《官曜诗》云："龙虎通身尖且利，此是龙身钟秀气。穴前左右贴身生，此是王侯官贵地。"又古云："官星不照，难求贵显之名；曜宿应临，定秉均衡之任。"杨公云："非真龙正穴，必无官曜二星。"盖官曜乃山川秀气所钟，形象最异，而发福最厚也。其形唯取其秀丽圆净、奇巧特异，无粗恶破碎而已，不必如张子微名曜四十、名官四十一，以滋繁琐也。

文星低而夭颜回，天柱高而寿彭祖。

[徐注] 颜子三十二而卒，可谓贤矣。盖缘文笔文星低陷而致然。

天柱，主山也，高耸则主出人寿考。彭祖本姓钱名铿，历唐虞至商，寿八百岁。

[孟注] 文星，即文笔峰也。天柱，穴后主山也。以巽辛山为文星，以乾山为天柱星者，非也。

○言砂形之应，不但富贵而已。若文星低陷，则应出人聪明而寿夭，如颜回之三十二岁而卒也。若天柱高耸，则应出人多寿，如彭祖之年高八百岁也。此借形喻夭寿之意，非谓颜彭真有此等地也。

印浮水面，焕乎其有文章。

水聚天心，孰不知其富贵。

[徐注] 或大石见于水中者，或小山圆净见于水中者，并谓之"印"，其印浮于去水边甚吉。杨公云："石印江湖水面浮，富贵出公

侯。"陶公云："印浮水面，定知世出魁元。"众水聚于明堂，潴积不流，则主大富贵，声名远扬，谁不知之。

[孟注]或大石、或小石，方圆明净，出于水中者，谓之"印"，若浮于去水边者更吉。此天心，指明堂中心言。

○言砂水之形象，处处求之，皆有相应之理。如印星浮于水面，则有清秀之象，必应生文雅之士，故曰"焕乎其有文章"。陶氏云："印浮水面，定知世出魁元"是也。如众水聚于堂中，则蓄聚渊广，必应出富贵之人，谁不知之也？杨公云："池湖积水不能行，富贵旺人丁"是也。

○按：天乙太乙至此，皆承龙法之一言而推之。盖龙身既真，则穴情必正，而堂局砂水自皆以吉应之。苟非真龙正穴，则虽有群峰插汉，诸水会流，贵气类见，与我何与哉？

巧凭眼力，妙在心思。

[徐注]此结上文富贵之龙。巧与拙，凭目力以别之；玄与妙，在心思以得之也。

右第十六章，论龙身贵气。

[孟注]此总结上文。言以龙法推求，而砂水形象之应多端，全凭眼力之巧以辨之，尽在心思之妙以得之，庶不致于有差也。

右段论真龙贵气应验。

此须论砂水形象之应，总是真龙贵气之微，推而求之者也。田氏改名段曰"论形象应验"，似泛而未确。今正之。

地理雪心赋集解卷四

统论山水吉凶篇第十四

物以类推，穴由形取。

[徐注] 夫物各有类，类各有聚，如云从龙，风从虎，各以其类推之。形者，五星之形体也。凡点穴，必先认五星之形势而后取也。如金星扦水窝穴，水星扦曲池穴，木火二星三停穴、剪火穴，土星心角穴。其穴法有十二穴、三十六穴、七十二穴，其形有人物形禽兽形。盖形穴二者千变万化，并不离乎五星之取用也。如水火二星，多结人形穴，取脐心阴。金星多结禽形穴，取翼窝冠尾。土星多结兽形，水星多结龙蛇形。其穴虽以鼻颡耳腹头尾名之，大抵要有脉止聚之处为穴，又要认坡头钳乳，方无误也。杨公云："来龙降穴自天然，何必将禽与兽看。但认坡头钳乳穴，何曾形上出高官。"徐氏曰："取形本不可以穴定。"卜公此篇，专以喝形取类，分别吉凶，似于正理有背，览者但可借以为喻，勿将此为定局，庶得之矣。

[孟注] 物即下文人物禽兽之类也。形，即人物禽兽等形，非谓五星之形也。

〇上文论点穴之理，终以穴形数端结之，恐人于点穴之理难明，故借形以晓之。此又复论穴形异同，因上言之未详，故再悉以明之，俾人得以易辨耳。谓山川融结，多有象其物形者，故观物则当以类而推之，点穴则由物形而取用也。如木火二星多结人形，其穴取心、脐、阴；金星多结禽形，其穴取翼、窝、冠；土星多结兽形，水星多结龙蛇形，其穴取鼻、额、耳、腹、尾之类。大抵要看脉止气聚之处，认定高钳乳突穴情，而以倒杖之法用之，庶不致于有缺也。此二句乃总起之辞，下文则详言之。

五星穴法	金星	木星取三停	水	火	土星
人物禽兽	木人坐形	火	帐中孩	象形	龙形
狮虎凤雁	狮	睡虎	展翅凤	群雁	
鹿马蚓蛇	鹿	马	蚓	曲屈蛇	

文笔刀枪	武士 略斜	刀枪	文笔 画笔	尸浮
鼓笛幡盖	鼓	笛	幡	盖
印剑香炉	印	炉	龟	蛇
木杓葫芦		杓木		芦葫
拜相谢恩	胡僧	拜相 田高	领职	尸山

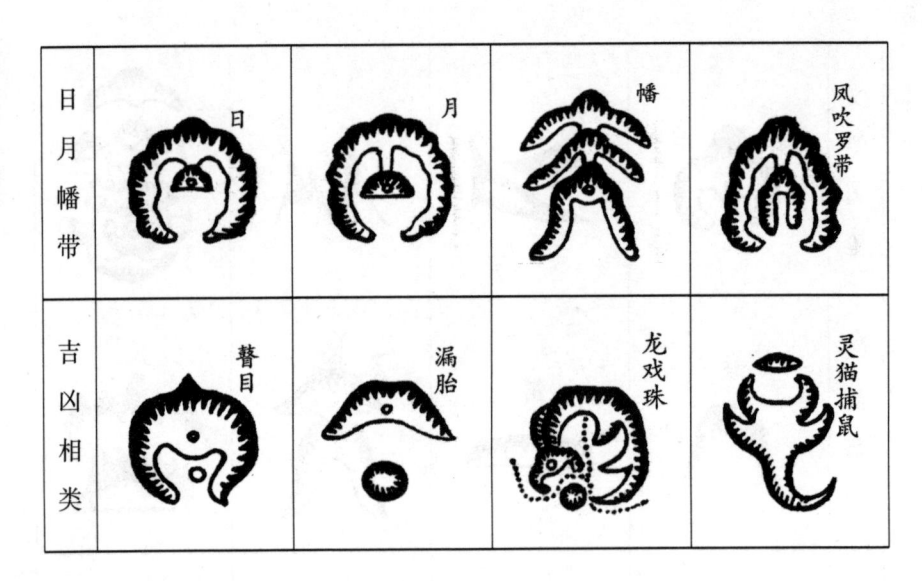

日月幡带	日	月	幡	凤吹罗带
吉凶相类	替月	漏胎	龙戏珠	灵猫捕鼠

或取斜曲为钗，四围不顾。

或取横直为剑，两畔不包。

［徐注］钗形多是假，全凭包裹方真，穴宜点脊，不然气冷难扦。剑形是倒地木星，无弯曲之势，要龙虎包裹，方可扦之，不然则必如死鳝，不结地矣。

○［孟注］斜曲钗者，乃垂头木星单股钗也。剑形，乃倒地木星直体也。

○言形固要详辨，又要看其护卫何如。或徒取形之斜曲者以为钗，而四围不抱，则非真钗也。至如钗形两股平垂股合处，亦必要上有微顶，下有微唇，左右弯抱，方可凑脊点穴。《疑龙经》云："钳穴如钗挂壁隈，唯嫌顶上有水来。钗头不圆多破碎，水倾穴内必主灾"是也。或徒取形之横直者以为剑，而两畔不包，则非真剑也。盖剑形必要龙虎包裹，方可扦穴。

○以上图形，聊举以示意耳，学者当即此而会之可也。不然，千形万状，岂图之能备而言之可悉哉！

虎与狮猊相似，雁与凤凰不殊。

一或少差，指鹿为马。

浑然无别，认蚓为蛇。

［徐注］虎形高而圆，狮形圆而方。雁头尾短，凤头尾长，大抵禽形是金星，多主贵也。鹿形身瘦而头平，马形身肥而头高。蚓形细曲而身短，蛇形屈曲而身长。

［孟注］身大头小，横土结其身，圆金结其头者，为虎形。身小头大，金水结其身，方土结其头者，为狮形。雁形头尾短，凤形头尾长。身瘦而头平者为鹿形，身肥而头高者为马形。细曲而身短者为蚓形，活动而身长者为蛇形。

○承上言。穴固由形取，然形有相似而实非者，尤当辨之。如虎与狮猊，兽类也，其形觉相似；雁与凤凰，禽类也，其形不甚异，须细辨之。若一或少差，不免以鹿形而指为马矣；浑然无别，不免以蚓形而认为蛇矣。认形不真，取穴必误，可不辨哉？

文笔画笔，二者何分。

衙刀杀刀，两般无异。

坐山秀丽，杀刀化作衙刀。

本主贱微，文笔变为画笔。

［徐注］尖峰秀丽端立者，谓之"文笔"。尖峰欹斜开叉，"画笔"也。尖利弯抱者为衙刀，尖利直硬者为杀刀。来龙特达及主山秀拔而傍从者，杀刀亦化衙刀也。来龙欹弱，主山贱微，虽有文笔，亦变为画笔也。

［孟注］尖秀端正而卓立者为文笔，贵也。尖秀崎斜又开者为画笔，贱也。尖利弯抱者为衙刀，吉也；尖削直硬者为杀刀，凶也。

○言砂形亦有相似者，唯看其龙穴何如耳。如文笔、画笔，二者亦无大分别也；衙刀、杀刀，两般亦未尝大异也。若穴之坐山，清秀美丽，纵有杀刀，亦化作衙刀矣。其或本主山轻贱微弱，虽有文笔，亦变为画笔矣。《入式歌》云："龙贱若还遇砂贵，砂变为凶；砂贱若还遇贵龙，砂亦不为凶"，此之谓也。

尖枪本凶具，遇武士以为奇。

浮尸固不祥，逢群鸦而反吉。

[徐注]前砂如尖枪，乃凶杀之器，遇武士反为有用为吉也。

○倒尸山出人路死，不祥之兆，遇群鸦形反成吉也。徐氏曰："山如浮尸，其凶极矣，穴中还须避之为是。"卜氏乃谓"见群鸦而反吉"，此不过以物理推之而已矣，其实大谬，取用者还当弃之。

[孟注]又言穴前横伏砂形，如枪之尖者，本为凶具；若遇武士，如武公大坐、将军按剑等形，则反有用而为奇矣。浮尸山现，主溺水路死之兆，固不祥矣；若逢主山如群鸦飞集、寒鸦下田等形，则死为鸦食，反成吉矣。此亦类推取譬之意，非真谓鸦食也。盖穴为主，砂为用，若得为我所用，虽凶而亦吉也。

鼓笛非神仙不取，无道器则出伶官。

印剑非天师不持，有香炉则为巫祝。

[徐注]道器者，幢幡宝盖、丹灶丹炉、仙鹤仙桥及鼓笛之类，主出神仙。无道器及主山不秀，主出音乐之官。吾邑呈坎天尊祖坟，土名"乌石鹤"，腾翼出脉，来有白鹤仙桥龟蛇顺拱，及道器陈前列后，全家白日升天。杨公云："鹤桥腾翼度神仙，悬丝隐隐于平田。白鹤仙桥来历远，龟蛇相会应坟前。下了亡灵生上界，子息浑家入洞天。只有龟朝蛇不应，为官必定到帝前。"

○印剑山出天师，否则僧道。香炉山出巫祝。

[孟注]鼓山圆而平，笛山横而小，印山圆而方，剑山小而直，香炉山圆而突。道器者，幢幡、宝盖、乐龟、丹炉之类是也。此皆指砂言。伶官，掌乐之官也。巫祝，巫师庙祝也。

○言有山形如鼓笛，此非神仙不取也；然必道器整备，方出神仙。如只有鼓笛，别无道器，则不能出神仙，只出乐者之官而已。形如印剑，则必天师能持之；然有印剑之形而又有香炉之山，则不能出得道之真人，唯出巫祝之师而已。盖以类而推之，宜有此应也。《黄囊经》云："穴前堆如案台，此是香炉山出现，定出师巫僧道才"是也。

葫芦山现，术士医流。木杓形连，瘟癀孤寡。

[徐注]葫芦山坚而圆净，主出医流。若倒地模糊，名"毒药山"。头圆尾尖，名"木杓山"，主出瘟癀浮肿，孤男寡妇。直来见头不见柄，主富。

[孟注]葫芦山，形似葫芦也。木杓山，形似木杓头圆尾尖也。此皆指砂言。

○言有葫芦之山出现，主出游术之士与行医之流。如有木杓之形，三五相连，主有瘟癀长病之人，及孤儿寡妇之辈也；若只一杓直来，见头不见杓者，反主富也。

或是胡僧礼佛，错认拜相铺毡。

或是尸山落头，悟为谢恩领职。

[徐注]拜相山与胡僧礼拜山无异，须要龙山有贵气，结穴分明，朝案端正，左右贵砂相从，而前有毡褥，则为拜相。铺毡主出贵人，否则胡僧礼佛，主出僧道清闲之人。强秃敧斜为尸山，圆净秀丽为谢恩领职山。

○已上数砂，吉凶相连，大概要龙穴为主也。龙真穴正，则凶砂反为吉也。龙贱穴假，虽有吉砂亦不能为福也。此章自前至尾，反覆而言，只以来龙为主，欲使人自悟耳。古云："砂如美女，贵贱从夫。水似精兵，进退在将。"

[孟注]此又言砂形相似者，不可不辨也。如胡僧礼佛与拜相铺毡，其形亦略相似。但礼佛，则其形秃兀而两边多孤露；拜相，则其形尊严而两边有护卫。若非细辨，则或是胡僧礼佛之形，而错认为拜相铺毡也。尸山落头与谢恩领职，其形亦略相似，但尸山僵硬直垂，谢恩贴软顺伏；若非详认，则或是尸山落头之状，而误认为谢恩领职也。谢氏不达词意，不识山形，漫以礼佛、拜相山形直言无异，既无异，又何言错认哉？

○一说：礼佛分手拜，边轻边重，则前无毡褥；拜相交手拜，圆净均匀，前有毡褥。此说亦详。

形如囚狱，与祥云捧月何殊。

势耸幡花，与风吹罗带何异。

[徐注] 徐氏曰："囚狱者，四山高压逼穴，穴低如坐井是也。捧月者，四畔高低相称，环抱有情是也。"

欹侧飞斜，分开两股，名"幡花形"。柔长舒泰，分出两股，名"风吹罗带形"。此二形仿佛相似，但幡花形龙主出僧道清闲之士，多作寺观神庙而已。

[孟注] 此又言穴形相似而实非者，不可不辨也。如囚狱之形与祥云捧月，皆是一小山居中而四围有山包裹者也，何有殊哉？但囚则人蓬裸兀坐，狱则逼勒局促；月则金星端圆秀丽，云捧则周围重护有情，须辨之。如幡花之形势与风吹罗带，皆是山分两股而飞扬下摆者也，何有异哉？但直长低垂，漫无收拾者则为幡花，柔软摆折，上有分下有合者，则为风吹罗带。须详察之。

出阵旗见，劫山为劫盗。

判死笔遇，杀水为杀伤。

[徐注] 出阵旗逢破碎鬼劫山，主出人为劫盗。劫者，是欹斜破碎、巉岩恶石之类也。杀水是急射之水。《经》云："笔大横橡，是名判死。"顺水笔主退产杀伤。

[孟注] 山尖四五枝而高低侧列，身下有脚飞扬者，谓之出阵旗。《拨砂》云："旗头生石阵上赢，旗心生石定输兵。若然生爪不分明，为贼又遭刑"，亦当详之。笔砂或卧或眠，而粗蠢不秀者，谓之"判死笔"；又谓逆水为"进田笔"，顺水为"退田笔"；对穴直射为凶，横过收水为吉，亦宜详之。劫山，欹裂巉岩之山也。杀水，直冲急射之水也。

○此言凶砂之应者，谓有山如出阵之旗，乃兵具也；若见劫破之山，则应山行劫之盗矣。砂有判死之笔，本非文象也；若遇凶杀之水，则主有杀伤之祸矣。然出阵旗、判死笔，亦看其龙穴何如。若龙真穴正，而无劫山杀水，则出阵旗应出武将，领兵出阵；判死笔应出刑司，判人生死。《青乌经》云："笔大横椽，足判生死"是也。

一坏土居正穴之前，未可断为患眼。

一小山傍大山之下，未可指为堕胎。

或作蟠龙戏珠，或作灵猫捕鼠。

[徐注] 或圆墩木石居穴前，未可谓之"瞽目砂"。大山两脚分开，山下有小墩，谓之"产难"。

○此结上文两节之意。虽穴前有一圆墩，未可断患眼。大山下一小山，未可指为堕胎。若龙真穴正，则是蟠龙戏珠、灵猫捕鼠之形。

[孟注] 此言砂形不可拘泥，唯看穴形何如。如一坏土居正穴之前，未可遽断其为患眼；小山傍大山之下，未可即指其为堕胎。但看结穴之山，或是蟠龙形，则坏土与小山可拟作珠，而为龙所戴矣；或赶灵猫形，则坏土与小山可拟作鼠，而为猫所捕矣。盖有真形，必有真应也。若非真形正穴，则坏土、小山又未免为患眼堕胎之应也。

贵通活法，莫泥陈言。

[徐注] 此总结上文之意。先贤千言万语，只是教人先以龙之星辰分贵贱，次以前砂形势定吉凶，务要活法变通。

[孟注] 此总结上文。言穴形异同、砂形应验，贵通活法以辨之，不可泥于陈言，执一而不通也。

卷帘水现，入舍填房。

珥笔山尖，教唆词讼。

[徐注] 穴前水一步低一步，倾泻而去，谓之"卷帘水"，主人离财散，男子少亡，多生女子及寡妇，招他姓之人入舍填房也。杨公云："田地被人来进舍，水犯卷帘"也。

○珥笔山如摘镊一同。一峰耸起高大，一峰低小欹斜，主出人好兴词讼。倒笔山亦然。《砂法》云："双笔交尖到讼庭"，意与此同。

钗剑图　　山水无情　　凶砂图　　肿脚尸山

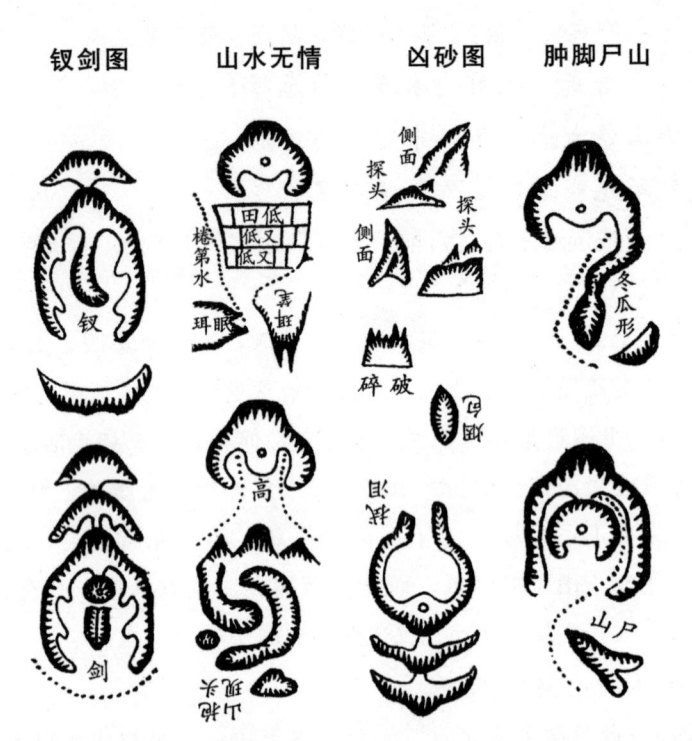

[孟注]穴前水一步低一步倾泻而去者,谓之"卷帘水"。笔山分开两尖,边高边低欹斜,尖削如鼻镊一般者,谓之"珥笔山"。

○此又言砂水之凶应者。谓穴前有卷帘水现,主出女多男少,及寡妇招赘异姓而入舍填房也。杨公云:"田地被人来进舍,水犯卷帘也"是矣。若有珥笔山尖,出人唆讼与词,倒地珥笔亦然。《妙法》云:"前砂尖射投军也,双笔交尖到讼庭"是也。

儿孙忤逆,面前八字水流。

男女淫奔,案外抱头山现。

[徐注]穴前有八字水分,子孙忤逆,坟宅皆然。虽得龙穴之吉,横案庶阑,纵发福,亦不免出人不义及寡妇。董氏谓:"倒骑龙,要两边水去,在龙后与大水相会同去则吉,顺骑龙,要在龙虎外,便与大水相会同去则吉。"峡中结地,必犯八字水,但平绕则吉,倾泻则凶。

○抱头山,如山头相抱,主男女淫欲。又云:"伸手抱自意,妇女

170

爱风流。"

[孟注]言穴前有水分两边，如八字流去，必主儿孙忤逆不顺从；得龙真穴的，有横案遮阑而发福，亦不免出人无义及生孤寡也。然峡中结地，又多有八字水，但平绕则吉，陡泻则凶。董氏云："倒骑龙，要两边水去，在龙后与大水相会同去则吉。顺骑龙，要在龙虎外便与大水相会同去则吉，又不可以八字水概论也。"案外有山相抱，犹如人两相抱头，必主男女淫乱私奔。《断法》云："犹如伸手抱圆毬，妇女爱风流"是也。尚有钻怀并户掀裙绾脚之形，俱主淫奔。亦宜详之。

玉印形如破碎，非瞽目则主伤胎。

金箱头若高低，非烟包则为灰袋。

[徐注]或山或石，如印而破碎者，主瞽目伤胎之患也。小巧方正为金箱山，若一头高而嵯峨，一头低而欹侧者，则为烟包灰袋山。《砂法》云："面前若见灰袋山，人去骨灰还。"

[孟注]或山或石，圆而小者，为玉印；方而小者，为金箱。

○言穴前之砂，有如玉印之形，而若破碎，非出瞽目，则主有伤胎之患。有如金箱之形，若一头高一头低，其体欹侧，非为烟包，则为灰袋，主人路死焚骨，及相伤六畜之应。盖金箱玉印，皆要端正圆净，方为吉也。

探头侧面，代有穿窬。

拭泪搥胸，家遭丧祸。

[徐注]山外有山，顶歪微露者，谓之"探头山"；侧露者，名"侧面山"。此二山，出人为盗贼。

○左右近山，回为肘臂，直而迫穴，谓之"拭泪"。山或对胸高起，谓之"搥胸山"，主出人少亡，有遭丧之祸。《砂法》云："龙虎拳头起，搥胸哭儿郎。龙虎两拳头，枉死泪双流。"

[孟注]山外有山，微露顶者，谓之探头；侧露者，谓之侧面。左右之砂逼穴齐眉者，谓之拭泪，对胸高起者，谓之搥胸。

○言穴前有探头侧面之山，则主世出穿墙窬穴之盗；有拭泪搥胸之砂，则主家遭死丧凶祸之应。《砂法》云："龙虎拳头起，搥胸哭儿郎。龙虎两举头，枉死泪双流"是也。

尸山居水口，路死扛尸。

肿脚出坟前，瘟癀浮肿。

[徐注] 水口有山如人相，名曰"倒尸山"，主出人路死也。山如冬瓜肥胖者，名"肿脚山"，主出人浮气黄肿，又主瘟癀。

[孟注] 言有山如人偃卧，名曰"倒尸山"；若居水口，主出人路死扛尸。有山如冬瓜肥胖者，名曰"肿脚山"；若出现坟前，主出人有瘟癀浮肿之疾也。

山林虎无以唼之则伤人，伏草蛇无以制之则损己。

蜈蚣钳里，眠犬怀中。凡此①恶形，扦之有法。

[徐注] 徐氏曰："结穴星峰高露，如虎出林，必得近案以环抱之，方不伤露，便是有以唼之也"。旧注谓"虎形必得堆肉案"者，误矣。

○蛇势恐其尖利带杀，必须闪避出杀，便是有以制之也。旧注谓"蛇形要得鼠形"者误。

○蜈蚣形，窝钳里点穴；眠犬形，鼻颡怀中乳下穴。

○已上形势凶恶，当依法度扦穴，不可斗杀脱脉为妙。

[孟注] 此言穴有恶形，当用法扦。如结穴之山，星体高露，如虎出林，必得近案阑之，方不见其暴露，便是有以唼之也。否则体遇风吹，杀遇风残，误认此处扦之，未免有伤人丁之患也。星体尖硬，如蛇伏草，必须闪脱以避之，方不受其杀气，便是有以制也。否则杀不能避，穴不可受，误于此处扦之，未免有损己身之凶也。至如蜈蚣之形，穴结钳里；眠犬之形，结穴怀中。此等凶恶之形，不可轻易点穴，必须扦之有法。如虎扦额上则有压杀之法，蛇扦耳旁则有闪杀之法，蜈扦钳里则有脱杀之法，犬扦怀中则有藏杀之法。如此依法扦之，庶不致伤脉闭杀而遭凶祸也。旧注堆肉案，不必拘也，盖虎形之说，不过取譬之

---

① 《天机会元》作"此穴"。

意，非谓虎形真能食肉，堆肉案真足以啖之也。使虎形真龙食肉，安可以人骸葬之也？智者详之。

嘶马必闻风于他处，惊蛇还畏物于坡中。

[徐注] 脉来直急，自山势而卸下坪处结穴，犹嘶马闻风于他处也。

〇入首之脉，屈曲徐斜，不结真穴，由左右前后，或有墩坡尖利，直来射穴，所以可畏，故云"惊蛇还畏物于坡中"。

[孟注] 嘶马，形昂头开也。惊蛇，形边峻边坡，互换不均也。

〇此言有形相似而无穴者，又宜辨之。如山似马形，必低伏盘桓，方可寻穴；若是嘶马之形，必是闻他处之风而欲奔驰者也。非谓真欲奔驰，其言无真止之情，而物为他处作应耳。至于惊蛇之形，则虽伏在坡中，远畏外物所击焉，有宁止之意，是以不可寻穴也。

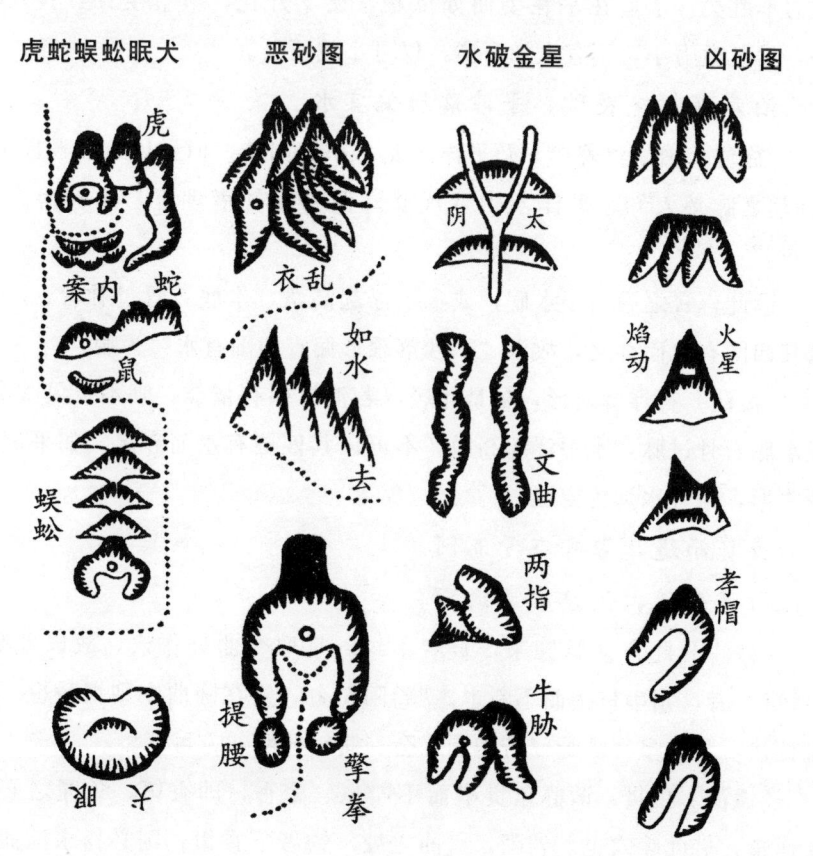

虎蛇蜈蚣眠犬　　恶砂图　　水破金星　　凶砂图

取舟楫于前滩，贵游鱼于上水。

[徐注]舟形宜扦水，此喻穴之得水者。"困鱼偏爱吞生水，解透龙门直上天"，此喻逆水之穴，来水天门喜开也。

[孟注]此言平地穴形。谓地以似船形，必近水方可取用，故曰"取舟楫于前滩"。游鱼之形，必以上水者为贵，盖取其逆水而有力也。《指南》云："游鱼上水方为贵，干涩之舟不可行"是也。

荷叶不堪重载，瓜藤仅可小裁。

[徐注]力轻气浮，不宜多葬，葬多则伤其力，故以荷叶为喻。气脉细小，不宜大加斧凿，仅可小裁，故以瓜藤为喻。

[孟注]言地如荷叶之形，则气薄力微，不宜多葬，如小舟而任重载力不胜矣。水星在平在委曲如瓜藤，支支开花，节节生芽，其穴不一，然气微力小，不宜大加开凿，仅可小裁而已。

泊岸浮牌岂畏风，平沙落雁偏宜水。

[徐注]泊岸浮牌形，乃平洋之龙，平坦如掌，何畏风吹？杨氏云："仙掌之脉必人知，平洋不怕八风吹。但寻真气堪埋玉，休管傍人说是非。"

○此言穴之隐结于水底，或水上浮起高墩，水底石骨过脉者，不可以其四围有水而弃之，故以"平沙落雁形偏宜四围有水"为喻。

[孟注]言浮牌之形，虽是体轻，若泊岸而有依靠，则不畏风吹矣。或水底石骨过脉，水中浮起高墩，不可以其四围有水而弃之，如平砂落雁之形，偏宜水远为吉也。

鱼贯而进，馨香在于卷阿。

雁阵而低，消息求于迥野。

[徐注]此言众脉齐来，直者不结，宜取变曲处作穴，故以此喻。"鱼贯"者，相串贯接而不断也。"卷阿"者，穴在阿曲中则煅暖也。群雁低伏，其势多在旷野，若四围水会，脐口分明，方可下。

[孟注]鱼贯，谓群鱼贯串而不断也。馨香，即香饵，鱼闻之必相聚而食，借此喻穴也。卷阿，盘曲之处，钓者下香饵，则必择水湾曲窝

聚之处而下之，借此以喻结穴之处也。雁阵，谓群雁阵阵相接而飞也。消息，犹言信息也，即雁落止之信息，借此喻穴形之所在也。

　　○此言观来龙之势而推结穴之处也。谓如群鱼贯串而进，则必有馨香之饵在于卷阿之处，故其情意趋向如此，由此推之，则穴唯可得矣。山如群雁阵阵而低，则落止之信息必在于迥野之间。由此推之，则穴形可知矣。

　　人形葬于脐腹，却要窝藏。

　　禽形妙在翼阿，不拘左右。

　　[徐注]杨公云："乳头之穴怕风吹，风吹穴来人绝灭。更须低下取窝藏，避缺趋全真妙诀。"故人形多是木火之星高露，最怕风吹，当求其窝突处为穴，使藏风而气聚也。禽形头尾皆可扦，惟禽翼包藏，故言妙也。翼不拘其左右，但有突泡则可。杨氏云："更有接穴断禽翼，此穴要君识。左翼转遮右翼弯，左转右边安。"

　　[孟注]言人形有三停之穴，唯脐腹最为中蓄，故宜葬之；然却要左右包裹周密，此穴窝聚深藏，不致露风，斯为吉也。禽形虽有冠星等穴，然唯翼阿最隈藏，故其妙在于此也。乃穴不拘左右，唯看其脉止气聚，砂水环抱而已。杨公云："更有结穴断禽翼，此穴要君识。左翼转遮右翼弯，左转右边安"是也。

　　不可一途而取，岂容一例而言。

　　[徐注]此结上文穴法之意言。山川形势，千变万化，移步不同，虽以人物禽兽等形而名之，其穴法务要看生气聚处为之，不可拘于形象一途而取也。

　　[孟注]此总上文。言穴形虽以人物禽兽等形名之，然形势不一，变换不同，当以意会，随形认穴，岂可一途而取、一例而言哉！

　　盖粘倚撞，细认穴情。

　　[徐注]盖者，气聚于山之巅，即天穴。其法有三：曰华盖、云盖、宝盖是也。粘者，气脉雄盛，气降山之麓，朝山低软，当粘则粘，即地穴也。其法有二：曰虚粘、实粘是也。倚者，偏而不正，气聚其傍，即

龙耳穴也。其法有二：曰实倚、虚倚。要识避死挨生，《至宝经》云"主杀冲下，夺葬其傍"是也。撞者，气不在下，亦不在上，天生自然，气聚中正之处，即人穴也。有轻有重，朝山高则以重为是，朝山低则以轻为奇。已上四穴，并要细认脉情缓急、朝山高低而证之，方无误也。

　　［孟注］盖者，取盖覆之义也。脉平缓，晕结于星辰顶上，则用盖法。揭高放棺，所谓"缓来不妨安绝顶"是也。亦要留顶脑，后要有靠乐，不可凿太深，亦不可露风，悲吹散去，生气立见败绝也。以华盖、云盖、宝盖为盖者，非也。虽《摘奇集》有此说，吾不敢信也，彼乃龙虎山起顶作遮盖，非谓盖法也。

　　○粘者，取粘缀之义也。脉来势雄急，晕结于星辰脚下，则用粘法。就低放棺，所谓"急时何怕葬沉泥"是也。亦要露脚，左右要相应平和，忌水淋穴背也。然粘法有二：渐渐近前脱脉而下为虚粘，若滴沥而虚粘则为"鳖裙绝"；稍稍凑脉而下叫实粘，若后山高峻而实结者则为"覆钟绝"。宜慎之。

　　○倚者，取倚靠之义也。脉来直硬，晕结在旁，则用倚法，挨旁放棺。如左砂逆水则倚左，右砂逆水则倚右；朝山单秀单倚，双秀双倚；后有顶为实倚，无顶为虚倚。仍要靠定来脉，不可就虚而脱气也。

　　○撞者，取冲撞之义也。脉来平软，宛而中蓄，不偏不倚，晕结于中心，则用撞法，就中放棺。或脉斜来横来，而晕结在中者，亦皆用撞法。然有轻撞、重撞之分，亦唯视其脉气水厚薄以为准也。

　　○以盖为天穴、粘为地穴、倚撞为人穴者，非也。此以脉言，彼以形言。如土腹藏金穴，以势论之，则为人穴；若脉来平缓，则宜用盖法。高山垂乳穴，以形势论之，则为天穴；若脉来急直，则宜用粘法。高山落平，结穴以形势论之，则为地穴；若脉直来，则宜用倚法；若脉横来，则宜撞法之类是也。

　　○上言穴形不可拘泥，此言当于穴情辨之。盖脉来结穴，有缓急曲直之不同，故盖粘倚撞之法，须细认穴情而用之，庶不致于有误也。

　　吞吐浮沉，务依葬法。

[徐注]夫脉有阴阳，故穴有吞吐浮沉也。凡阴脉到葬口内，纯阴直如剑脊，要饶二分毡檐下放棺，谓之"吐"，此因阴气缩下，借阳气一嘘，其气方生。凡阳脉到葬口内，纯阳来如仰掌，要凑入毡檐下放棺，谓之"吞"，此因阳气插下，借阴气一吸，其气方生，所以"阳来则阴受，阴来则阳作"，此谓之"跳出死气，以求生气"是也。《家宝经》云"阴者为强，脉来雄急，从上生下"者，乃天气下降，生气露而不隐，谓之"浮"；阳者为弱，脉来沉细，从下生上者，乃地气上腾，生气隐而不露，谓之"沉"。郑氏曰："葬得其法，则为生气；一失其道，则为死气"，正此谓。加减饶借、吞吐浮沉之类，并当依法而剪裁之，不致有撞杀冲刑、破腮番斗之患也。

　　[孟注]水泡穴，泡前开圹，复探至泡下，放棺如口中吞进，故曰"吞"，盖水葬其涌。涌者，泡也，不可破顶，破顶则气泄，惟用吞葬，始合其法，即"穿珠葬"是也。高山垂乳穴，后棺头入圹，前棺脚露出，用客土堆起包棺，如口中衔一半吐一半，故曰"吐"。盖垂乳体后高前低，若欲全棺入圹，不免后圹掘深，有损穴底，而犯气冷，惟用吐葬，始合其法。平洋穴，就平地上将棺浮安，多加客土，堆成大冢，内聚生气，外配堂局，故曰"浮"。盖平洋土薄水浅，气浮土面，若开下放棺，不免犯湿，惟用浮葬，始合其法，即堆金葬是也。高山浅窝穴，就窝弦旋开，沉下尺许，堆起墩围，再开圹放棺，低成冢堆，不致露风，故曰"沉"。盖高山风寒，若就浅窝葬之，不免冢堆露出，有被风吹，唯用沉葬，始合其法。或窝中浮土壅塞，挖去浮土，做成窝体，再开圹放棺，亦谓之"沉葬"，即开金取水是也。以葬上为吞葬、葬下为吐葬、浅为浮葬、深为沉葬者，非也。葬法者，用法而葬也。

　　〇上言盖粘倚撞，则就生成之穴而用之者；此言吞吐浮沉，则有培补作用之工焉。盖因穴情不同而葬法亦异，故宜吞则吞，宜吐则吐，宜浮则浮，宜沉则沉，务要依乎葬法，庶不致于有差也。

　　〇谢氏言，凡阳脉到葬口，内纯阳，来如仰掌，要凑入毡檐下放棺，谓之"吞"。此因阳气浮上，借阴气一吸，其气方生。凡阴脉到葬口，内纯阴，直如剑脊，要饶于毬檐下放棺，谓之"吐"。此因阴气缩下，借阳气一嘘，其气方生。其说虽似近理，究之，以葬上为吞，葬下为吐，非吞吐葬法之义也。又引《家宝经》云："阴者为强，脉来雄急，气从上生下者，乃天气下降，生气露而不隐，谓之'浮'。阳者为弱，脉来沉细，从下生上者，乃地气上腾，生气隐而不露，谓之'沉'。"此论脉气之浮沉，而非论葬法之浮沉也。盖上三句言穴情，乃天成也；下二句言葬法，乃人为也，不可混然无别。所谓吞吐浮沉，系四大葬法，久矣失传，故特就赋旨而发明之，学者宜可究之可也。

唇脐目尾颡腹，三吉三凶。

角耳腰足鼻胁，四凶二吉。

[徐注]唇目尾三凶，露而且偏也。脐颡腹三吉，深藏而且正也。耳鼻二吉，角足腰胁四凶，此以龙为喻。作鼻颡中正，脐腹则宛而中曲，耳目深藏，故有唇胁疾薄，角尾偏斜，又孤露不受穴，故凶。旧注以方位定之，非也。

[孟注]此借喻龙形以喻穴情之吉凶也。言唇目尾三处为凶，脐颡腹三处为吉，角腰足胁四处为凶，耳鼻二处为吉。盖唇则浅薄，腰则软弱，角则偏斜上，目则孤露，胁则逼勒，尾则尖削，足则浅露，不可作穴，故为凶也。脐则深藏厚纳，腹则宽博中蓄，耳则深曲藏聚，颡则中正而不偏，乃可作穴，故为吉也。吉则宜取之，凶则宜弃之，不可不辨也。《葬书》云："鼻颡吉昌，角目灭亡，耳致侯王，唇死兵伤。宛而中蓄，谓之龙腹，其脐深凹，必后世福。伤其胸胁，朝穴暮哭"是也。

形似乱衣，妻必淫，女必妬。

势如流水，家必败，人必亡。

[徐注]山如衣裳乱杂者，主妇女淫乱。《经》曰："形如乱衣，妬女淫妻"是也。面前山势飞去，如流水直去，并无回顾之情，主家财破败，人丁死亡。《经》云："势如流水，生人皆鬼。"其地切不可葬，葬之立见凶祸。

[孟注]此又言形象之凶应者。谓山形乱杂如衣裳之乱掷者，则主

妻淫女妬。《葬书》云："形如乱衣，妬女淫妻"是也。山势飞走，如流水直去而无回顾之情，则主家败人亡。《葬书》云："势如流水，生人皆鬼"是也。

或遇提箩①之山，定生乞丐。

若见擎拳之势，定出凶徒。

[徐注] 左右朝山如提箩一般，或欹斜，主出乞丐之人。龙虎山头高起，如擎拳之状迫穴者，主出凶狠之徒。

[孟注] 言或遇左右前砂如人提箩之状者，定生乞丐之类。若见龙虎砂头高起如人擎拳之势者，定出凶狠之徒。盖有此形，自有此应也。

水破太阴，云雨巫山之辈。

山欹文曲，风流洛浦之人。

[徐注] 太阴者，娥眉金星也。若水流破金星成坑者，必主出女人有巫山云雨之情。董氏谓"水流坤宫，是水破太阴"，非也。文曲星欹斜摇摆，乃水星也，主出妇人贪淫，男子风流游荡。

[孟注] 太阴者，娥眉金星也。云雨巫山，昔楚襄王与宋玉，游云梦高唐之观，有云气，玉曰："昔先王游云梦，一妇曰：'妾巫山之女，朝为行云，暮为行雨；朝朝暮暮，阳台之下'"是也。文曲，水星也。洛浦者，昔陈思王洛浦遇神女也。

○言太阴金星，被水流破或坑，主出女人淫欲，如云雨巫山之辈也。若文曲水星，欹斜摇摆，主出男人淫荡，如风流洛浦之人也。董氏谓："水流坤宫，是水破太阴"，非也。

头开两指似羊蹄，出人忤逆。

脑生数摺如牛胁，犯法徒刑

[徐注] 朝山开两指似羊蹄，出人忤逆，不孝不悌。《砂法》云："山形如牛胁，犯法配他州。"斯言不谬。

[孟注] 头开两指，谓山面透顶有坳也。

---

① 校注：原文做提萝，据上下文意校正。提箩，亦称都鲁，底略方，口圆；双层无盖。

○言山头若天两指，如羊蹄之形，定出人不孝不悌，而忤逆亲长。山脑若生数折，如牛胁之状，定出人为非犯法，而遭徒配之刑。《仙婆集》云："忤逆之山如羊蹄，恶子败门闾"，《砂法》云："山形如牛胁，犯法配他州"是也。

文笔若坐悬针，切宜谨畏。

孝帽若临大墓，勿谓无凶。

［徐注］文笔乃冲天火星，居于正南，主有火灾，宜护防也。孝帽山斜伸两带，如在面前及四墓宫，主有孝服之事。

［孟注］针，指木脚言。墓，谓圆墩似墓堆者。以悬针为正南午位，大墓为辰戌丑未四墓者，非也，盖此段论形非论方。孝帽，山头匾垂，肩斜施两带也。

○言文笔火星若卸下木脚，为坐悬针，主有火灾，故宜谨畏；或身露木埂，为带悬针，亦凶。所以文笔火星宜远而不宜近，远则秀丽可观，近则恐有回禄之患也。孝帽之山，若临于圆墩之上，如人带孝帽而立于墓堆之间，主常见孝服，勿谓无凶也。

小人中君子，鹤立鸡群。

君子中小人，蓬生麻内。

［徐注］四山散漫，其中一山端正出众者，是小人中君子也。四山端正，其中一山粗恶者，是君子中小人也。

［孟注］言四山散乱，其中一山端正出众者，是小人中君子；如孤鹤之立于鸡群，宜取而用之也。四山秀丽，其中一山粗恶无相者，是君子中小人；如蓬蒿之生于麻内，宜择而弃之也。

珉中玉表，多生庶出之儿。

狐假虎威，必主过房之子。

［徐注］珉者，石坊似玉也。玉者，极贵之宝也。此言众山低而中有一峰特秀者是也。一说谓临穴之主星秀丽，异于后之星者。此母贱而子贵，多主出庶生之儿，故假珉玉以为喻也。

○狐狸如猫类虎，威而不猛。此言龙身跳跃有势而来，到头主星软弱，全凭后山障托护卫，外阳山辅从，扶主成局，必主有过房之子也。

［孟注］珉，石似玉也。

〇言来龙之弱，至临结穴之山，星峰秀丽与后山不同，如珉中之有美玉表异，然此乃母贱而子贵，主多生庶出之儿也。主山微弱，全凭来龙与四山有势有情，相抉成局，如狐狸之假虎以为威，然此乃身弱而有助，必主过养别房之子也。

为人无嗣，只因水破天心。

有子出家，定是水冲城脚。

［徐注］天心者穴也。凡点穴必乘其生气，气本无体，假脉为体，因脉而知此有气也。穴有气脉，则上有分，下有合，此为真穴，必主旺人。今言水破者，因入首无气脉，则上不分，水淋头，冲破其穴，如茶槽竹枧之状，气冷，故主绝嗣。

〇城脚者，谓龙虎外之城麓也。水来冲射崩陷，必主出人为僧道。

［孟注］此天心指穴言。城脚，内堂水城脚也。

〇言为人而无子嗣，只因穴无脉气，天心不起，小水不分，淋头而下，流破天心，如茶槽竹枧之类，故气冷而主绝也。有子出家而为僧道，定是穴无余气，龙虎短缩，内堂无砂遮阑，以致外来大水冲城割脚，故住脚不牢，而至于出家也。

亦有虚拱无情，似乎有情。

多见前朝如揖，却非真揖。

顶虽尖圆而可爱，脚必走窜而顾他。

纵有吉穴可扦，不过虚花而已。

［徐注］亦有山形虚拱有情，细观其势而反无情。前之朝山似乎拱揖，细察其形又非真揖。由其顶虽尖圆端正，似乎拱揖有情，人皆喜而贪对之，殊不知其势与山脚飞斜走窜而反顾他也。

〇此结上文之意。凡真龙落处，左回右抱，前朝后扦，方成吉穴。虽然龙虎拱卫，而宾主不相迎者，则为虚假之地无疑矣。

右第十七章，论形穴。

[孟注]此总承上文。言山之形象美恶，固宜辨矣。然亦有山来虚拱，本无情也，而乍见之时，似乎有情；多见前朝之山，趋仰如拜揖也，而细观其形，却非真揖，此何以辨之哉？盖虚拱虚揖之山，乍观其顶，虽尖秀圆净而可爱，细察其脚，则必斜飞走窜而顾他。此无真向之情，焉有真结？纵有吉穴可扦，亦不过虚花而已。盖凡结穴之处，必左回右顾，前朝后应，大势相聚有情，方为真结也。

万状千形咸在目，三才八卦本诸心。

好地只在方寸间，秘术不出文字外。①

[孟注]三才，天地人三穴也。八卦，八方，也指穴之坐向。方寸，心也。

○此总结上文。言山虽有千形万状之多，咸在于目力之巧以辨之。穴虽有三才八卦之异，唯本诸心思之妙以得之。欲得好地，只在吾心方寸之间，唯当积德以求之；欲求秘术，亦不出于书诀之外，唯当因言以会之而已。

上段论穴形异同，及砂水凶形应验。

田氏谓"自一例而言"以上论穴形异同，自"盖粘倚撞"以下论形象吉凶，似宜分作两段，然亦不必也。谢氏只名章曰"论形穴"，似略而未详，今正之。

土崩陷而神魂②不安，木凋落而旺气将衰。

[徐注]来龙与朝山土石崩陷，则龙神克薄，故葬此者亦神魂不安。草木得气之先，看坟宅之旁草木凋落，则生气不足，旺气将衰，必主退败。

[孟注]不妥，犹言不安也。

○言来龙与主山，其土忽然崩陷，则龙神克剥惊动，而所葬之鬼神不安矣。草木得气之先，龙身气旺，则毛发必茂；若树木凋零，则旺气

---

① 此句《天机会元》无。
② 孟注本"神魂"作"神鬼"。

将衰，必主退败矣。

源泉混混出明堂，气随飘散。

白石磷磷张虎口，必主形伤。

［徐注］源泉之水长流，出于明堂，是外气不横，内气随之而观散也。磷磷，巉岩貌。白虎有磷磷之石，近主刑伤，远则无忌。

［孟注］混混，涌流貌。磷磷，巉岩貌。

○承上言。论地之凶衰，不独土木为然。如明堂之中有源泉混混流出，则内气随流飘散矣。有巉岩之白石，张如白虎之口，则如虎露牙，必主有刑伤之凶矣。

须①防东屈西伸，最怕左牵右拽。

［徐注］东边曲转而迫穴，西边伸出而直长，以及左牵右拽，若是山川无情，不可取穴。《拨砂》云："龙虎两开去，乞食沿途路。"

［孟注］承上言。不但石张虎口有凶，更防其东边曲转而逼穴，西边伸出而直长。又最怕左边反牵而不顾，右边拽去而不同。此皆龙虎无情之状，未必无凶也。

危楼寺观，忌闻钟鼓之声。

古木坛场，惊见雷霆之击。

［徐注］名墓之傍，多有寺观。且予常见宋朝程元凤丞相建寺于墓左，又见谢泌谏议建观于坟前，二姓后乃颇盛，寺观岂足为嫌？此止忌来水边及虎头上近而逼穴，在去水边反吉也。

○此言妖邪或穴古冢之中，或伏坛场之下，为雷所击者，则凶也。

［孟注］危楼，即寺观高险之楼也。古木，即坟场之古木也。

○承上言。不独嫌龙虎无情矣，即如宅坟之旁，有寺观高险之楼，则忌闻钟鼓之声，惊动龙神而不安也。若寺观在去水边，或伏于山脚下不为害者，又不必忌也。若来水边，及龙脉上当面前，则不宜有也。至古木坛场之处，恐为妖邪所栖，则怕见雷击之声，震伤龙脉而有凶也。

---

① 孟注本"须"作"更"。

怪石若居前案，必有凶灾。

吉星既坐后龙，岂无厚福。

[徐注]怪石巉岩之石，如刀枪剑锯等类，虽是吉地，亦有凶灾。尖圆方三者端正清秀，谓之吉星。既有吉星，必有吉福。

[孟注]言巉岩丑恶之石若居于前案，则为劫杀之星，必有凶险之灾。若石骨入相，方如玉印、竖如牙笏，则又反为吉矣。尖圆方三吉之星，既坐于后龙，则龙身贵重，亦自然有丰厚之福也。

忽睹山裂者，横事必生。

常闻水泣者，丧祸频见。

[徐注]宅坟前后左右山蓦然崩裂者，必主官非横祸之事。时常闻水声哭泣者，定主有死丧哭泣之事应之。

[孟注]频，数也。

〇言坟宅前后左右之山忽然见其崩裂者，横祸之事必生。时常闻水之声如人悲泣者，则死丧哭泣祸亦频见矣。

其或声响如环佩，进禄进财。

若然滴漏注铜壶，守州守郡。

鼕鼕洞洞，响而亮者为贵。

凄凄切切，悲而泣者为灾。

[徐注]其水跌际，响如金环玉佩之声，主财禄两进。若水响如铜壶滴漏之声不息，主出牧民之官。水声如鼓响而清亮者为奇，水流凄凉而悲泣者主生灾。

[孟注]承上言。水泣固不吉矣，其或水跌而声如金环玉佩相击之声，则主进禄而又进财；如铜壶滴漏之声，则必守州守郡而为牧民之官矣。故水若跌漈，其声冬冬洞洞，如鼓声响而亮者，斯为贵也。水若急流，其声凄凄切切，如哭声悲而泣者，即为灾也。然则水声有吉有凶，宜详听而辨之矣。

然而，① 有声不若无声，明拱不如暗拱。

［徐注］此承上文言。大抵水流有声，不若澄凝无声也。局外秀峰暗拱，又胜局内之明拱也。

［孟注］承上言。水声固有吉者，然而有声又不如澄注不流，流而平缓悠洋，无声可听之，为愈也。盖水本动，妙在静也。即水明来朝拱，亦不如朝案之外暗拱，有砂遮阑，不致引泄内气之为妙也。下文云："逆水来朝，不许内堂之泄气"，《疑龙经》云："朝水案外暗循环，此穴自非中下地"，故暗拱最也。

一来一去，有福有灾。

一急一缓，有利有害。

［徐注］或一山一水来朝，又有一山一水叛去，主有福，亦主有灾也。山水之缓者必有利，山水之急者必有害，仍审其得宜有情者为利也。

［孟注］承上言。不独水之无声暗拱为吉，即或一山一水，有情来回者则主福，无情背去者则主灾，故一来一去则有福有灾也。或有一山一水平绕而缓者则为利，陡泻而急者则为害，故一急一缓则有利有害也。

留心四顾，缓步重登。

［徐注］观地之法，务要三回四顾，缓步留心，反复视之，审龙定穴，详砂审水，不可粗心浮气，轻易下手，误人于祸，可不戒欤！

［孟注］承上言。山水唯其有来去缓急不同，故观地之法，必须留心四顾，先看来龙，次察穴情，次察左右前后堂局砂水，又须缓步细看，重登再审，方无误也。

二十四山，山名太杂。三十六穴，穴法何迂。

［徐注］罗经方位有二十四山，穴之名有九星、五星及人物禽兽等，名为"太杂"。定穴之法，五星九曜足以尽其玄微，不此究心，而反尚

---

① 《天机会元》无"然而"二字，据孟注本补。

乎三十六穴之法，是弃星体之本源，而详形穴之末务，何其迂阔而不切也！卜氏盖讥之矣。俗师谓三十六穴，穴法可用，而不迂谬矣。

［孟注］言二十四山方位之设，原为轮载年神之吉凶，分别阴阳五行，以便于选择日期，非谓有二十四方位，便谓山有二十四，实受名义也。盖山不过在乾方，即以乾称之；如在亥方，即以亥称之。其实非真为此山亥山也。若认真以为乾山、亥山，如俗云："乾山宜扦某穴作某向，宜某水来朝；亥山宜扦某穴，作某向，宜某水来朝"，推至二十四山，不免山之名义太杂，令人反忘本而逐末矣。若论穴法，窝钳乳突足以尽之，如所言三十六穴，不免穴法太多，反迂阔而不切矣。田氏改注甚谬，今正之。

宗庙之水法误人，五行之山运有准。

［徐注］范氏曰：宗庙之书，误人为甚，此古人作之以灭蛮国，谓之"灭蛮经"，切不可用也。克择以五行山运，论纳音生克，纳音克墓运凶，人人用之，祸福无准。

［孟注］宗庙，即范洪五行也。

〇言论水法，只当以形范性情为主，不可以方位五行杂之也。若以宗庙五行论水法，则误人不浅矣。然论水法则不可，若用此五行以起坐山某运，则生克之凶之理有准，又不可废也。吴景鸾曰："洪范与正五行多不相合，然取以论山头之纳音不可废也。"田氏改注谓："宗庙大五行水法出于《葬书》，其言朱雀源于生气，即养生之位也；派于未盛，即沐浴、冠带之位也；朝于大旺，即临官、帝旺之位也；泽于将衰，即衰病之位也；流于囚谢，即死墓之位也。以近于绝，即绝胎之位。禄存，宗庙是也。"殊不知朱雀源于生气者，谓气者水之母，有气斯有水，溯其水流之源，实生气之所溢也，故曰"源于生气"。"派于未盛"者，谓水源初分，流既未长势，犹未盛也。"朝于大旺"者，谓众水同朝于明堂，其气大旺也。"泽于将衰"者，谓水将流出，必先汇为泽，其势将蓄而将衰也。"流于囚谢"者，谓水流出处，两边砂头交牙关锁，犹如囚物而不令去也。"以返不绝"者，谓气溢而为水，水又囚而不去，反滋以养气，气水循生，无有断绝也。至"法每一折，潴而后泄"者，谓欲其曲折停蓄，不欲其直流速去也。"洋洋悠悠，顾我欲流"者，谓其于穴留恋有情也。"其来无源，其去无流"者，谓来远莫知其源，其去曲折，不见其流也。此书通篇俱论水之形势性情，何尝有方位之谓也？且五行长生之说，乃星家推人命运生死之理，今不解其义，强以长生、沐浴等位配论水法，殊为大谬。又谓"误人"二字，似当作"非诬"二字，"以返不绝"改为"以近于绝"，曲为解说，欲人遵依宗庙水法。殊不知宗庙星卦水法之谬，不独卜氏辟之，许公云："宗庙星卦何足用？阴阳剪水是虚花"，廖公云："单于梅花非正论，天星宗庙胡可知"，赖公云："卦为宗庙误人多，无龙无穴事何知"，刘伯温云："宗庙五行徒此设，颠倒用假来混真"，又云："何用九星并八卦，生旺死绝供虚话；免惑时师卦例言，福无祸有须当审"。由此观之，则宗庙之水法，断断不可用也明矣，学者详之。

　　逆水来朝，不许内堂之汇气。

　　翻身作穴，切须外从之回头。

　　所贵关藏，最嫌空缺。

　　[徐注] 山水逆来，须要到堂为吉，不许内堂倾泻，反泄本身之气也。翻作之势，多无本身龙虎，须要外生一枝，回头护托为吉也。所喜者堂局紧密，水口关阑，穴内窝藏，使生气之有聚也。所嫌者堂局旷荡，罗城空缺，穴内受风，则生气之飘散也。

　　[孟注] 言逆水来朝，贵有阴砂遮阑，不许冲入内堂，反引泄本身之气也。山若翻身作穴，本身多无龙虎，切须外有护从之山回头以顾穴，方为吉也。故贵有关阑包藏，堂局紧密，能使气聚为吉；最嫌周围空缺，漫无遮护，致令气散为凶。不可不察也。

　　隔水为护者，何妨列似屏风。

　　就身生案者，须要回如肘臂。

　　[徐注] 本身无抱，隔水有山来护，高而且方，如屏风者吉，低斜则不美。本身龙虎为案，须要弯环如肘臂者方为吉，若直窜则不妙。

[孟注]言隔水有山来作护卫者，不妨排列似屏风以为外帐，则局无空缺而为美也。本身龙虎生出为案山者，须要回环如肘臂外向内，则气有凶藏而为吉也。

毋友不如己者，当求特异之朝山。

同气然后求之，何必十分之厚垅。

[徐注]其祖宗山分来者，谓之"同气"。方其行也，如兄弟之同行，雌雄之并出；及其止也，如君臣之庆会，宾主之相迎，只欲求之有情，何必拘十分厚薄也。又有以理气论者，如水气行龙得木位，破木合局，亦是同气。金水火局亦然。此又说也。

[孟注]同气，谓声气相同，以喻主客一般相对有情也。以共祖宗山分来作朝为同气者，非也。若因共祖宗分来之山，不论其美恶，便求作朝，不免误矣。

○承上案山言。夫宾主贵乎相称，毋向乎不与己者，当求特异之朝山而对之，盖主以客贵而愈显其尊也。至宾主一般有情，犹如声气相同，亦可求之作对，何必拘于十分高厚之垅哉？

尖山秀出，只消一峰二峰。

曲水来朝，不论大涧小涧。

[徐注]前山尖秀耸特者，或一峰二峰皆吉，何拘于多？有水湾回来朝有情，何必拘于大涧小涧乎？

[孟注]承上言。朝山只要特异，不在多也。若有尖山秀丽特出，众山之上，只消一峰两峰，亦足以为贵应。如无朝山，只看朝水，若有水曲折来朝，或大涧，或小涧，皆是有情于我，又何必论其大小哉！

众水顺流而散漫，不用劳神。

四山壁立而粗雄，何劳着眼。

[徐注]众水顺流，散而不归，则真气荡散，决然无地，不用劳神。四山险峻而粗大丑恶，则堂气逼促，皆不结地，故不足观也。

[孟注]此言众水顺流而去，而又漫散不聚，决然无地，不用劳神再看也。四山峻壁立，而又粗恶高雄，必不结也，不劳着眼再看也。

山无朝移夕改之势，水有陵迁谷变之时。

〔徐注〕开辟以来，山静而定，则无移改之理。水乃动物，故能推东移西，或浅或深，而有迁变之不常也。

〔孟注〕承山言。山水固当详辨，然山静物也，若生成一定，则无朝移夕改之势，吉凶不可易矣。水动物也，或推东荡西，填深开浅，尚有改迁谷变之时，吉凶犹可转也。然唯龙真穴正，水或有变凶而为吉矣。

水不乱湾，湾则气全。

山不乱聚，聚则形止。

〔徐注〕水性直流，盖不苟湾，湾抱之处，必主脉气聚全，以成吉也。山之聚处，则前迎后送，左抱右回，而形以止之，夫岂苟聚之有哉！

〔孟注〕言水性直流，必不乱湾；若有湾环绕抱之情，则外气不散而内气全也。山体镇静，必不乱聚，若前迎后送，左回右抱，有相聚之势，则形必止于是而有结作也。

浅薄则出人浅薄，宽平则出人宽平。

〔徐注〕此承上文言。地上浅薄，势小脉微而无局，则出人轻薄而不重厚。若土厚水深，而形局宽平，则出人亦宽洪大度而不狭隘。二者出人之相应，恒如影响之相随。《素书》云："地薄者大木不产，水浅者大鱼不游"，其理之谓也！

〔孟注〕言既观山水之聚湾，又当审其力量何如。若力量小而浅薄，则出人亦浅薄；力量大而宽平，则出人亦宽平。盖人善恶媸妍、富贵贫贱，总由山水之气使然也。

隻隻山尖射，岂予之所欲哉！源源水斜流，其余不足观也。

〔徐注〕山山尖射，如刀枪山，人皆弃之。水水斜流，如佩剑水，不足观也。

〔孟注〕隻隻，犹个个也。源源，谓处处源流也。

○言山以圆净平远为贵，若隻隻山皆尖射，则全是劫杀之不收，岂予之所欲哉！水以湾环绕抱为吉，若源源水皆斜流，则毫无聚蓄之意，虽有地美，亦不足观也。

后山不宜壁立，去水最怕直流。

［徐注］后山壁耸，谓之"玄武不垂头"，名曰"拒尸"，必主出绝，不可扦之。去水欲其弯曲，最怕直流无情，故陶公云："去水直流，则田牛退败。"

［孟注］言穴后之山，峻如壁立，则玄武不垂头，名曰"拒尸"，最不宜也。盖壁立无降下之势，而真脉虽落，所谓"一怕玄武壁立"是也。面前之水，贵乎左回右转而去，最怕直流无情，牵出内气，致有退败之凶也。

更嫌来短去长，切忌左倾右泻。

［徐注］山水发源处，来水若短，去水若长，必无大地，虽紧巧亦轻可而已。左右水神倾泻，是八字分流，至凶之兆，主家败人亡。

［孟注］来短去长，就一地言之，非谓山水发源之处也。

〇承上言。水不怕其直流，更嫌其来水边短，去水边长，则下手大宽，以致内气难聚也。若龙真穴正，则培筑下砂，以兜收去水，亦可转为吉也。又切忌内堂之水，或是左边倾出，谓之左卷帘；或是右边陡泻，谓之右卷帘，皆为泄气之患，不可不忌也。

流神峻急，虽屈曲而骤发骤衰。

水口关阑，不重叠而易成易败。

［徐注］水动妙在静，故不欲急，若急流斜泻，则动矣，虽之玄屈曲，发福亦不久远。水口有三五重关阑，至八九重交牙关锁者，主关内必结大富贵之地，发福必久远。若一重关而不叠锁者，成败如反掌之易也。

［孟注］流神，言去水也。

〇承上言。所忌其倾泻者，盖流神峻急，其势难以停留，虽屈曲有情，亦主骤发而亦骤衰，不能悠久也。所嫌其去长者，盖水口贵有重叠关阑，不见水去为妙；若有关阑而不重叠紧关，仍见其水去，则主易成

190

而亦易败，不能长远也。

其或势如浪涌，何须卓立之峰。

脉若带连，何必高昂之阜。

带连者贵接续而不断，浪涌者须重叠以为奇。

[徐注] 此言来龙虽无尖秀之峰，但圆净重叠，如巨泻巨涌，亦为奇也。《经》云："势如巨浪，重岭叠障，千乘之葬。"其平洋田塍之浪，若水之波，又胜于高垅也。龙脉欲断不断，牵连而来者吉，何必高昂之峰也。

○此承上文。续而不断，必如藕断丝牵，方为贵也。浪涌而来，层层如滚，多者为奇，故曰"龙要来了来，砂要堆了堆"是也。

[孟注] 言来龙之势，一起一伏，如浪涌而来，则力量极重，何须卓立之峰也。平支之脉，隐隐隆隆，似带连而来，则地有吉气，又何必高昂之阜也。但带连者贵如藕断丝连，接续而不断，斯为吉也，若断绝则脉息矣；浪涌者，须重重叠叠，拥从而来，方为奇也，若单薄则气弱矣。不可不辨也。

脉有同干异枝，枝嫌延蔓。

势有回龙顾祖，祖不厌高。

[徐注] 延蔓，散乱也。正龙谓之"干"，干又生枝，俱要护缠为吉，最嫌散乱无情。《龙经》云："枝龙腰上亦堪裁，半是虚花半是开。若是虚花无朝对，若是结实护缠回。"回龙顾祖之地，乃是祖山作朝，不忌高压。廖氏云："也曾见穴面前欺，顾祖不嫌低"是也。

[孟注] 延蔓，如藤之延长乱去也。

○言脉有干枝之分，正龙为干，干上分出为枝；枝贵缠护有情，最嫌乱去不顾。李淳风云："枝蔓处为散气，气散则无归，故可嫌也。"势有回龙顾主，祖山自是高耸，若似朝山开面相对，则不厌其高也。《疑龙经》云："翻身顾母顾祖宗，此是回龙转身处。宛转回龙似挂钩，未作穴时先作朝。朝山皆是宗与祖，不拘千里远迢迢。"此言祖宗先作朝山，以待穴向，已有相对之情，何必畏其高也。然亦要有数百步之远，方无凌压之势耳。

○田氏谓"不厌"二字当改作"忌厌"二字，恐祖高而厌穴也。殊不知既有回顾之势，焉有畏其祖高之理？《怪穴篇》云："也曾见穴面前欺，顾祖不嫌低"，欺指祖言，低指穴言，祖高穴低，其势虽欺，亦不是嫌也。由此观之，则知"不厌"二字不必改也。

察其老嫩精粗，审其生旺休废。

[徐注] 老则嵯峨刚硬，嫩则委蛇柔软，精则圆净秀丽，粗则蠢俗高雄。山动曰生，耸起曰旺，隐伏曰休，死旺曰废。水曲曰生，水聚曰旺，水深曰休，水谢曰废。以此总结上文山水形势而言，生旺精嫩者吉，休废粗老者凶。又有方位之论，亦须参观。

右第十八章，通论山水。

[孟注] 山之嵯峨高雄为老，低软光润为嫩；圆净秀丽为精，蠢高直硬为粗。《入式歌》云："老是大山毛骨粗，嫩是换皮夫。"亦当详之。水之发源曰生，聚会曰旺，流出为休，囚谢为废，以方位论之者非也。

○此总结上文山水吉凶之意。言山则当察其老嫩精粗之异，水当察其生旺休废之殊。盖山乘秀气精嫩，则有秀气，粗老则无秀气；水为外气，聚注则内气止生，外气流散，则内气随泄，故不可不审也。

右段统论山水吉凶。

此段论山水吉凶，文义显明。谢氏名章曰"通论山水"，遗其吉凶。田氏改名段曰"泛论山水吉凶"，泛字未确，今正之。

论阳宅篇第十五

若言阳宅，何异阴宫。

最要地势宽平，不宜堂局逼窄。

[徐注] 阳宅居址也，阴宫坟墓也。阴阳二宅，论山川之气散聚，理则一同。杨公云："问君阳宅要安居，此与安坟事一如。人家无坟有吉宅，宅与阴地力无殊。"阳宅最要地势宽舒平正为上，逼窄则小居

址也。

[孟注] 阳宅，居止也。阴宫，坟墓也。

〇言阴阳二宅，其祖山来龙、过峡起顶与无龙虎朝案、罗城水口，件件俱同；所不同者，阳宅穴场阔大，阴宅穴场窄小，所谓"阳地一片，阴地一线"者是也。故阳宅则要地势宽平、堂局阔大，而不宜逼近窄狭，难容众居也。

若居山谷，最要藏风。

如在平洋，先须得水。

[徐注] 山谷之宅，最忌凹风，风吹则气散。左凹风则长房欠，右凹风则小房亏。平洋之地，须要水势环阑，或当面朝堂，则人财两旺也。

[孟注] 凹风者，两头高中间低陷，如凹字一样，其风来最急也。

〇承上言。阳宅固宜局势宽大，又当看其地位何如。居山谷紧怕凹风，盖风水最聚，凹风尤甚。风吹则气散，居之自不安也。故山谷以藏风为主，若在平洋，先须得水。盖平洋旷荡，不畏风吹，须有水来绕，绕水为外气，外气所以聚内气，我得其用，居之自获福也，故平洋以得水为先。

〇诸注谓左凹风则伤长，右凹风则伤幼，当面则损中房，殊不知此论阴宅则可，至论阳宅则不然。或长房居右边，幼房居左边，则不得以左右分长幼。读者详之。

土有余当辟则辟，山不足当培则培。

[徐注] 辟，开除也。砂或尖利有妨碍处，当除则除之可也。培，增补也。砂有不足处，可以截长补短，锄高益低，使适于中。或问："客土恐不相纳？"殊不知工力得法，俨若生成，久后自然相应。《拨砂》云："墙垣堑篱若生成，尚应吉凶，今补客土，遮风塞水，岂不相纳之有哉！"

〇[孟注] 辟，开除也。培，增补也。

〇承上言。山谷平洋之居，固当辨之，又当知裁成之法。夫本山与护砂土若有余，或高突，或尖长，有妨碍处，当开除则开除之。山若不足，或低陷，或短缩，有欠缺处，当培补则培补之。务要使前后左右合法，而后居之自安也。《葬书》云："目力之巧，功力之妙，增高益下"，为三吉是也。

先宅后坟，坟若兴而宅必退。

先坟后宅，宅既盛而坟自衰。

［徐注］若立宅在前，安坟在后，坟夺宅气，故坟兴而宅退。若安坟在前，立宅在后，宅截坟脉，故宅盛而坟衰。

○［孟注］承上言。阳宅固要裁成，又当辨阴阳先后之理。若来龙气旺一体，而分阴阳二结者，不妨阳作居址，阴作坟地，彼此无碍发福也。若来龙正气结阴地，余气作阳宅基，立宅在先，未始不发；若后安坟而得正气，则余气皆为坟用，是坟夺宅气，坟必兴而宅必败矣。若来龙正气结阳基，余气作阴地，安坟在先，亦未未始不发；若立宅而得正气，则余气又为宅用，是宅夺坟气，宅既盛而坟自衰矣。此一定之理，卜居者不可不知也。此论宅坟之先后，旧图分作前后者，非也。

明堂平旷，万象森罗。

众水归朝，诸山聚会。

草茂木繁，水深土厚。

［徐注］明堂平正而开广，则万象森罗于前，必主财源大旺之兆。水如众水之朝宗，砂似众星之拱极，此结大富贵之地。泉甘土肥，竹木丛茂，可见其气之盛也。《经》云："坟前明净无遮蔽，宅后偏宜绿树浓。遮蔽四时形不露，安居久远禄千钟。"阴阳二宅，并可堆墩、筑宅、截培，竹木荫庇，则人财悠远。财悠远。

［孟注］旷，阔大也。森，众木貌。罗，罗列也。盛，茂盛也。繁，多也。

○此又承上言。阳宅局势，总之要平坦阔大，方成富贵之居址，故明堂平正广阔，而四应聚秀，如万象森罗于其前，又得众水归来如朝宗，诸山大聚如会同，如之以草盛木繁，水深土厚，则气秀势旺盛，规模宏大，斯为发福之大居也。然明堂山水由于天成，至于草木可以人工培之，所以人之居址，贵裁草木荫之也。

墙垣篱堑，俱要回环；水圳池塘，总宜朝揖。

与夫铁炉油榨，水碓牛车；立必辨方，作当依法。

[徐注] 堑，沟坑也。或筑垣墙，或夹篱堑，及沟路，俱要弯环，其祸福如砂，一同应之。圳，田水也。池塘水阔，俱要朝揖有情为吉，但反背向外为凶。

○已上等件，俱系动响之物，皆要取地位之宜，方可作也。大概宜居水口，其背后虎头及朱雀玄武上皆不可作之也。

[孟注] 堑，沟坑也。圳，田涧也。

○承上言。阳宅局势之美，固贵生成，至于作用之妙，又在人为。如修筑墙垣，围篱掘堑，俱以回抱弯环为要。开挖水圳，浚凿池塘，总以朝向拱揖为宜。于夫设立铁炉、油榨、水碓、牛车等处，亦必辨其方位而依法以作之，庶无碍于居址也。盖铁炉、油榨、水碓、牛车等，俱是声动之物，大概宜居水口；若后龙堂前与夫来水边，不宜立此。便是辨方之说，不可拘于俗忌，只谓青龙边宜立而白虎边不宜立也；观下文云"坛庙必居水口，罗星切忌见当堂"，可以推类而知矣。

水最关于祸福，山宜合于图经。

[徐注] 宅墓之水，祸福立应，故明堂以得水为紧，决①得法则福，否则祸。古云"滴水难泄"。山之形势，宜合砂图之星辰，《葬经》之道理，故曰"山宜合于图经"也。

[孟注] 此结上起下之意。言阳宅贵于山水兼全，然水为外气，其情形之美恶，又取关于风水之祸福。至于山之形势，乃脉气之所钟，又宜合于图之所载，经之所言，以为准则也。

所忌者水尾源头，所戒者神前佛后。

[徐注] 水尾源头，脉走气散，故忌之。纵两边山相向有情，只轻可②而已。俗云"神前佛后，旺气应注"，神灵幽阴相触，惟恐居之不安。若脉气太旺，各有结作，又不可拘此而弃也。其神庙或在源头而障

---

① 校注：决，形声。从水，夬（guài）声。本义：疏通水道，使水流出去。
② 校注：轻可，轻易、寻常之义。

风，或镇地户而塞水，斯又为美矣。

〔孟注〕水尾者，乃水出口之处也。源头者，乃水发源之初也。

○言水固关于祸福，若龙脉真而水不吉，犹可用工改迁，转凶为吉。所忌者，水之出口之处，为脉气穷尽之所；水之发源之初，为脉气未止之处，俱不可居，故宜忌之。若水口开，龙身翻转，逆水成局，深山中真有龙落，开展铺阳，又非水尾源头谓也。山固要合图经，若来龙真的，而形势有小节之疵，亦无大碍也。所戒者，神前佛后之地，既为神灵所栖，则幽阴相触，鼓钟相惊，恐居之不安，故宜戒之。若龙气大旺，各有结作，则又无碍，立宅又不可因此而弃之也。《指南》云："寺观灵坛山秀异，别生形穴在裁量"是也。

坛庙必居水口，罗星忌见当堂。

〔徐注〕神庙社坛，宜居水口。刘氏曰："有大乔木，亦能发福。"伐木毁庙，凶祸之来，不可振也。圆山土墩，谓之"罗星"，喜居水口，忌见当堂，逼近有害，隔远无妨。以上数事，宅墓一同。

〔孟注〕罗星者，乃罗城之余气，涌突于水中，联纽两山枝脚，抵住中流，不容去水竟然直出，则内水自然消停而不竭也。北辰，即罗星之别名。罗城当众水之朝归，犹北辰当聚星之旋绕，故名之，非罗星之外别有北辰也。或有圆山，一边在水，一边在山者，或在岸者，皆谓之罗星。其中又有些小之石，磊磊落落，见于水中者，名落河火星也。

○承上言。大约神坛佛庙，宜居水口，镇守地户，以关锁风气为妙。至于星星，又宜居水口，而忌见于当堂之前，恐有堕胎伤目之患也。《撼龙经》云："罗星要在罗城外，此与火星常作案。火星龙始有罗星，若是罗星不居内。居内名为抱养瘵，又为病眼坠胎山"是也。

形局小者，不宜伤残，寸土惜如寸玉。

垣局阔者，何妨充广，千家任住千年。

〔徐注〕山谷之穴，龙脉细巧，而结局必小，不宜施功穿凿，恐伤生气，主人财不吉，故惜土如惜玉者，贵之至，惜之甚也。平地之宅，乃高垅降势落下，平洋龙气旺盛，而结局必大，又得龙之所会，水之所聚，垣局宽舒，大则扦州建县，次则市镇乡村。"千家"谓人烟辏集之多也，"千年"谓气力重厚而能乘载悠久可居也。凡气旺之处，纵些小工凿而无祸，盖阳气沉潜故也。

[孟注]言阳宅局势固要阔大，然亦有来龙的真而形局小者，亦可立宅；但结局既小，其脉气必微，不宜开凿伤残，恐有损于人财，故惜寸土当惜寸玉之重，甚言其不可伤也。若来气旺盛而垣局阔者，其力量必大，何妨旷充广居，虽有千家，亦可任住千年，即稍有开凿不足畏也。

一山一水有情，小人所止。

大势大形入局，君子攸居。

[徐注]一山一水之情，此小结局而已，非君子之居，虽好亦不长远也。此结上文。局势宽大之所，必有大富大贵之家居之而悠久也。

[孟注]承上言。形局小者，如一山一水有情，只可为小人家之居址而已。垣局阔者，如四山辐辏，众水会同而有大势大形入为堂局，则气象恢弘，斯为富贵绵远之地，而为君子之所居也。

泰山支麓水交流，孔林最茂。

龙虎山中风不动，仙圃长春。

[徐注]山足曰"麓"。"交流"，水之交会也。东鲁泰山，灵秀所钟，其水交会，故孔圣人宅墓在焉。夫惟山川秀丽，故荫注绵延，而子姓蕃衍也。龙虎山在江西广信府贵溪县，其山川完密，局不露风，超异乎众，故张真人世居焉。惟其山川周密，所以发福悠长，世袭其传也。

右第十九章，论阳宅。

[孟注]泰山，鲁之东岳也。支，谓平支之龙也。旧本作"之"字，乃传写之误耳。麓，山足也。孔林，谓孔圣之墓也。龙虎山，在江西贵溪县。仙圃者，谓张真人之道场也。长春者，谓世世不衰也。

○承上言。所谓大形者，如泰山发出支龙结局，其麓四水交会而流，故孔圣之墓在焉，其传世最久，而子孙最盛也。至于龙虎山，山势完密，局不露风，故张真人世居于此，承袭不替，而为仙圃长春也。

因往推来，准古酌今。

[徐注]凡观山水，当考往者推其方来，准则于今而参酌乎古，不可臆度妄为也。

[孟注]此承上孔林仙圃而言，以结上文之意也。局势阔大为阳宅所贵，往古已足徵矣。后之论阳宅者，唯当因其已往以推其后来，准拟乎今以参酌乎古，不可臆度而妄为也。田氏谓因往推来二句当属此段方有归结断绝，此说即是。

右段论阳宅。

此段文义明白，诸注亦无大谬，唯少承接之意耳。至论阳宅处，而阴宅间有可类推者，宜详之。

勉学劝善篇第十六

牧堂之论深于理，醇正无疵。

景纯之术几于神，玄妙莫测。

[徐注]宋蔡神与，号牧堂先生，① 乃西山先生父也，博学多闻，于天文律历无所不通，尤精于地理，著《发微论》，醇正醇厚之宝也。惟其醇且正，故如美玉之无瑕也。晋郭璞，② 字景纯，精于天文地理、阴阳历数，应验如神，著《葬经》，授《青囊》九卷，发天地之秘奥，泄阴阳之玄微，算术之精妙，几近如神，未易窥测，学者在潜心熟虑以求之也。抑郭生卜前，其称之是矣；蔡生卜后，反先言之？此二段疑其有误。

---

① 校注：蔡发（1089~1152）字神与，晚号牧堂老人，建州建阳人，南宋理学家、天文学家、地理学家，生于北宋元祐四年，终于绍兴二十二年，享寿六十四岁。

② 校注：郭璞（276年－324年），字景纯。河东郡闻喜县（今山西闻喜）人。两晋时期著名文学家、训诂学家、风水学者，建平太守郭瑗之子。郭璞自少博学多识，又随河东郭公学习卜筮。永嘉之乱时，避乱南下，被宣城太守殷祐及王导征辟为参军。晋元帝时拜著作佐郎，与王隐共撰《晋史》。后为大将军王敦记室参军，以卜筮不吉劝阻王敦谋反而遇害。王敦之乱平定后，追赠弘农太守。宋徽宗时追封闻喜伯，元顺帝时加封灵应侯。郭璞是两晋时代最著名的方术士，传说他擅长预卜先知和诸多奇异的方术。他好古文、奇字，精天文、历算、卜筮，长于赋文，尤以"游仙诗"名重当世。

［孟注］宋蔡神与，号牧堂，所著《发微论》，深于理致，醇正而无疵病。晋郭璞，字景纯，所著《葬经》，术近神通，玄妙未易窥测。

○此数句乃注者之辞，盖因上文有"因往酌古"之句，而注释者遂引蔡、郭二氏之精于地理者，以示人取法也。后之传写者，因其辞句对偶，故认为赋文而混录之。不然，岂卜氏生于唐时，而有预引宋书之理哉？大抵地理家非有深于文理者，则传写易讹，莫能正之，后人遂以讹传讹耳。

法度固难尽述，机关须自变通。

既造玄微，自忘寝食。

［徐注］地理法度至多，难以尽述，在人随机而变通也。学者既入精微之处，则悦乐日进，自然夜忘寝而昼忘飱。

［孟注］此承上文"因往推来"二句而言，以起下文之意也。

○言学地理者，固有合今法度可循，然其义多端，亦难以尽道机图之妙，唯在人自变通而已。若能专志力学，以造于地理之玄微，则深造自得而寝食亦难忘之矣。此段当以此数句为首，若入牧堂数句，则文意不相贯串，读者须细详之。

亟称水何取于水，谁会孔圣之心。

尽信书不如无书，还要离娄之目。①

［徐注］此言水之有源可贵，谁意会孔圣之心乎。"不如无书"者，非真谓无书而言也。书乃先贤之秘诀，地理之准绳，盖书有真假，地理有纯驳，不可不辨。必得目力之明巧者，才能造于微妙，故以离娄明目者为喻。

［孟注］离娄，古人名目之最明者也。

○承上言。学地理者，贵自变通，深造玄微，而书中陈言不可拘也。如孔圣之亟称水何取于水也，其心有出于水之外，谁则会之？若徒尽信书之所言，而执之不通，则不如无书之为愈矣。还要离娄之目

---

① 校注：离娄，指传说中视力特强的人。

明，方可得之也。

赋禀虽云天定，祸福多自己求。

[徐注]夫盛衰消长之变，一定而不可僭移者，虽圣智巧力无能为，盖天命之所赋也。祸福无门，惟人自召；善恶之报，如影随形，故君子可不慎乎！

[孟注]赋禀者，天赋而人禀之也。上勉学者，此勉积善言。人之富贵贫贱，唯禀天之所赋一定而不可易；吉凶祸福之来，多自己求，可不慎乎？故欲得吉地而发福者，宜尽己求之可也。下文遂详言之。

智者乐水，仁者乐山，是之取尔。

天之生人，地之生穴，夫岂偶然。

[徐注]水动，故智者周流无滞而好水；山静，故仁者重厚不迁而好山。此借圣言以明山水为仁智者之所好，故秀气所钟之处，必成吉地，是以取之尔。天生一人，地生一穴，在随其所积而致之耳。生则营居以处，死则兆域以终，如吉人得吉穴，凶人得凶穴，夫岂偶然而致之哉！

[孟注]此引言。水山为仁智之所乐，因其理之有可取，以见秀气所钟之吉，地必为善人之所求，故天之生人，而与之以一穴；地之生人而归之于一人，其荣华富贵皆系于此，夫岂偶然哉？是必有所以致之也。谢注混有"天生一人，地生一人"之言，而俗术遂执言"有一人必有一穴"，深可笑也！

欲求滕公之佳城，须积叔敖之阴德。

[徐注]汉夏侯婴[1]封滕公，驾至东都门，马鸣不止，以足跑地久之。公使掘地三尺，得石椁，铭曰："佳城郁郁，三千年见白日。吁嗟，

---

[1] 校注：夏侯婴（？～公元前172年），泗水郡沛县（今江苏省沛县）人。西汉开国功臣。初为沛县厩司御，交好亭长刘邦。担任滕令奉车，俗称滕公。跟随刘邦起兵反秦，屡建战功，赐爵昭平侯。楚汉战争中，刘邦败于彭城（今江苏徐州），汉惠帝与鲁元公主几为楚军所获，赖其得以保全。刘邦称帝后，受封汝阴侯。协助诛除臧荼、韩信、陈豨、英布等异姓王侯。刘邦死后，继续以太仆之职侍奉惠帝、高后及文帝。

滕公居此。"滕公曰："嗟乎天也！吾死葬于此乎？"事皆前定，岂偶然哉！

○楚孙叔敖为幼儿时出游，见两头蛇，杀而埋之。既归，忧而不食。母问其故，曰："人言见两头蛇者必死也，儿今日见之。"母曰："蛇今安在乎？"曰："恐他人又见之，已埋之矣。"母曰："无忧，汝今不死矣。吾闻有阴德者必有阳报，德胜百祥，仁除百殃。天之处高而听卑，尔必兴楚。"及长，为楚相，享以寿考，流芳百世，宜哉！

[孟注] 楚孙叔敖①为幼儿时，出游，见两头蛇，杀而埋之。既归，忧而不食。母问其故，曰："人言见两头蛇者必死也，儿今日见之。"母曰："蛇今安在乎？"曰："恐他人又见之，已埋之矣。"母曰："无忧，汝今不死矣。吾闻有阴德者必有阳报，德胜百祥，仁除百殃。天之处高而听卑，尔必兴楚。"及长，为楚相，享以寿考，流芳百世，宜哉！

[孟注] 承上言。吉地不可偶得，惟积德可以动天，故欲求滕公之佳城，须积叔敖之阴德，以感召之可也。

积善必获吉扦，造恶迁招凶地。

[徐注] 吉地不易求，而良师尤难遇，得而全之，诚阴德之所致也。吾阅东山赵先生作《葬书问答》，有问曰："今之名卿大家，其先世葬地多验，如执券取物。至其盛时，竭力以求，辄无所得，或反倍谬取祸，岂有分定者不可推移耶！"对曰："不但如是而已也。家之将兴，必前世多潜德阴善，厚施而不食其报。若是者，虽不择而葬，其吉地之遇，与子孙之昌，固已潜符默契，盖天畀之也。后世见其先之鼎盛，而不知所自来，于是好贪巧，取牢笼，刻削以为，不知何人之计，则其凭福恃势，以造恶之深，而获罪于天，自促其数者多矣。择而无得，得而倍

---

① 校注：孙叔敖（约公元前630年—公元前593年），芈姓，蒍氏，名敖，字孙叔，楚国期思邑（今河南信阳市淮滨县）人。春秋时期楚国令尹。历史治水名人。孙叔敖辅佐楚庄王施教导民，宽刑缓政，发展经济，政绩赫然，主张以民为本，止戈休武，休养生息，使农商并举，文化繁荣，翘楚中华。因出色的治水、治国、军事才能，孙叔敖后官拜令尹（宰相），辅佐庄王独霸南方，楚庄王成为春秋五霸之一。

谬，岂非天理之显著哉！"

〇此二句原在十八章"隻隻山尖射"之前，切疑其与此章上下势相属，盖恐传袭之故，不辞僭妄，而摘取于此，读者详之。

[孟注] 承上言。所谓祸福，多自己求者，盖人能积善，则天必以吉地报之而获吉矣。若积恶，天必以凶地应之而招凶矣。然则得吉地者，可不尽己以求之哉！

莫损人而利己，勿丧善以欺天。

穴本天成，福由心造。

[徐注] 求利于己，勿驾祸于人，但积德为求地之本也。君子处事，以诚实为本，岂可丧其善心而罔欺乎天哉！

〇穴钟山川之灵，自有一定之所，非人力私智所为，是谓天成。得此生成之穴，则不期福而福自至。然非此心之善，何以致之！世人徒求风水于地，而不求风水于心，抑何愚哉！古人云："人定亦能胜天。"人心善恶之端，即鬼神祸福之由也。故曰："积善有余庆，积不善有余殃"。秦不及期，周过其历，祈天永命，归于有德，而心术之坏，气数随之，此必然之理也。卜公特发此于篇终，示人得地之言切矣。求地君子，可不知所先务乎！

[孟注] 承上言。积善为求地之本，莫损人而利己民，勿丧善以欺天。盖山川之灵钟而成穴，非人力之所能为，是本天意也。若得此生成之穴，则不期福而福自至矣。然非此心之善，何以致之？故福由心造也。蔡氏云："心者气之主，气者德之符。天未尝有心于人，而人之一心一气感应，自相符合"，此之谓也。

发明古诀，以雪吾心。

地理精粗，包括殆尽。

切记宝而藏之，非人勿示。

慎传后之学者，永世无穷。

[徐注] 古诀即古人之秘诀。如前诸篇所论，卜公发诸家之蕴奥，以雪其精微极至之心，其功倍于前人，可谓至矣，学者可不因其心以求

其旨乎！

○此赋探造化之原，泄砂水之秘，足以包罗古今，出入百家，诚地理之枢要，精粗本末，岂不包括详尽耶！

○此卜先生之至嘱也。是书上可以安邦定国，赞助皇图；下可以建县扦州，辑安黎庶。其于坟宅，生者得以安居，死者得以利藏，事有关于送终之大节，庶几有补于世之万一，故当宝而藏之，不可传非其人，以误世也。

○卜先生作此书，不私以秘己，惟公以传人，然亦惟慎于授受，诚得其人而传之，则流布万古，岂有终穷乎！

右第二十章，论阴德及述著书之意。

[孟注]此言作赋发明古人真诀，尽雪吾心，以告世人，而其地理之精粗，包括殆尽，无有遗义，诚为阴阳之范围，千古俯察之要诀也。切记宝重而藏之，不可轻示匪人，以误世人。唯慎于授受，得其人而传之，庶永垂万世，无有穷尽也。

右段勉学劝善，终叙著赋之意。

赋中段落结语，唯勉学劝善之意居多。今又谆谆告诫，诚见地理非目悟非能精，吉地非积善不能得，故劝勉如此。